독일 초상권
이론과 사례

이수종 지음

박영사

서 문

　이 책은 무엇보다 우리가 일상적으로 접하게 되는 사진이나 영상보도로 인해 초상권 침해가 발생했을 경우 현장에서 필요한 실무적 판단기준을 제시해 볼 목적으로 기획되었다. 이러한 이유로 책의 본문내용은 대부분 구체적 사례들을 중심으로 구성하였고, 책에 소개된 사례들은 저자가 평소 업무과정에서 틈틈이 번역하고 정리해 두었던 독일 연방헌법재판소, 연방대법원, 이하 각급 법원들의 판례들을 기초로 하였다.

　최근 급속한 촬영기술 및 디지털기술의 발달로 인해 초상권 침해 문제는 점점 더 심각한 폐해를 낳고 있는 반면 실무 현장에서는 분쟁을 해결하는 데 도움을 얻을 수 있는 자료가 그리 넉넉하지 않은 상황이다. 더군다나 국내법원의 판례에서 제시하는 기준 역시 일선에서 이해하기에는 다소 혼란스럽기까지 하다. 예컨대, 고위 공직자의 사진공표는 언제나 가능한지, 정치인의 사생활은 공인이라는 이유만으로 항상 노출되어도 되는지, 연예인은 대중의 관심을 먹고 산다는 이유만으로 어떠한 사진촬영도 감수해야 하는지 등 구체적 사례에 직면하게 될 경우 누구라도 선뜻 합당한 판단기준이 떠오르거나 그 결과를 가늠하기 쉽지 않을 것이다.

　이러한 현실은 저자에게도 마찬가지이다. 그간 저자 역시 언론중재위원회

직원으로서 언론자유와 인격권 보호에 관한 다양한 업무를 수행하는 과정에서, 특히 초상권 분야와 관련된 실무상 기준을 판단함에 있어 많은 혼란스러움과 당황스러움을 수없이 겪어온 바 있다. 이러한 고민 끝에, '기회가 된다면 그간 정리해 두었던 자료들을 기초로 사례중심의 책을 발간해 보는 것이 도움이 되지 않을까? 그리고 이러한 사례들의 유형화를 통해 좀 더 손쉬운 해법에 접근할 수 있지는 않을까?'라는 구상에 이르게 되었다.

결국 집필방향을 초상권 이론의 법리적 다툼이나 이론적 논쟁들을 다루는 학술적 내용을 서술하기보다는 다양한 사례유형별 판례들을 상세히 소개하는 데 맞추기로 하였다. 따라서 책의 본문내용은 초상권 분야에서 독보적인 판례를 축적하고 있는 독일 각급 법원의 판례들을 군더더기 없이 안내한다는 의도에 따라 법적 쟁점이 첨예한 논문들을 인용하거나 학설이나 주장을 분석하는 것은 과감히 생략하였다. 반면, 판례에서 나타난 사실관계와 재판부의 판결 취지들을 쟁점별로 충실히 소개하는 데 주안점을 두었다. 나아가 판례들을 소개함에 있어서는 판례 원문의 충실한 인용을 통해 판결의 단순한 결과뿐만 아니라 독일 법원의 현자들이 치열하게 고민하여 정립한 초상권 법리의 정수를 알리고자 노력하였다.

이러한 시도가 저자가 바라는 바와 같이, 초상권과 관련된 업무에 종사하는 언론인이나 법률전문가, 연구자들에게 도움이 될 수 있을지는 철저히 독자들의 몫이다. 관련 내용에 관심이 있는 독자제현들의 많은 충고와 조언을 부탁드린다. 아울러 이 책은 독일에서의 초상권이 어떠한 방향으로 발전해가고 있는지 소개하기 위해 2000년대 이후의 판례 변천과정 설명에 다소 많은 부분을 할애했는데, 해당 부분은 다소 지루할지는 몰라도 유럽사회에서 보장되는 초상권이나 인격권의 발전경향이나 흐름을 이해하는 데 필수불가결한 것이므로 반드시 일독을 권한다.

독일사회가 우리와 많은 문화적 차이가 있다는 점을 감안하더라도, 국민 개개인의 인격을 보호하기 위해 기본법 제1조 제1항 및 제2조 제1항을 통해 인간존엄의 불가침성과 일반적 인격권을 최고의 헌법가치로 인정하고 확립해 왔다는 평가는 부인할 수 없는 사실이다. 그리고 그 가치를 관통해온 '인간중심의 사고'야말로 지금까지의 독일 초상권 법리 형성과정에서 일관되게 준수된 준거점이었다는 사실 역시 우리에게 많은 시사점을 안겨줄 수 있을 것이다.

이 책이 완성될 수 있었던 배경은 다름 아닌 저자가 현재 근무하고 있는 언론중재위원회의 덕분이다. 우선, 언론중재위원회 구성원으로서 갖추어야 할 역량과 감성의 중요성을 크게 진작시켜주신 이석형 위원장님과 권오근 사무총장님, 사건처리에 많은 노고를 기울이고 계시는 여러 중재위원님들, 아울러 곁에서 함께 고민해왔던 선후배 및 동료들에게 깊은 감사의 인사를 드린다. 그리고 독일 판결들의 번역과정에서 난관에 부딪힐 때마다 도움을 주신 JC독문화독일어학원 김미경 원장님의 지도를 잊을 수 없다. 이 자리를 빌려서나마 감사의 마음을 전하고 싶다. 마지막으로 천학비재의 저자를 제자로 받아주시고, 지금까지 연구자로서 긴장을 놓지 않도록 사표가 되어주신 홍성방 교수님께서 항상 건강하시길 기원드린다.

2019년 12월
광화문에서 이수종

차 례

제1장 입 문

제 2 장 독일 초상권 법제 현황

제 3 장 독일 초상권 법리의 변천과정

제 4 장 독일 판례의 개별사례

참고문헌

※ 괄호 안의 저자명은 본서의 인용약어이다.

Frank Fechner, Medienrecht 16.Auflage. ·································(Frank Fechner)

Ricker/Weberling, Handbuch des presserechts 6.Auflage. ············(Ricker/Weberling)

Soehring · Hoene, Presserecht, 5.Auflage. ·························(Soehring · Hoene)

Wenzel, Das Recht der Wort-und Bildberichterstattung, 6.Auflage. ············(Wenzel)

제 1 장

·

입　문

제1장

입문

Ⅰ. 독일 법원의 사례해결을 위한 판단기준

독일의 각급 법원들은 초상권 분쟁사례들을 해결하기 위해 일관된 원칙을 적용하고 있다. 따라서 이 책을 통해 앞으로 살펴보게 될 많은 독일 법원들의 판례들을 검토하기 위해서는 각각의 심급에서 적용하는 원칙과 기준을 미리 이해할 필요가 있다. 이번 장에서는 독자들의 이해를 돕기 위해 연방헌법재판소에 의해 정립된 기준을 간략하게 소개하고 이어 연방대법원이 실무상 이를 어떻게 적용하고 있는지 개괄적으로 살펴본다.

독일 법원에서 국민들의 기본권이 충돌하는 상황이 생겨날 때 일관되게 적용하는 기준은 '법익형량(Güterabwägung)의 원칙'이다. 이러한 원칙은 연방헌법재판소의 1958년 1월 15일자 '뤼트(Lüth) 판결'에서 천명되었는데, 당시 연방헌법재판소는 다음과 같이 선고하였다.

의견표현은 그 자체로, 즉 그의 순수한 정신적 투쟁 내에서 자유롭다. 하지만 의견표현으로 인해 타인의 법적 보호이익이 침해되고, 그의 보호가 의견자유보다 우위에 서게 된다면, 의견표현을 수단으로 행해지게 된 이러한 침해는 허용되지 않는다. **따라서 하나의 '법익형량'**

이 필수적이다. 의견자유의 활동을 통해 보다 우위를 지니는 타인의 보호가치 있는 이익이 침해될 경우에는 의견표현의 권리는 후퇴해야 한다. 타인의 그러한 우월한 이익이 존재하는지 여부는 사례의 모든 사정을 근거로 조사되어야 한다.[1]

이후 연방헌법재판소는 1973년 5월 6일자 '레바하(Lebach) 판결'을 통해 위에서 제시한 '법익형량의 원칙'을 좀 더 구체적으로 제시함으로써 기준을 심화시켰으며 현재까지 연방헌법재판소의 확고한 기준으로 자리 잡게 되었다.

이러한 충돌의 해결은, 헌법상의 의지에 따라 두 개의 헌법적 가치는 기본법의 자유민주주의적 질서의 본질적 구성부분을 이루고, 그 가운데 어떠한 가치도 원칙적으로 우위를 주장할 수 없다는 사고에서 출발했다. … (중략) … 따라서 충돌의 경우에 양 헌법적 가치는 가능성에 따라 조정되어야 한다. 이것이 달성될 수 없다면, 사례 특유의 형태와 개별적인 사례의 특별한 사정을 고려하여 어떠한 이익이 후퇴되어야 하는지 결정되어야 한다. 이때 두 헌법적 가치는 헌법적 가치체계의 중심으로서 인간존엄의 관계 내에서 인정되어야 한다.[2]

이러한 헌법적 원칙에 따라 연방대법원을 비롯한 일반 법원들은 예술저작권법 제22조 이하의 적용과정에서 '법익형량의 원칙'을 구현하게 된다. 즉, 연방대법원[3] 등 각급 법원은 헌법상 언론자유권과 일반적 인격권의 충돌사건을 실무상 항상 일관되게 '법익형량의 원칙'하에서 해결하며 초상권 침해사건 역시 마찬가지이다. 이러한 사실은 연방대법원 등의 여러 판례에서 일반적으로 확인할 수 있으며 그 예시로 2011년 6월 7일자 연방대법원 판결을 살펴보자.

바로 '시사적 영역'에서의 초상이 존재하는지 여부를 판단함에 있어서, 한편으로는 기본법 제1조 제1항(인간의 존엄), 제2조 제1항(일반적 인격권), 유럽인권협약 제8조 제1항(사생활 보호), 그리고 다른 한편으로는 기본법 제5조 제1항 제2문(언론의 자유), 유럽인권협약 제10조 제1항(의사표현의 자유) 사이의 형량을 요구하며, 이때 출판과 방송자유의 기본권(기

---

1 NJW 1958, 257, 258.
2 NJW 1973, 1226, 1229.
3 NJW 2009, 1499; NJW 2009, 754; NJW 2010, 2432; NJW 2011, 3153 등등.

본법 제5조 제1항 제2문)과 인격권 보호(기본법 제1조 제1항, 제2조 제1항)의 기본권은 자신의 편에서 제한 없이 보장되지는 않으며 예술저작권법 제22, 23조 및 유럽인권협약 제8조와 제10조에 의해 영향을 받게 된다.[4]

이어서 연방대법원은 '법익형량의 원칙'을 적용함에 있어서도 '비례원칙'의 엄격한 준수를 요구함으로써 양 기본권이 실제적으로 조화될 수 있는 해결방안을 모색하게 된다.

예술저작권법 제23조 제1항의 규정은 그의 의미와 목적에 따라 그리고 입법자의 의도에 따라 제22조의 "동의필수성"의 예외로서 공중의 정보이익과 언론의 권리를 고려해야 한다. 이때 시사적 사건에 관한 완전한 정보를 얻을 공중의 이익이 결정적이다. ⋯ 하지만 정보이익은 무제한으로 존재하는 것이 아니라, 오히려 촬영대상자의 개인적 영역으로의 침범이 비례원칙(verhältnismäßigkeit)에 따라 제한받게 된다.[5]

한편, 이러한 법익형량을 행함에 있어서는 헌법상 검열금지(기본법 제5조 제1항 제3문)의 관점에서 보도가치와 보도의 진지성을 근거로 이뤄지는 내용상 평가가 원칙적으로 금지된다.[6] 다만, 어떠한 정도로 보도가 여론형성에 기여할 수 있는지를 법익형량에서 필수적으로 고려하는 것이 결정적이다. 따라서 자신의 저널리즘적 기준에 따라 스스로 보도의 대상과 내용을 결정할 언론자유권은 그가 보도하게 되는 대상의 보호되어야 할 법적 상황과의 형량으로부터 자유롭지 않게 된다.

또한 연방대법원은 이러한 형량과정에서 필요한 판단의 출발점은 보도될 인물의 지명도가 아니라 보도의 정보가치라는 점을 분명히 밝히고 있다. 즉, 공중의 정보가치가 높으면 높을수록 보도대상자의 정보이익은 뒤로 후퇴해야만 하고, 반대로 공중의 정보가치가 낮으면 낮을수록 보호대상자의 보호이익은 더욱 중요해진다는 원칙을 천명하였다. 다만, 이때에도 사안의 사정에 따라 보도의 정보가치를 판단함에 있어서 당사자의 지명도 역시 하나의 요소로서 중요한

---

4 NJW 2011, 3153, 3154.
5 NJW 2011, 3153, 3154, 그 밖에 NJW 2013, 2890; NJW-RR 2014, 1193 등등.
6 NJW 2008, 1793.

역할을 하게 된다는 점이 배제되어서는 안 된다고 강조하고 있다.[7] 이러한 점에서 주로 미국에서 주장되어온 인물 일변도의 판단기준으로서 이른바 '공인이론'과는 커다란 차이를 보이게 된다.

그에 따라 유명인에 관한 한 보도에 있어서 보도의 정보가치는 그것의 여론형성에의 기여를 근거로 해서 보도의 정보가치가 조사되어야 하고 아울러 인격권 보호에 있어서 침해작용들을 언론자유에 형량하면서 조정되어야 한다. 만약 사진공표를 동반하는 보도에서 사진을 동반하게 된 계기가 단지 한 인물의 초상을 공개하기 위한 자의적 동기만으로 제한된다면 이러한 보도에는 여론형성에의 기여가 인정될 수 없다.[8]

나아가 연방대법원이 '법익 형량의 원칙'을 형성해 가는 과정에서 예술저작권법 제22조 이하의 규정에 관해 확립해온 하나의 중요한 원칙이 '차등화된 보호개념(Abgestuftes Schutzkonzept)'이다. 이와 관련하여 연방대법원은 반복해서 다음과 같이 판결하고 있다.

> 사진보도의 허용성은 헌법상 원칙뿐만 아니라 유럽인권법원의 판결에도 함께 부합하는 예술저작권법 제22조, 23조에 차등화된 보호개념(Abgestuftes Schutzkonzept)에 따라 판단되어야 한다(BHG, NJW 2011, 746). 그에 따라 한 인물의 초상은 원칙적으로 단지 당사자의 동의가 있어야만 전파될 수 있다(제22조 제1항). 하지만 이에 관해서는 예술저작권법 제23조 제1항 제1호에 따른 하나의 예외가 존재하는데, 이는 초상이 '시사적 영역'에 관한 것일 경우이다. 다만, 이러한 예외는 당사자의 정당한 이익이 침해될 경우에는 적용되지 않는다(제23조 제2항).[9]

따라서 초상권 분야에 있어서 분쟁이나 소송상의 문제들은 차등화된 보호단계에 따라 더욱 정밀하고 엄격한 법익형량 과정을 거쳐 해결된다. 즉, 예술저작권법 제22조, 제23조에 따라 적용되는 '차등화된 보호원칙'은 초상권 분야에 해당하는 좀 더 엄밀한 법익형량을 의미하는 것과 다름이 없다.

그러므로 예술저작권법 제23조 제1항에 근거해 '동의(Einwilligung)' 없이도

---

[7] NJW 2009, 3032, 3034.
[8] NJW 2009, 3032, 3034.
[9] NJW 2013, 749.

초상 공표가 허용되는 '시사적 영역'(Bereich der Zeitgeschichtes)'에서의 초상은 다시 한 번 예술저작권법 제23조 제2항에 따른 당사자의 '정당한 이익'을 침해하지 않는 조건에서만 가능하다. 이에 연방대법원은 '차등화된 보호원칙'이라는 심사과정을 통해서 개별적 사건을 바탕으로 방향이 결정되는 법익형량 내지 이익형량에 따라서만 사건이 해결될 수 있다고 표현하고 있다. 왜냐하면 인격권이란 일종의 개방적 권리(Rahmenrecht)로서의 본성을 지니기 때문에 그 보호범위는 각각 다른 측면에서도 보호가치 있는 이익들, 대표적으로 언론자유권과의 형량을 통해서만 결정될 수 있기 때문이다.[10]

II. 실제사례에서의 적용

그렇다면 구체적으로 연방대법원이 다루었던 한 사건을 통해 앞에서의 '법익형량의 원칙', 나아가 '차등화된 보호원칙'이 어떻게 구현되는지 개략적으로 살펴보자. 실제로 이러한 독일 법원의 판단과정을 들여다보면, 초상권 분쟁사안의 해결이 얼마나 명쾌한지 쉽게 알 수 있을 것이다. 그 심사과정의 전개는 판결문에 기재된 판단 순서대로 요약해서 제공하도록 하겠다.

1. 다툼이 된 사실관계

원고들은 할머니, 딸, 손자들로 이루어진 가족이고 피고는 한 주택조합이다. 원고들은 2010년 8월에 주택조합이 개최한 임차인 행사에 참여하였는데, 그곳에서 자신들의 동의 없이 사진이 촬영된 후에 주택조합이 발간하는 정보브로슈어에 공표되었다는 이유로 손해배상 청구소송을 제기했다.

문제의 사진은 매년 개최되는 피고 주관의 임차인 행사에서 작성된 것으로서, 사진에는 할머니를 비롯한 3대의 가족들이 다정하게 음식을 먹고 있는 모습이 담겨있었다. 아울러 이 사진은 2010년 발행 "주택조합의 정보"라는 브로슈어에 게재된 다수의 개인이나 그룹들이 참가한 총 9장의 사진들 중 하나였다.

---

10 NJW 2000, 1021; NJW 2004, 596; NJW 2007, 689.

2. 연방대법원 2014년 4월 8일자 판결[11]

(1) 제1단계 : '차등화된 보호원칙'의 천명

우선, 재판부는 사건해결을 위해 '차등화된 보호원칙'을 제시하고 이에 따라 심사를 개시한다.

판시내용 : 확정된 재판부의 판례에 따르면, 사진보도의 허용성은 예술저작권법 제22조, 제23조 이하의 차등화된 보호개념에 따라 판단되어야 한다. 이러한 차등화된 보호개념은 헌법상 원칙뿐만 아니라 유럽인권법원의 판례와도 일치한다.

이에 따라 한 인물의 초상은 원칙적으로 그의 동의하에서만 전파될 수 있다(예술저작권법 제22조 제1문). 하지만, '시사적 영역'에서의 초상일 경우에는 예술저작권법 제23조 제1호에 따라 하나의 예외가 존재한다. 다만, 이러한 예외는 촬영대상자의 정당한 이익을 침해하지 않고 전파될 경우에만 적용된다(예술저작권법 제23조 제2항).

(2) 제2단계 : '시사적 영역'에서의 초상 해당 여부 심사

이어서 재판부는 해당 사진이 예술저작권법 제23조 제1항 제1호의 '시사적 영역(Bereich der Zeitgeschichtes)'에 해당하는 초상인지 여부를 심사하게 한다.

판시내용 : 문제된 원고의 사진은 '시사적 영역'에서의 초상에 관한 것이다. 사진이 예술저작권법 제23조 제1항 제1호의 '시사적 영역'에서의 초상인지 여부의 판단에는 한편으로는, 기본법 제1조 제1항, 제2조 제1항, 유럽인권협약 제8조 제1항에 근거한 촬영대상자의 권리와 다른 한편으로는, 기본법 제5조 제1항, 유럽인권협약 제10조 제1항에 근거한 미디어의 권리 사이의 형량이 필수적이다. '시사적 영역'에서의 초상인지의 문제를 위해 결정적인 시사성의 개념은 일반적이고 사회적인 이익의 모든 문제를 포함한다.

지역이나 지방의 중요한 행사 역시 이에 속한다. 하지만 하나의 정보이익은 제한 없이 존재하는 것이 아니라, 오히려 비례원칙 하에서 고려되어야 하고 그것은 오락적 내용의 경우에 특별한 정도로 충돌하는 권리 지위의 형량적 고려를 필요로 한다.

---

11 NJW-RR 2014, 1193.

(3) 제3단계 : 구체적 형량에서 피고의 이익 인정 여부 심사

법익형량을 구체적으로 행하는 과정에서 문제된 임차인 행사가 실제 시사적 사건에 해당하는지, 이를 보도해도 되는지 여부를 피고 언론사 등의 언론자유권 측면에서 심사하게 된다.

판시내용 : 피고인 주택조합의 정보브로슈어에서 사진보도는 매년 개최되는 2010년 주택조합의 임차인 축제를 다루었고 모두 10장의 사진을 통해 대표적인 참가자들, 그룹이나 개인들을 보여주었다. 이 사진은 젊은 세대와 늙은 세대가 함께하는 조화로운 모임과 유쾌하고 편안한 분위기를 보여주는 장면을 나타내고 있다. 이러한 사진보도는 모든 노인세대의 거주자들이 축제를 즐기고 있으며 좋은 이웃들과의 관계가 존재한다는 인상을 전달한다. 3세대가 하나가 된 원고들의 사진은 이러한 맥락에 적합하다. 임차인 축제는 지역사회의 중요한 사건이다.

피고에게 사회적 영역에서 그러한 시사적 사건을 보도할 권리가 원칙적으로 속한다. 왜냐하면 그러한 브로슈어 역시 언론에 속하기 때문이다. 따라서 피고는 기본법 제5조 제1항 제1문의 의견자유의 관점 하에서 사진으로 행사의 경과와 분위기에 관한 정보를 제공할 보호가치 있는 이익을 주장할 수 있다.

(4) 제4단계 : 구체적 형량에서 원고의 이익 인정 여부 심사

앞에서 피고 미디어의 이익을 살펴보았다면, 이제는 반대로 원고의 인격적 이익을 형량과정에 산입하게 된다.

판시내용 : 그에 반해 사진공표를 통한 원고의 권리침해는 경미하다. 수년 전 조합의 브로슈어에서 이미 사진으로 보도된 바 있었던 모든 임차인과 거주자들이 접근할 수 있는 축제는 2010년 임차인 축제에 관해서도 마찬가지로 보도될 것이라는 점이 기대될 수 있었다. 이 사진이 비록 구체적으로 원고들이 그 제작과정을 알아차리지 못했을지라도 비밀리에 작성되었다는 어떠한 근거도 존재하지 않는다. 마지막으로 정보브로슈어는 단지 임차인들에게만 배포되었고, 임차인 축제와 관련된 제한적인 수신범위 내에서만 전달되었다.

(5) 제5단계 : 마지막으로 당사자의 '정당한 이익'의 침해 여부 심사

재판부는 마지막으로 예술저작권법 제23조 제2항의 당사자의 정당한 이익

침해 여부를 심사함으로써 형량을 마무리하고 결론을 내리게 된다.

판시내용 : 문제된 초상의 전파는 어떠한 특별한 원고의 보호 가치 있는 이익에 반하지 않는다(예술저작권법 제23조 제2항). 이러한 사진은 어떠한 방식으로도 불리하거나 명예를 훼손하지 않는다. 따라서 문제된 사진보도의 공표는 원고의 동의 없이도 허용되고 원고의 청구는 이유 없다.

제 2 장

•

독일 초상권 법제 현황

독일 초상권 법제 현황

Ⅰ. 독일 초상권 개념 및 근거

1. 사진 및 영상보도에 대한 독일 언론법 관점

초상을 기반으로 하는 사진이나 영상보도는 기사형식의 보도에 적용되는 인격권 법리와는 다른 법리가 적용된다는 사실을 우선 인식해야 한다. 기사형식의 보도 및 그에 따른 자유로운 사실적 주장의 전파영역에는 언론 스스로 자신의 기준에 따라 무엇을 보도가치 있는 사항으로 인정할지 자유롭게 결정할 수 있는 미디어의 '자기결정권 보장(Selbstbestimmungsrecht)' 원칙이 우선적으로 적용된다. 반면에 초상보도의 영역에서는 일반적으로 예술저작권법 제22조에 따라 보도대상자의 동의를 우선적으로 필요로 하고, 단지 예술저작권법 제23조 제1항의 범주에서만 예외적으로 허용된다.[12]

이는 진실한 사실 주장의 전파에 있어서는 '원칙－예외관계(Regel－Ausnahmeverhältnis)'에 따라 보도자유의 제한에 해당하는 일반적 인격권의 보호를 위해서 특별한 정당화를 필요로 하지만, 초상권의 경우는 동의 받지 않은 사

---

[12] Soehring · Hoene, Presserecht, 5.Auflage, §19 Rn.2c.

진을 전파함으로써 곧바로 인격권을 침해하는 결과로 이어지게 된다.[13] 따라서 독일 법원이 적절한 법익형량을 위해 몰두하는 주요 문제들은 기사형식의 보도 영역보다는 사진보도에서 훨씬 빈번하게 발생한다. 실제로 사진보도와 이에 수반된 보도내용을 상대로 소송을 제기하는 경우에 종종 사진공표만을 문제 삼는 경우가 많다는 사실이 이를 뒷받침한다.[14] 다만, 이러한 사실들이 진실한 사실 주장 전파로 인한 일반적 인격권 침해의 경우에 대해서 도식적으로 인용되어서는 안 된다. 즉, 기사형식의 보도는 동일한 주제에 있어서 사진보도에 비해 항상 넓은 범위에서 허용된다는 일반적인 결론에 도달해서는 안 된다.[15] 왜냐하면 기사내용이 사진을 통해 전달되는 내용과 거의 동일하거나 심지어 그러한 수준을 넘어서는 세세한 사적 정보를 제공하는 경우에도 역시 심각한 인격권 침해에 이를 수 있기 때문이다.[16]

2. 사진 및 영상보도와 관련된 각종 독일법 법원

언론보도에서 초상권 공표가 문제될 경우 언론 측에서 제일 먼저 주장할 수 있는 법적 근거로는 기본법 제5조 제1항의 의견의 자유 및 언론의 자유이다. 하지만 초상 공표의 저널리즘적 활동은 항상 초상권과의 충돌 문제를 야기하고 초상권을 근거로 제한된다.

사진보도가 문제될 경우 언론사측에서는 언론자유의 기본권을 주장할 수 있다. 연방헌법재판소는 일찍이 언론자유의 기본권 보장내용에는 편집경향의 결정권 외에도 출판물에 사진을 게재할지, 어떻게 게재할지 여부에 대한 결정권이 포함되며, 이는 언론보도의 속성이나 수준에 따라 개별적으로 달라지지 않는다는 취지의 판결을 통해 사진보도에 관한 기본권 보장을 천명한 바 있다. 즉, 언론의 자유는 자유로운 개인뿐만 아니라 민주적 여론형성에도 기여하며 언론의 자유는 자유로운 보도조건하에서만 목적을 달성할 수 있고, 특히 정치적 영역으로만 제한되지도 않는다고 인정했다. 따라서 언론은 무엇을 공적 이익의 가치가 있는 것으로 판단할지 여부에 관해 자신의 저널리즘적 기준에 따라 스스로 결정할 수 있다. 이는 인물보도의 경우에도 마찬가지이므로 특정한 역할 혹

---

13 NJW 2011, 740; NJW 2012, 756; NJW 2010, 3025; NJW 2011, 744; NJW 2011, 746.
14 Soehring·Hoene, §19 Rn.2d.
15 Soehring·Hoene, §19 Rn.2e.
16 NJW 2000, 2194; NJW 2010, 3025.

은 특정한 사건으로 제한되지 않은 인물에 관해서 자유로이 표현하는 것은 민주적 투명성과 통제의 관점에서 볼 때 언론의 과제로서 정당한 것으로 인정되기에 언론자유의 보호범위 내에 해당한다.[17]

이에 반해, 언론보도에서 초상권이 문제되는 경우 촬영대상자가 제시할 수 있는 일반법상 근거로는 민사상 기본법 제1조 제1항, 제2조 제1항 및 독일민법 제823조 제1항에 규정된 당사자의 "기타의 권리"와의 결합에서 도출된 일반적 인격권, 독일민법 제823조와 연계한 독일민법 제1004조 제1항 제2문[18]으로부터 유추된 금지청구권 등이 존재한다. 그리고 초상이 공표된 경우 단일법인 예술저작권법 제22조 이하의 규정이 고려된다.

또한 형사상 법적 근거로서는 사진제작의 경우에만 적용되는 형법 제201a조가 고려된다. 이러한 모든 규정들은 촬영대상자의 인격권을 보호하고 언론보도를 위한 언론자유권의 제한을 의미한다.[19]

이 가운데에서도 무엇보다 예술저작권법 제22조 이하의 규정들이 커다란 역할을 하게 된다. 왜냐하면 개방적·원천적 권리로서 일반적 인격권에 대해 예술저작권법 제22조 이하의 초상권 규정은 특별규정에 해당하기 때문이다. 실제로 독일에서 제2차 세계대전 이후 판례를 통해 발전되어온 일반적 인격권의 개념은, 다름 아닌 이미 1907년에 제정·시행된 예술저작권법 제22조 이하의 초상권을 전형으로 형성된 것이다.[20.21]

이외에도 중요한 역할을 하는 것이 유럽인권협약(EMRK)이다. 우선 유럽인권협약은 독일 국내법상 일반 연방법의 서열이 주어지지만 그와 상관없이 헌법분야에서는 기본권의 내용과 사정거리의 결정을 위한 해석보조 기능을 수행하게 된다.[22] 해당 협약 제8조는 '사생활과 가족생활의 존중권'을 보장하고 있는데, 앞으로 살펴보겠지만 이 규정은 독일 초상권 법리의 형성과정에 지대한 영향을 미친 바 있다.

---

17 NJW 2000, 1021, 1024.
18 독일민법전 제1004조(방해배제청구권 및 부작위청구권)
　① 소유권이 점유침탈 또는 점유억류 이외의 방법으로 방해받은 때에는 소유자는 방해자에 대하여 그 방해의 배제를 청구할 수 있다. 앞으로도 방해받을 우려가 있는 때에는 소유자는 부작위를 소구할 수 있다.
　② 소유자가 수인의 의무를 지는 경우에는 제1항의 청구권은 배제된다.
19 Ricker/Weberling, Handbuch des presserechts 6.Auflage, 43.Kapitel Rn.1.
20 Soehring·Hoene, §19 Rn.2c.
21 독일에서 발전되어온 일반적 인격권의 형성과정에 대하여는 졸고, "일반적 인격권으로서 음성권에 관한 비교법적 연구", 언론과 법 제15권 제3호(2016. 12), 169면 이하.
22 NJW 2008, 1793, 1795.

II. 예술저작권법 제22조 이하의 초상권

1. 독일 형법 제201a[23]조와의 차이

독일 형법 제201a조는 관음에 대한 보호를 위해 2004년 형법전에 도입되었다. 다만, 이 규정은 '내밀영역' 사진의 제작 그 자체를 처벌하는 것이고 그러한 사진의 공표를 처벌하는 것은 아니다.

해당 규정의 구성요건인 '고도의 개인적 생활영역'은 우선 주택의 경우로서, 내부관찰에 대해 특별히 보호를 받는 공간으로 이해된다. 이를 통해 개인의 인격적 퇴거영역이 보장되어야 하고 특히 '내밀영역'이 보장된다. 하지만 자신의 주택, 담장을 통해 보호되는 정원뿐만 아니라 공중에 접근 가능한 공간, 즉화장실, 탈의실, 그리고 병원 진료실 역시 고도의 인격적 생활영역에 속한다.

이에 반해, 예술저작권법상의 초상권은 해당 규정을 통해 알 수 있듯이 초상의 공표만을 규정하고 있다는 점에서(초상의 제작은 명시적으로 규정되어 있지 않음), 아울러 고도의 인격적 생활영역에서 촬영된 초상에만 적용되는 것이 아니라 원칙적으로 모든 사진 및 모사에 적용된다는 점에서 구별된다.

2. 예술저작권법 제22조의 초상권의 구성요건 및 예외구성요건표지

예술저작권법(KUG)에 따르면, 제22조 이하의 초상권(Recht am eigen Bild) 규정은 3단계로 되어 있는 것이 특징이다. ① 예술저작권법 제22조에 의하면 초상은 단지 촬영대상자의 동의하에서만 전파되거나 전시될 수 있다.

초상은 단지 촬영대상자의 동의하에서만 전파되거나 공개될 수 있다. 촬영대상자가 그가 묘사되는 것의 대가로 보수를 받은 경우에는 일단 동의를 수여한 것으로 본다. 촬영대상자의

---

23 독일 형법전 제201a(사진촬영을 통한 고도의 인격적 사생활영역의 침해)
 ① 주거 또는 들여다봄으로써 특별히 보호된 공간에 있는 타인을 권한 없이 사진촬영하거나 중계하고, 이로 인하여 고도의 인격적 사생활영역을 침해한 자는 2년 이하의 자유형 또는 벌금에 처한다.
 ② 제1항에 의해서 촬영된 사진을 사용(여기서 사용은 보관·저장·복제를 의미한다, 필자 주)하거나 제3자의 접근을 가능하게 한 자도 동일하게 처벌된다.
 ③ 주거 또는 들여다봄으로부터 특별히 보호된 공간에 있는 타인을 권한 없이 촬영한 사진을 그 정을 알면서 제3자의 접근을 가능하게 하고, 이로 인하여 고도의 인격적 사생활영역을 침해한 자는 1년 이하의 자유형 또는 벌금형에 처한다.
 ④ 정범이나 공범이 사용한 사진필름 및 사진촬영기 또는 기타 기술적 도구는 몰수될 수 있다. 제74조a는 본조의 경우에 준용한다.

사망 이후에는 10년 기간의 경과까지 촬영대상자 가족의 동의를 필요로 한다. 이 법의 의미상 가족은 생존한 배우자나 반려자 및 자녀, 그리고 배우자 혹은 반려자나 자녀가 현존하지 않을 경우에는 부모가 된다.

하지만 이러한 원칙규정의 본질적 예외로 ② 제23조 제1항에는 다음과 같은 경우가 규정되어 있다.

1. 시사적 영역에서의 초상
2. 인물들이 풍경이나 기타 장소 옆에 부수적으로 보이는 사진
3. 집회, 행렬 그리고 유사한 행사들에 참여한 인물들의 사진
4. 전파 혹은 진열을 통해 보다 높은 예술적 이익에 기여하는, 주문으로 제작되지 않은 초상

위의 각 호에 해당할 경우 초상은 당사자의 동의 없이 전파될 수 있다.

마지막으로 ③ 예술저작권법 제23조 제2항에 따라, 개별적으로 당사자의 정당한 이익 혹은 당사자 사망의 경우에는 친족의 이익에 대립되지 않는 경우에만 제23조 제1항이 적용된다.[24]

3. 초상권의 보호대상 및 보호범위

예술저작권법 제22조에 따른 초상권의 보호대상은 단지 인물의 초상(Bildnis), 즉 사진이나 영상에서 인물의 식별가능성(Erkennbarkeit)이다.[25] 이와 달리 개인의 인격상은 예술저작권법 제22조 이하를 통해서 보호되지 않는다. 인격상이 말이나 글 혹은 사진보도를 통해 침해될 경우에는 이것은 성명, 명예 혹은 일반적 인격권의 범위에서 보호가 가능하다.[26]

초상권의 대상은 촬영대상자의 외적 모습이 제3자에게 식별될 수 있는 방식으로 복제되는 인물의 모사에 대한 보호권으로 이해된다. 따라서 초상의 개념

---

24 예술저작권법 제22, 제23조의 규정에 위반하면, 즉 동의 없이 혹은 제23조 제1항의 예외구성요건에 해당하지 않는 초상의 공표 혹은 전파는 벌금 혹은 일년 이하의 자유형에 처해진다(제33조 제1항). 이것은 당사자의 고소를 전제로 한다(제33조 제2항).
25 BGHZ 26, 349.
26 Ricker/Weberling, 43.Kapitel Rn.2.

은 수많은 표현 형태로 드러날 수 있으며 한 인물의 사진촬영뿐만 아니라 스케치, 그림 혹은 풍자적 복제를 통한 모사 역시 이에 해당할 수 있다. 심지어 독일의 경우에는 쌍둥이의 광고 등장, 유명한 영화장면의 복제, 기념주화 위의 초상모사 등의 공표에도 예술저작권법이 적용된 바 있다.[27]

마찬가지로 독일 판례에 의해 확정된 초상의 개념은 촬영된 인물의 식별가능성이다. 하지만 반드시 얼굴모습의 사진이어야만 그에 속하는 것은 아니다. 당사자의 얼굴이 포토샵을 통해 식별될 수 없을지라도, 사진에서 생겨나거나 바로 그 자신임을 나타내는 특징으로 식별되는 것, 그의 인물에 첨부된 텍스트를 통해서 혹은 앞선 공표와의 맥락을 통해 식별될 수 있는 것으로 충분하다. 초상권은 당사자가 피사된 것으로서 동일시된다고 인정할 정당한 계기를 가진 경우에 침해된다. 그리고 일시적 관찰자만이 사진에서 당사자를 식별할 수 있을 정도의 것을 요구하는 것이 아니라 다소간 주변사람들의 범주에서 식별이 가능하면 충분하다. 인격권 보호를 위한 예술저작권법 제22조의 초상권 보호목적은 사진의 형태로 당사자의 의사에 반해 다른 사람들에게 제공되는 것이 결정적이다.[28]

보호범위와 관련해, 예술저작권법 제22조와 제23조에 따르면 초상권은 초상 등의 전파와 공개, 즉 공표에 적용되고, 초상의 제작에는 적용되지 않는다. 다만, 동의 받지 않은 위법한 초상촬영은 형법 제201a조에 의해 형벌에 처해질 수 있다.[29] 그럼에도 불구하고 초상촬영의 허용성은 일반적으로 인격권과의 법익형량에 달려있고 이 과정에서 촬영행위 역시 예술저작권법에 따른 초상전파와 동일한 기준으로 측정된다. 결국 초상촬영의 허용성 심사 역시 초상전파의 문제와 어떠한 본질적 차이도 생겨나지 않게 되고 초상전파의 심사와 동일한 결론에 이르게 된다.[30]

한편, 초상권의 주장을 위한 전제는 당사자가 인물로서 식별될 수 있는 것이다. 판례에서는 식별가능성에 관해 높은 수준을 요구하지 않는다. 즉, 무조건 얼굴모습이 보여야 하는 것은 아니고, 다른 특징(전형적인 몸매나 신체모습) 혹은 첨부된 내용을 통해 그 사람이 암시되는 경우에도 충분하다.[31] 따라서 촬영대상

---

27 Ricker/Weberling, 43.Kapitel Rn.2.
28 NJW 1979, 2205.
29 Ricker/Weberling, 43.Kapitel Rn.3.
30 Ricker/Weberling, 43.Kapitel Rn.3.
31 Ricker/Weberling, 43.Kapitel Rn.4.

자가 사진에서 동일시될 수 있는 정당한 이유가 받아들여질 수 있다면 초상권은 침해된 것으로 인정된다.[32]

또한 촬영대상자의 사진상의 식별가능성의 판단에 있어서는 평균적인 독자층이나 관찰자가 식별할 수 있는지 여부에 초점이 맞춰지는 것이 아니라 다소간 대상자의 넓은 지인범위 내에서의 식별가능성으로 충분하다. 이는 기사형식의 보도에서도 마찬가지이다. 지인범위에서 당사자의 신원을 확인할 수 있다면 이는 식별가능성을 충족한 것으로 보며, 제3자의 넓은 범위로 인격권 침해정보가 도달하는 것을 요구하지는 않는다.

하지만 그의 가장 가까운 주변에서만 사진에서 그를 인식할 수 있다면 이는 충분하지 않을 수 있고, 그가 사진의 종류에 따라, 그가 인식될 수 있다는 식별가능성을 인정하기 위한 정당한 근거가 부족할 수 있다. 다만, 예외적으로 해당 사진이 한 인물의 '내밀영역'을 다루고 있는 경우에는 당사자가 식별될 수 없을지라도 그의 초상보호가 인정되며 이는 당사자의 '내밀영역'이 절대적으로 보호되는 인격영역에 속하기 때문이다. 따라서 그의 식별가능성을 대체할 수 있는 정당한 근거에 해당된다.[33]

그렇다면 독일 법원은 과연 초상권의 법적 의의에 대해서 어떻게 생각하고 있을까? 이에 대해 1999년 12월 15일자 연방헌법재판소 판결은 초상권에 관한 관점을 명확하게 제시한 바 있다. 이에 따르면, 초상권은 한 개인에게 자신의 인물에 관한 사진 등의 표현에 관한 이용결정 가능성을 보장하며, 이러한 사진들이 인물의 겉모습을 특정한 사정에서 인물 그 자신으로부터 분리시키거나 특정한 보도에 적합하게 고착시키고 일반 대중들에게 예측할 수 없는 방식으로 재현시킬 가능성에서 그 보호필요성이 절실하게 대두된다고 보았다. 특히 망원렌즈를 통한 원거리 촬영, 심지어는 위성거리나 야간 촬영 등에서도 허용되는 촬영기술의 발달이 이러한 보호필요성을 더더욱 요청하게 되었다고 강조했다. 즉, 재생기술에 따라 개인이 공중에서 묘사되는 방식은 맥락에 따라 달라질 수 있고 사진상의 의미내용 역시 의도적으로 변화시킬 수 있는 상황에서 조작된 사진 혹은 위조된 사진의 문제만이 아니라 특정한 사적 상황에서 광범위하게 공중에 제공되는 현실이 문제된다고 보았다. 바로 여기에서 초상권의 다종다양한 측면의 보호가 요구된다는 것이다.[34]

32 NJW 1979, 2205.
33 Wenzel, Das Recht der Wort-und Bild-Berichterstattung, 6.Auflage, Kap.7, Rz.20.

III. 동의의 문제

1. 동의

예술저작권법 제22조에 따르면 초상은 원칙적으로 촬영대상자의 동의 (Einwilligung)가 있어야만 전파되거나 공개될 수 있다. 동의가 자발적으로 주어지지 않는다면 그 효력을 인정할 수 없고, 미성년자의 경우에는 법적 대리인의 동의가 함께 있어야 가능하다.[35]

실무상으로는 추정적 혹은 묵시적 동의가 중요한 의미를 가지는데, 돌아가는 카메라 앞에서 리포터의 질문에 대답하거나 자신의 사진을 페이스북에 올리고 인물 검색엔진에 이용되게 한 경우 묵시적 동의로 인정된다.[36] 다만, 이미 공중에 등장했던 인물의 '사적 영역' 보호가 인정되기 위해서는 언론에게 촬영대상자의 '사적 영역'이 제한되었다거나 이에 대한 접근을 금지했다는 기대가 상황 전체적으로 나타나야 하고 아울러 지속적으로 이러한 의사가 표시되어야 한다.[37]

2. 사후의 초상보호 문제

예술저작권법 제22조 제3문은 "촬영대상자의 사망 이후에는 10년 기간의 경과까지 촬영대상자 가족의 동의를 필요로 한다."고 규정하고 있어 사후의 초상보호 기간을 규정하고 있다. 따라서 촬영대상자가 사망한 경우라도 사망 이후 10년까지는 사망자 가족의 동의를 필요로 함으로써 초상권 보호가 인정된다. 동의가 가능한 가족으로서는 규정상 부부, 자녀 그리고 사망한 사람의 부모이며, 망자의 부모는 배우자나 자녀가 현재 생존해 있지 않을 경우에만 가능하다. 이와 별개로 10년의 기간이 경과했을지라도 만약 사망한 사람의 사진공표가 사정에 따라 망자의 인생상을 심각하게 침해할 경우에는 그의 사후존중권의 침해에 해당되어 공표가 거부될 수도 있다.[38]

이와 관련해 연방헌법재판소는 2000년 8월 25일자 결정에서 사후 인격권

---

34 NJW 2000, 1021, 1025.
35 Frank Fechner, Medienrecht 16.Auflage, 4.Kapitel Rn.29.
36 Frank Fechner, 4.Kapitel Rn.30.
37 NJW 2006. 3406, 3408.
38 Soehring·Hoene, §19 Rn.22.

의 헌법상 근거에 관해 자세히 설명한 바 있다. 재판소는 헌법상 심사기준으로서 기본법 제1조 제1항에서 보장하는 인간 존엄의 불가침성(기본법 제1조 제1항)은 그의 인간존엄에 대한 공격으로부터 개개인을 보호할 모든 국가기관에게 부여된 의무이며, 죽음과 함께 권리보호가 종료되지 않는다고 선언했다. 이와 달리 죽은 사람에게는 기본법 제2조 제1항에 근거한 일반적 인격권의 보호가 존재하지 않는데, 일반적 인격권을 주장할 수 있는 기본권 주체는 살아 있는 사람을 대상으로 한 것이기 때문이라고 밝혔다. 따라서 사망한 사람의 권리침해를 다루는 판결에 있어서는 기본법 제1조 제1항의 인간존엄 규정이 아닌 기본법 제2조 제1항에 의해 보장되는 일반적 인격권 규정은 직접적 심사기준으로서 배제된다는 점을 분명히 했다.

또한 연방헌법재판소는 인간존엄과 일반적 인격권 사이의 차이점을 강조하면서 실제로 언론자유권과의 충돌문제가 발생할 때 인간존엄은 형량이 불가능한 반면 일반적 인격권과 언론자유권이 충돌하는 사안의 경우는 형량이 일어나게 된다고 보았다.[39]

실제로 사망한 사람의 사후 존중권이 문제된 경우에 관해서는 구체적 사례를 통해 살펴보자.

한 15세 소녀는 1988년 큰 관심을 불러일으킨 인질감금 사건으로 결국 죽음에 이르게 되었다. 그리고 사건 당시 인질범이 그녀의 목에 권총을 대고 있는 모습과 그녀는 눈을 감고 있는 모습의 사진이 촬영되었다. 이후 "Bild"지는 2003년 8월 11일자와 12일자 기사에서 인질범의 가출옥에 관한 보도의 맥락에서 해당 사진을 공표하였고, 희생자인 소녀의 어머니는 이 사건의 공표를 금지하도록 소송을 제기했다.[40]

이에 함부르크 상급법원은 2004년 9월 28일자 판결에서 가족으로서 초상권을 주장할 수 있는 권한이 더 이상 어머니에게 속하지 않는다고 판결했다. 즉 예술저작권법 제23조 제3문에 의하면, 촬영대상자가 사망한 지 10년의 기간이 경과한 경우에는 촬영대상자 가족의 동의 없이 행해진 사진 공표 역시 더 이상 보호되지 않는다고 밝혔다. 또한 사망한 딸의 사후 인격권의 침해로 인한 금지청구권 역시 그녀의 어머니에게 인정되지 않으며, 심각한 침해에 대해 사망자의

39 NJW 2001, 594f.
40 ZUM 2005, 168.

죽음 이후에도 지속적으로 영향을 미칠 수 있는, 기본법의 가치질서에서 도출 가능한 망자의 인생상에 관한 사후 존중권은 문제된 보도로 인해 망자의 인생 상이 심각하게 왜곡되거나 위조된 경우에만 존재한다고 보았다.[41]

재판부는 문제된 사진에서는 사망한 소녀의 인생상의 날조 등은 이뤄지지 않았다고 판단했다. 사진이 비록 죽음의 공포상황에서 범죄희생자의 모습을 보여주기는 했지만 평가절차나 품위를 손상시키는 사진은 아니었다고 보았다. 또한 눈은 가린 모습을 보여주는 사진은 얼굴을 왜곡시키지 않은 채 극도의 위협, 공포 그리고 긴장 상황을 보여주고 있으며, 오히려 사망에 이른 범죄의 결과를 아는 관찰자에게 극도로 단호한 인질범의 손에 맡겨진 절망적 위기상황을 보여줌으로써 경멸적이거나 품위를 손상시키는 효과가 아닌 희생자에 대한 동정심을 불러일으키는 작용을 했다고 판단했다. 따라서 문제의 사진은 희생자의 사후 존중권을 인정할 수 있는 경우에 해당하지 않는다고 밝혔다.[42]

3. 동의 목적의 특정

예술저작권법 제22조 이하에 규정되어 있는 초상권의 동의 필수성 요청에 있어서는 자신의 초상에 대한 동의의 사정거리와 범위 결정을 위한 목적 특정의 문제가 특히 중요하다. 실무상 사진기자들은 동의의 적용범위의 중요성을 인식하지 못한 채 특별한 사정으로 촬영된 초상사진들을 향후에도 임의대로 공표하거나 양도할 수 있다고 쉽사리 가정하는 것이 현실이다. 하지만 원칙적으로 초상권의 효력은 당사자가 수여한 동의의 범위 내에만 미치게 된다.[43]

연방대법원은 이미 오래전, 1985년 1월 22일자 판결에서 이러한 점을 확인하였다. 사건을 통해 이를 자세히 살펴보자.

사진모델인 원고는 1973년 당시 4살의 아들과 함께 여러 다른 여성모델들 옆에서 나체상태로 촬영된 그룹사진을 양성의 차이 묘사에 관한 생물학 수업교과서에 제공하였고, 이의 대가로 우정출연 차원에서 100 마르크를 받았다. 해당 교과서는 1974년 십만 부 정도 발행되었고, 바이에른주의 각급 실업학교나 고등학교에서 사용되었다. 하지만 바이에른주 고교 생물학 교육과정 개편으로 인

---

41 ZUM 2005, 168.
42 ZUM 2005, 168f.
43 Soehring·Hoene, §19 Rn.25.

해 견본품 사진에 의해서만 성교육 실시가 가능해짐에 따라 문제의 사진이 포함된 해당 교과서는 1980/81학기까지만 사용되었으며 그 이후에는 더 이상 사용되지 않았다.

이에 바이에른주 수업과정의 변화에 관한 비판적인 기사들이 잡지들에 게재된 한편, 피고의 방송사에서는 1981년 1월 31일에 "Länderspiegel"이라는 방송에서 원고의 동의를 확인하지 않은 상태에서 약 2초간 전체 화면에 꽉 차게 문제 사진을 내보냈다. 이어서 화면에서는 수 초간 사용금지 표시가 보였다. 원고는 문제 사진의 방송으로 인해 자신의 초상권 및 인격권이 침해되었다고 생각해 소송을 제기하였다.[44]

재판부는 우선 수업용 목적으로 생물학 교과서에 게재되었던 당사자의 나체 사진이 방송을 통해 공표되는 과정에서 예술저작권법 제22조의 명시적 동의뿐만 아니라 추정적 동의도 없었다는 점에서 출발했다. 이어서 예술저작권법 제23조 제1항 제1호의 '시사적 영역에서의 초상'인지 여부도 불분명하다고 보았다. 즉, 나체 사진의 방송에서 원고의 나체 모습을 공중이 제공받아야 할 공적 이익이 존재한다고 보기 어렵고, 시청자 입장에서도 묘사된 기사내용을 통한 시사적 사건과 원고와의 관련성이 보이지 않는다고 판단했다.[45] 나아가 전파된 사진은 나체 사진인 관계로 TV 방송을 통해 원고의 '내밀영역'이 침해되었으며, 그의 '내밀영역'은 가령 그가 사진모델을 직업으로 가지고 있었다는 이유로 침해가 허용되는 것은 아니라고 보았다.

한편, 재판부는 동의의 목적 특정과 관련해, 원고가 7년 전 문제 사진이 수업목적으로 제작된 교과서에 등재되는 것에 동의하는 의사표시를 밝혔지만 그로 인해 사진과 함께 스스로 공중에 등장했다는 점이 또 다른 방송의 사진공표를 허용하는 계기가 되는 것은 아니라고 판단했다. 1973년 수여된 원고의 사진 이용에 관한 동의는 인체생물학 수업 내로 제한되었으나, 이후 제한된 동의의 목적 특정이 피고의 TV 방송을 통해 분리되었고 아울러 원고의 내밀영역이 새로운 경로를 통해 다른 공중에게 넘겨지게 되었다고 인정했다. 바로 이러한 대중매체에서의 나체 사진의 전파는, 특히 화면을 꽉 채우는 크기로 방송된 점, 음성과 사진의 결합, 무엇보다 방송전파의 커다란 사정거리 등을 고려할 때 원

---

44 NJW 1985, 1617.
45 NJW 1985, 1617, 1618.

고의 인격권을 보호할 특별한 계기가 존재한다고 보았다. 이런 점에서 TV에서의 사진공개의 효과는 과거의 교과서의 출판을 통한 공개효과와 동일시될 수 없으므로 TV에서 새로운 '내밀영역'의 취급은 당사자의 동의 없이 행해져서는 안 된다고 판단했다.[46]

함부르크 상급법원 역시 1995년 4월 27일자 판결에서 반나체 모습의 당사자를 보여주는 사진은 해당 인물이 시사적 인물이라 할지라도 예술저작권법 제23조 제2항의 '정당한 이익'에 반하기 때문에 동의 없이는 공표가 허용되지 않는다고 판단함으로써 앞선 연방대법원 판결의 취지를 그대로 수용했다.

이 사건에서 재판부는 "RTL 방송사"의 주간 코미디쇼 "토요일 밤"에 등장한 적이 있는 유명하지 않은 여배우를 "완전히 섹시한", "줄리아 로버츠처럼 적갈색의 곱슬머리와 에메랄드빛 눈을 지닌 아름다운 S(24)"와 같은 설명과 함께 반라의 사진을 게시한 새로운 잡지기사의 보도는 당사자의 동의 없이 공표가 허용되지 않는다고 보았다.[47]

재판부는 원칙적으로 당사자가 자신이 촬영되는 것에 대해 보수를 받게 되면 예술저작권법 제22조 이하의 동의가 수여된 것으로 추정된다고 보았다. 하지만 이 사건에서는 그러한 사실이 없으므로 동의의 범위는 당사자에 의해 수여된 목적 특정의 범위를 넘어서는 안 된다고 지적했다. 특히나 전라의 혹은 중요한 부분의 나체상태를 보여주는 사진의 경우에는 특별한 보호가 필요하므로 그러한 사진은 제한된 동의를 넘어서는 동의목적을 벗어나서는 안 되며 당사자의 '내밀영역'을 공중에 넘겨주어서도 안 된다고 밝혔다.[48]

한편, 언더웨어 패션잡지의 부록을 위해서만 150 마르크를 받고 동의한 촬영사진이 추후에 다른 잡지에서 성적 내용을 담은 기사와 함께 게재된 경우에도 당사자의 동의 수여가 부정된 사건도 있다.

이 사건에서 원고는 속옷 패션잡지 "BM"을 위해 1988년 속옷만을 입은 자신의 모습에 대한 사진이 촬영되는 것에 동의했다. 그리고 수년 후에 다른 잡지에서 원고가 자신에게 자극적인 속옷을 입을 것을 요구하는 여자친구를 두었다고 말하는 내용의 기사와 함께 해당 사진이 공표되자 인격권과 초상권이 침해

---

46 NJW 1985, 1617, 1619.
47 NJW 1996, 1151.
48 NJW 1996, 1151f.

되었다며 소송을 제기했다.[49]

　베를린 최고법원은 1998년 8월 28일자 판결에서 원칙적으로 사진을 전파한 사람은 그러한 사진전파를 허용하는 동의가 존재한다는 사실에 관해 소명 및 입증책임을 부담하며, 만약 당사자가 사진 촬영되는 것에 관해 보수를 받았다면 이에 관해서는 동의의 수여가 추정될 수 있음을 재차 확인하였다. 하지만 그러한 동의는 수여된 동의와 함께 수행된 목적의 범위 내에서만 인정된다고 강조했다.

　이 사건에서 원고는 1988년경 사진촬영 당시에 그의 속옷차림의 사진은 "BM" 속옷잡지의 부록에 게재되는 것으로 특정된다고 들었으며 이에 그는 이러한 범위 내에서만 사진이 사용된다는 것에 동의했다고 주장했다. 특히 그는 당시 사진가에게 다른 어떠한 사진에 관한 권리도 인정하지 않았다. 더구나 원고는 촬영 시점에 학생의 신분으로서 모델로 활동하지도 않았고, 그의 지인을 통해 사진가에게 소개되었다. 이에 원고는 단지 한번만 특정 상표의 속옷을 입은 상태에서 사진촬영에 동의했으며 150 마르크라는 소액의 보수를 받았다. 이러한 사정에 비추어 재판부는 원고가 수년 후 새로운 사진공표에 대해서는 어떠한 동의도 수여한 적이 없이, 패션잡지 혹은 부록에서의 공표를 위한 동의만이 인정될 수 있으며 원고가 자신의 연인과 일상생활에서의 성적 문제를 다루는 보도에 사진이 첨부될 것을 동의한 사실은 없다고 확정했다.[50]

　이에 단지 속옷만을 입은 원고의 사진을 원고가 동의한 패션에 관한 보도목적과는 달리 나중에 새로운 동의도 없는 상태에서 주목끌기용으로 사용한 다른 잡지의 보도는 심각한 인격권 침해로서 손해배상청구가 인정된다고 판단했다. 더군다나 해당 잡지의 보도내용은 원고의 '내밀영역'을 침해하는 것에 해당한다고 인정했다. 왜냐하면 보도에 첨부된 기사내용에는 원고를 "K"라는 익명으로 거론하면서 원고와 침대에서 잘 맞는 그런 여자친구를 두었으며 그녀는 종종 자극적인 속옷을 입고 원고에게 몸에 착 달라붙는 속옷을 살 것을 바란다고 스스로 밝혔다는 인상을 독자들에게 제공하는 내용이 포함되었기 때문이다. 재판부는 이러한 점에서 의심할 여지없이 외설적 내용의 잡지 보도는 내밀영역에 해당하는 원고의 심각한 인격권 침해에 해당한다고 보았다.[51]

---

49 NJW-RR 1999, 1703.
50 NJW-RR 1999, 1703f.
51 NJW-RR 1999, 1703, 1704.

이에 반해, 유명인인 당사자 스스로 자신의 내밀영역을 포기한 경우에는 상황이 다를 수 있다. 동독의 유명한 피겨스케이팅 올림픽 메달리스트였던 카타리나 비트(Katharina Witt)의 사례이다.

카타리나 비트는 1998년 나체 사진을 촬영한 뒤 해당 사진을 "Playboy"지 미국판과 독일판에 독점적 공표권한을 수여했다. 일련의 나체 사진들은 1998년 11월 원고의 동의하에서 인터뷰와 함께 "Playboy"지 인터넷판에도 게시되었다. 이후 1998년 11월 8일 "SonntagsZeitung"이라는 잡지는 "사람들은 이 인물에 관해서 말한다"라는 란에서 "Playboy"지 인터넷판에서 캡처한 카타리나 비트의 나체 사진을 공표하면서 다른 세 명의 정치인 및 당시 독일연방은행 수장의 인물 사진 역시 함께 게재하였다. 그리고 첨부기사에서 "작은 토끼, 미국 'Playboy'지를 위해서 옷을 벗다. 출연료 외에 나체의 시장권력에 경의를 표하기 위하여 그녀가 몰두하는 것은 알려지지 않았다. 몰락하는 SED-정부로부터 높게 평가된 빙판 위의 공주는 벌거숭이 상태의, 훨씬 눈에 잘 띄는 방식으로 지지자임을 천명했다"라고 보도했다. 이에 원고는 손해배상청구소송을 제기했다.[52]

이에 프랑크푸르트 상급법원은 1999년 9월 21일자 판결에서 원고는 나체 사진을 스스로 제작하도록 허용했고 마찬가지로 이 사진이 특정한 경로인 인터넷을 통해 공중에 접근하는 것에 동의했다는 점에서 절대적 보호를 누리는 '내밀영역'을 스스로 포기했다고 보았다. 따라서 이러한 포기는 결과적으로 기본법에서 보호하는 공중의 정보이익에 대한 우위를 점할 수 없다고 밝혔다. 특히 재판부는 문제된 보도내용은 단지 나체 사진의 공표에만 국한된 것이 아니라 동독 책임자들로부터의 높은 평가를 누리고 이를 스스로 받아들였던 원고에 관한 의견표현으로서, 언론자유의 보호에 해당하는 하나의 입장 표명이었다는 점을 강조했다. 그리고 이러한 보도과정에서 공표된 나체 사진의 비중 역시 보도기사의 설명과 입증을 위한 자료로 사용하는 범위를 넘어서지 않았다고 판단했다.[53]

4. '묵시적' 또는 '추정적' 동의

동의는 명시적으로 수여될 수도 있지만 묵시적으로 수여되는 경우도 있다. 다만, 이러한 경우에는 어떠한 상황에서 '묵시적 동의'를 인정할 수 있을지에 대

---

52 NJW 2000, 594.
53 NJW 2000, 594, 595.

해 다툼의 여지가 있다. 이러한 문제 역시 구체적 상황을 통해 살펴보는 것이 좋을 것이다.

2003년 7월 25일 당시 다섯 살이 채 안 된 아이와 부모는 아이가 마음껏 뛰어 놀 수 있는 넓은 지역의 캠핑 장소에서 휴가를 보냈다. 이때 우연히 한 인터넷 언론사의 카메라팀은 아이들이 어떻게 캠프 시설의 접수처에서 등록하고 질문을 받으며 이후 부모의 텐트로 돌아가게 되는지 그 과정을 촬영하던 중 원고인 아이의 어머니와 짧은 인터뷰를 하게 되었다. 그리고 그러한 장면들은 2003년 8월 13일에 피고 언론사에 의해 방송되었다. 이에 아이의 어머니인 원고는 자신이 생각했던 인터뷰 취지와 다른 내용의 방송이 나간 것에 대해 손해배상청구소송을 제기하였다.[54]

2006년 5월 26일 칼스루헤 상급법원은 원고의 인터뷰 장면이 담긴 동영상 촬영은 그의 초상권과 인격권의 심각한 침해에 해당한다고 판단했다.

우선, 재판부는 동영상 촬영 동안 원고의 행동을 통해 나중의 공표에 대한 묵시적 동의가 수여되었다고 인정할 수는 없다고 보았다. 물론 원고가 인터뷰 진행자의 질문에 불쾌감을 표현하는 것 없이 대답을 하거나 이때 카메라를 응시했다는 사실은 동영상 촬영에 동의했다는 사실은 분명하다고 인정했다. 하지만 원고가 이와 동시에 피고의 영상물을 통해 일상생활에서 하나의 기이한 행동을 보여주면서 독자들에게 즐거움을 제공하려고 한 그러한 장면의 방송에까지 동의를 표시한 것으로 인정되지는 않는다고 밝혔다. 즉 문제된 인터뷰가 성사되고 촬영된 사정에 따르면, 나중에 그러한 인터뷰 내용이 방송될 것이라는 사실은 짐작할 수 있지만, 그러한 경우에 단지 자신이 스스로 알 수 있던 상태에서 영상촬영의 대상을 구성하는 주제의 의미에 관해 오인하지 않는 범위 내에서만 전파에 대한 원고의 '묵시적 동의'가 인정될 수 있다고 판단했다.

이 사건에서 피고 카메라팀에서 촬영된 인터뷰의 대상은 원고가 그녀의 딸이 사라진 이후 절망감을 가진 상태에서 자신의 딸이 다시 나타났을 때 느끼게 되는 안도감을 보여주는 것이었다. 그리고 자녀의 실종 및 재회에서 그녀는 깊이 감동했을 뿐 어떠한 기이한 행동을 보여주지도 않았지만, 피고 언론사의 영상물은 독자들에게 즐거움을 제공하기 위해 단지 원고의 인터뷰 내용을 원고가

---

54 NJW-RR 2006, 1198.

기이한 행동을 한 것처럼 연결시켰다. 이러한 점에서 재판부는 묵시적으로 수여된 영상공표에 대한 원고의 동의는 피상적인 오락에만 기여하는 그러한 방송물의 경우에는 단지 원고가 계획된 개별적 전파내용에 관해, 특히 방송의 수준과 인터뷰에 응하게 된 맥락에 관해 원고로부터 보고받았을 경우에만 인정된다고 밝혔다.[55]

하지만 재판부는, 이 사안에서는 예정된 인터뷰 방송의 종류와 방식에 관해 이러한 보고가 이뤄지지 않았고, 묵시적 동의 역시 문제된 보도에까지 성사되지 않았다고 보았다. 따라서 이러한 종류의 영상물이나 방송내용은 원고의 심각한 인격권 침해에 해당한다고 밝혔다. 원고는 그녀를 비정상적으로 괴롭히는 상황과 함께 "작은 일상에서의 기괴한 행동"이라는 표현과 함께 즐거움을 주려고 하는 방송물 속에서 그녀의 모습을 보여주는 영상물들은 그녀를 희롱하는 듯한 무시감을 느낄 수 있게 하고 결국 이러한 방식의 보도는 일종의 심각한 인격권 침해에 해당한다고 밝혔다.[56]

한편, 베를린 지방법원은 2007년 3월 6일자 판결에서 참가자가 제한된 패션쇼에서 언더웨어 모델인 원고가 자신의 속옷 차림의 사진이 공표된 것에 관해 한 '추정적 동의'를 인정하였다.

2006년 5월 5일 일부의 참석자로만 제한해서 개최된 패션쇼에서 원고는 란제리 모델로 등장하였고 참석한 기자들을 위해 포즈를 취하였다. 그리고 "BERLINER"지 2006년 5월 7일자 8면에 전체 기사크기의 원고 사진과 함께 "그렇게 적은 옷을 입고도 그렇게 잘 보이기는 절대 쉽지 않다. 관객들은 모델에 열광했다."라는 기사가 게재되었다. 이에 원고는 공표된 사진과 보도는 자신의 동의를 받지 않은 것이라며, 심각한 인격권 침해를 이유로 손해배상청구소송을 제기하였다.[57]

이 사건에서 원고는 패션쇼는 폐쇄적 상태에서 제한된 고객범위만 초청된 상태에서 진행되었고, 비록 여러 사진기자들이 참석하기는 했지만 그들은 자신에게 알려지지 않은 기자들이었으며, 자신이 기자들에 의해 촬영된다는 사실 역시 알 수 없었다고 주장했다. 나아가 원고는 촬영된 사진의 언론공표에 동의하는지 여부에 관해 질문을 받은 바도 없다고 항의했다. 하지만 재판부는 원고의

---

55 NJW-RR 2006, 1198, 1199.
56 NJW-RR 2006, 1198, 1199.
57 BekRS 2009, 6176.

소송을 이유 없다며 기각했다.

우선, 재판부는 인격권 침해를 이유로 하는 손해배상청구는 심각한 침해가 문제되고 발생한 손해를 다른 방식으로는 당사자에게 만족스럽게 조정할 수 없을 경우에만 인정되는 것이 지금까지 확립되어온 판례의 원칙이라고 밝혔다. 그리고 이러한 점에 근거해서 보면, 이 사건의 경우는 위법한 인격권 침해를 인정할 수 없기 때문에 금전배상청구권 역시 배제된다고 판단했다. 왜냐하면 객관적인 수신인 영역에서 볼 때 문제의 초상 촬영과 전파에는 예술저작권법 제22조 제1문의 동의가 추정적으로 인정되기 때문이다.

이어서 재판부는 사진기자가 참석한 경우에는 해당 란제리 패션쇼에 언론이 관심을 가지고 있다는 사실을 알 수 있었기 때문에 원칙적으로 패션쇼의 초청대상이 일부의 전문적 청중들에게만 제한되었는지 여부는 중요하지 않다고 보았다. 보통 패션쇼 행사들의 경우는 언론의 배제하에 개최되는 비밀행사와 동일시할 수 없기 때문이다. 오히려 원고는 디자이너나 행사주최자가 패션쇼에 관한 언론보도에 관심을 가지고 있었을 것이라는 사실을 잘 알았을 것이라고 인정했다. 물론 원고의 진술에 따르더라도, 행사진행 중 자신이 등장하는 모습을 보여주는 어떠한 사진도 공표해서는 안 되며, 특히 공중이나 언론에 공개되는 것을 원하지 않는다는 의사를 표시한 적도 없었다. 이에 재판부는 오히려 사진기자 입장에서는 자신이 문제의 패션쇼에 파견된 배경이나 원고가 카메라 앞에서 포즈를 취한 사실 등에 비추어 볼 때, 어떻게 원고가 사진촬영이나 언론에 공표되어서는 안 된다는 사실을 알 수 있을지 의문이라고 판단했다.

따라서 재판부는 자신의 초상이 언론에 공표되지 않는다는 것에 관한 원고의 바람이 패션쇼 행사에서 스스로 여러 명의 사진기자들 앞에서 그러한 의사표시를 통해 이뤄지지 않았고, 나아가 자신의 행동에서, 즉 알려지지 않은 기자들 앞에서의 포즈 취하기에서 오히려 하나의 '추정적 동의'라는 의사표시가 인정된다고 밝혔다.[58]

하지만 유사한 상황에서 여자모델의 수영복 패션쇼 보도사진이 패션쇼의 범위 내에서 이용된 것이 아니라 광고 목적으로 사용되었을 경우 '추정적 동의'는 부인된다.

---

58 BeckRS 2009, 6176.

원고는 여자 패션모델로 활동하고 있으며, 1991년 L 지방에서 개최된 "화장, 미용 그리고 바디케어" 박람회에서 여름의상 패션쇼에 300 마르크를 받고 참가하였다. 패션쇼에서 원고는 T 지역의 화장품과 향수 전문점을 운영하는 피고 판매점의 수영복을 소개하였고, M 잡지사는 해당 패션쇼에서 촬영되었던 다양한 패션모델들의 사진들을 1991년 여름호에 패션쇼 관련 기사와 함께 게재하였다. 그중에는 수영복을 입은 원고의 사진과 일반의류를 입은 모습이 담긴 사진 두 장도 함께 공표되었다.

한편, 피고는 M 잡지사의 같은 발행호에서 원고가 원피스 수영복을 입고 있고 가운을 걸친 모습의 사진을 포함하는 광고를 게재하였다. 이러한 사진은 M 잡지사에서 촬영했던 사진들 가운데 피고가 선택한 것이었다. 이에 원고는 자신의 동의 없이 그녀의 사진이 광고 목적으로 게재됨으로써 인격권 및 초상권이 침해되었다고 소송을 제기하였다.[59]

코블렌츠 상급법원은 1995년 3월 2일자 판결에서 우선, 원고가 패션쇼 과정에서 그녀가 패션쇼 관련 보도를 예상할 수 있었던 만큼 패션쇼 관련 보도 범위 내에서 그녀의 수영복 사진 등을 공표하는 것은 인격권이나 초상권 침해에 해당하지 않는다고 보았다. 왜냐하면 그녀는 보수를 받고 보도가 예상되는 패션쇼에 참가한 이상 '추정적 동의'가 인정되기 때문이다.

하지만 피고의 영업상 광고에서 그녀의 사진을 상업적으로 이용한 경우에는 그러한 동의가 존재하지 않는다고 판단했다. 다만, 광고에 이용된 사진이 반나체이거나 관능적 표현을 통한 상업화의 묘사이거나 원고의 명예를 해하는 표현이 담긴 사진이 아니라 정상적인 모델사진이라는 점이 참작되어 심각한 인격권 침해에만 인정되는 손해배상청구는 인용되지 않는다고 판단했다. 한편, 재판부는 이와 별개로 원고의 동의하에서 그녀의 사진이용을 위해 지불했어야 할 영업상 부당이득은 물론 반환해야 한다고 판단했다.[60]

---

59 NJW-RR 1995, 1112.
60 NJW-RR 1995, 1112f.

제 3 장

·

독일 초상권 법리의
변천과정

독일 초상권 법리의 변천과정

Ⅰ. 유럽인권법원 판결(2004) 수용 이전 독일 초상권 법리

1. 개관

예술저작권법 제23조 제1항 제1호는 동의의 예외로서 '시사적 영역에서의 초상'을 규정하고 있다. 언론실무에 있어서는 주로 예술저작권법 제23조 제1항의 '시사적 영역에서의 초상' 규정이 중요한 역할을 하게 된다. 하지만 독일 초상권 법리는 1990년대 중반 이후 이 개념의 해석을 둘러싸고 많은 논쟁이 있어 왔으며 결국 오랜 시간 동안 유지해왔던 기존의 법리에서 커다란 변화를 겪게 된다. 즉, 기존의 독일 법원실무에서는 해당 개념의 해석을 '시사적 인물(Person der Zeitgeschichte)' 개념의 형성을 통해 해결해 왔으나, '시사적 인물' 개념은 지나치게 형식적이며 도식적이라는 내부적 비판에 직면하게 되었고,[61] 더욱이 유럽인권법원의 국제적 기준을 수용하는 과정에서 독일 내의 초상권 법리는 획기적인 새로운 변화를 거치게 되었다.

이와 관련해 유럽인권법원의 판결 이전에 내려진 캐롤라인 폰 모나코

---

[61] Soehring·Hoene, §19 Rn.2e.

(Caroline von Monaco) 판례들은 독일 초상권 법리의 변천과정에서 독일 법원의 입장 변화를 일목요연하게 보여주고 있으며, 초상권 법리의 발전과정에서 하나의 단초가 된 대표적 사례이다. 모나코의 캐롤라인 공주는 모나코의 지배영주 레니에 로메인 3세(Rainier Romain Ⅲ)와 그레이스 켈리 사이에서 장녀로 태어나 일생동안 끈질기게 파파라치나 사진기자들의 표적이 되었다. 하지만 이에 대해 캐롤라인 공주는 적극적으로 독일의 각급 관할법원 및 유럽인권법원에 소송을 제기하였고, 이 과정에서 독일 초상권 및 '사적 영역'의 보호권 법리가 형성되어 왔다고 보아도 무방할 것이다.

따라서 독일 초상권 법리의 변천과정을 이해하기 위해서는 1990년대 중반부터 2000년대를 관통하며 진행되어온 캐롤라인 공주의 판결들에서 출발하는 것이 효과적이다. 캐롤라인 공주를 둘러싼 일련의 판결들은 초상권 법리의 발전과정을 이해하는 데 필요한 다양한 관점들을 극명하게 보여주고 있으며, 각 관할 법원들이 정립해온 초상권 법리를 비교하는 데 많은 도움을 제공한다.

2. 1995년 12월 19일자 연방대법원 판결

(1) 낡은 개념으로서 '시사적 인물(Person der Zeitgeschichte)'의 개념

1995년 12월 19일자 연방대법원이 결정한 캐롤라인 판결은 대체로 파파라치들을 통해 촬영되고 잡지에서 공표된 두 종류의 사진보도가 문제되었다. 한 부류의 사진들은 캐롤라인 공주가 프랑스 모 지역의 작은 시골식당에서 배우 뱅상 랭동(Vincent Lindon)과 함께 있는 모습을 보여주는 것들이었고, 그중에는 전등 빛이 불완전하게 비추는 테이블에 앉아 가볍게 공주의 손에 키스하는 장면이 포착된 사진을 포함하고 있었다. 다른 사진들은 주로 캐롤라인 공주가 승마할 때, 카누를 탈 때, 산책하거나 자전거 탈 때, 쇼핑할 때 등의 모습을 보여주는 것들이었다.

이러한 사진들을 둘러싸고 촉발된 캐롤라인 판결은 미디어법 분야에 많은 쟁점들을 던져주게 되었는데 그 가운데 우선적으로 살펴볼 쟁점 중의 하나는 '시사적 인물(Person der Zeitgeschichte)'의 개념이다. 현재는 낡은 개념으로서 폐기되기는 하였지만 독일 법원의 초상권 법리의 변천과정을 이해하기 위해서는 '시사적 인물'이라는 개념에 대한 이해가 필요하다. 이 개념은 독일 초상권 법리를 해석함에 있어 2004년 유럽인권법원의 새로운 판결 이전까지 이미 오랜 기간 동안 활용되었던 적용기준이었다.

아울러 이 개념은 국내의 현실을 평가하는 데 있어서도 매우 중요하다. 왜냐하면 국내에서도 현재 초상권 법리를 논함에 있어서 주로 당사자가 공인이나 공적인 인물인지에 따라서 동의 없는 초상보도가 허용될 수 있다는 주장이 지배적이기 때문이다. 공인 또는 공적인 인물의 초상은 언론보도에서 중요한 위치를 차지하며, 한번 공표된 공인의 초상은 여러 경로를 통해 유통되고 비교적 확보하기가 쉬워 별다른 수고 없이 보도자료로 활용할 수 있다고 하는 주장이 그 예이다. 이에 따르면 저명인들은 그들 스스로 대중의 관심사가 되는 직업을 선택했고 그들의 직업 또한 대중의 인기에 의해 지지되므로 저명인들은 그러한 직업에 종사하는 것 자체만으로 사회생활상 상당하다고 인정되는 범위 내에서는 그들의 인격권과 밀접한 관련이 있는 초상권을 포기했다고 볼 수 있다는 주장이 대표적이다.[62]

이외에도 실무에서 초상권 법리를 적용함에 있어서는 '공인' 내지 '공적인 인물'의 개념은 초상권에도 원용할 수 있으며, 공인이론은 언론자유와 인격권에 대한 침해가 발생할 경우 해결을 위해 행해져야 할 이익형량에 있어서 유용하게 활용할 수 있는 보조도구임을 명백히 강조하는 견해가 제기되고 있다.[63] 따라서 독일에서의 초상권 법리의 변천과정을 살펴보는 것만으로도 국내에서의 초상권 법리 적용에 있어 효과적인 방향설정 역할을 기대할 수 있을 것이다.

전통적으로 과거의 독일 법원에서는 예술저작권법 제23조 제1항 제1호의 '시사적 영역에서의 초상'이라는 구성요건표지를 해석하기 위해 사진의 대상이 '시사적 인물'에 해당하는지 여부에 몰두했다. 그리고 이러한 '시사적 인물' 개념은 '절대적 시사적 인물(Absolute Person der Zeitgeschichte)'과 '상대적 시사적 인물(Relative Person der Zeitgeschichte)'로 구별되었다. 즉, 사진보도가 당사자 동의 없이 공표될 수 있는 '시사성(Zeitgeschehen)' 해당 여부에 관한 심사방식은 우선 '절대적 시사적 인물' 또는 '상대적 시사적 인물'이라는 법적 인물상에 해당하는지를 판단하고 나서, 공적 이익이 존재하는지 여부를 판단하는 방식으로 이뤄졌다.

---

62 함석천, 초상권에 대한 새로운 인식과 법리 전개, 법조 2006. 12. 218면.
63 장태영, 디지털 시대의 초상권 침해양상과 가상의 사례와 국내외 판례로 본 법리 적용, 2018. 11. 20. 언론중재위원회 디지털 시대의 신초상권 침해, 쟁점과 해법 토론회 발제문 118면.

여기에서 '절대적 시사적 인물'이란 개별사건과는 무관한 공적 생활에 서 있는, 따라서 일반적으로 공공의 주목을 받는 그러한 인물들을 가리킨다. 이러한 사람들은 가령 탄생, 지위, 선거 혹은 특별한 개인적 업적 때문에 비상하게 주변 사람들로부터 부각되거나 그로 인해 공적 관심의 주목하에 있다는 점이 결정적이다.[64] 그에 반해 '상대적 시사적 인물'이란 단지 특정한 사건 혹은 특정한 행위와 관련해서만 의미를 가지고 그것을 통해 일시적으로 익명성으로부터 벗어나 관심을 끌게 되는 그런 사람들을 가리킨다.[65] 특히 여기에서는 개인적 요소, 즉 '시사적 사건(Zeitgeschichtes Ereignis)'과 촬영대상자의 결합에 유의해야 한다.[66]

이에 따라 '절대적 시사적 인물'은 통상 인정될 수 있는 공적 이익이 존재하는 한 공표가 항상 허용된다. 연방대법원은 이에 해당하는 경우를 1995년 12월 19일자 '캐롤라인-판결(Caroline-Entscheidung)'[67]에서 상술한 바 있다. 해당 사례는 주로 '시사적 인물'이 대중 속에서 행동하는 경우(공중영역)에 해당하는 사진들이 문제되었고, 이에 대해 대중은 당사자가 공중 속에서 어떻게 행동하는지 알 권리를 가지기 때문에 거기서 작성된 촬영이 비밀리에 제작되었는지 여부는 어떠한 역할도 하지 않게 된다.[68]

일단 해당 판결들을 자세히 들여다보자. 이 판결에 앞선 항소법원의 판결에서는 캐롤라인 공주의 경우에는 모나코 영주집안의 구성원으로서 '절대적 시사적 인물'이기 때문에 어떠한 주변 환경 속에서 어떠한 사람과 함께 대중들에게 비춰지는지에 관한 공중의 정보욕구가 항상 존재한다고 보았다.

이러한 항소법원의 견해를 연방대법원은 그대로 받아들였다. 즉, '절대적 시사적 인물'에 관해서는 여론이 그러한 인물에 관한 사진을 중요한 것으로 인정하고, 촬영의 대상이 된 인물 자체를 주목할 만한 가치가 있다고 인정하며, 그에 따라 그의 초상 공표는 대중의 진정한 정보욕구에 의해 정당화된다고 보았다. 그리고 이러한 인물군에는 영주, 국가지도자, 주요 정치인 등이 속하고, 모나코 지배영주의 장녀인 캐롤라인 공주 역시 이에 해당한다고 본 것이다.[69]

---

64 Ricker/Weberling, 43.Kapitel Rn.12.
65 NJW 1996, 878; NJW 1997, 1374.
66 Ricker/Weberling, 43.Kapitel Rn.13.
67 NJW 1996, 1128.
68 NJW 1996, 1128.
69 NJW 1996, 1128, 1129.

(2) '장소적 은거성(Örtliche Abgeschiedenheit)' 개념의 정립

1995년 12월 19일자 연방대법원이 내린 캐롤라인 판결의 전심인 항소법원은 캐롤라인 공주가 모나코 영주집안의 구성원으로서 '절대적 시사적 인물'에 해당한다고 보았다는 점은 앞서 본 바와 같다. 이어서 항소법원은 '공중의 정당한 정보이익'은 촬영대상자의 집 대문 앞에서 끝나고 일반인들이 접근할 수 있는 공간이나 기타 공적 장소에서는 그렇지 않기 때문에 문제된 사진들로 인해 캐롤라인 공주의 '사적 영역'은 저촉되지 않는다고 보았다.

이에 대해 연방대법원 역시 기존의 '절대적 시사적 인물'의 개념을 기초로 이 사건을 판단하였다. 연방대법원은 '절대적 시사적 인물'에 편입되기 위해서는 여론이 그에 관한 초상이나 사진을 중요한 것으로 인정하고 묘사된 인물이 대중들에게 주목받을 가치가 있다고 인정되어야 하는 점이 결정적이라고 보았다. 무엇보다 영주, 국가지도자 및 지도적 정치인들이 이에 속하는데, 모나코 지배영주의 장녀인 원고 역시 이러한 인물범주에 속한다고 인정했다.[70]

하지만 연방대법원은 설사 보도 대상자가 '시사적 인물'에 속한다 할지라도 그의 동의 없이 무제한으로 초상사진들이 전파될 수는 없다고 주장했다. 즉, '사적 영역'과 관련해서는 자신의 주택 내부인 공중으로부터 차폐된 공간으로 제한하고자 한 항소법원의 판결에 반대하면서 새로운 차원의 '사적 영역'의 확대를 주장하였는데, 이를 위해 '장소적 은거성(Örtliche Abgeschiedenheit)'이라는 개념을 제시하게 된 것이다. 이 개념은 향후 초상권 분야에서 현대사회의 새로운 디지털 기술 사회에 진입하는 과정에서 발생되는 여러 가지 부작용 문제를 해결하기 위한 논의의 출발점으로서 기여하게 된다. 다만, '장소적 은거성' 개념 역시 유럽인권법원으로부터 엄밀성과 법적 명확성 부분에 관해 의심받으면서 인격권 보호에 소홀하다는 비판을 면할 수 없었다. 이러한 사실은 나중에 소개할 예정이다.

연방대법원 판결에 의하면, '장소적 은거성'이란 주택 내부를 벗어난 가정영역의 외부에서 보호가치 있는 '사적 영역'을 의미한다. 예컨대, 외부에서 객관적으로 알 수 있듯이 누군가 혼자 있기를 원하고, 그가 구체적 상황에서 은거성의 신뢰하에 광범위한 대중들 속에서는 하지 않았을 것처럼 행동하는 경우를

---

70 NJW 1996, 1128.

의미한다. 이러한 상황에 있는 당사자를 비밀리에 혹은 기습적으로 촬영하고 그러한 사진들을 공표하는 것은 그의 사적 보호영역을 침해하는 것이다.

이러한 보호는 '시사적 인물' 역시 마찬가지인데, 모든 사람들이 자유롭게 접근할 수 있는 장소, 즉 공개적인 장소에서도 마찬가지로 적용된다. 다만, 이것은 구체적 시점에 광범위한 대중으로부터 분리된 장소이고, 이러한 대중들과의 경계획정이 제3자에게서도 역시 객관적으로 인식될 수 있을 것을 전제로 한다. 따라서 당사자가 더 이상 대중들의 한 부분으로서 모습을 드러내지 않는 한, 예컨대 레스토랑 혹은 호텔, 체육시설, 전화부스, 구체적인 사정에 따라서는 심지어 자연에서도 가능하다.[71]

'장소적 은거성' 개념은 그동안 법원이 실무상 취해 왔던 시사적 인물의 '사적 영역(Privatsphäre)' 보호를 한 단계 진전시키고자 하는 노력에서 기인한 것이었다. 왜냐하면 비밀리에 몰래카메라를 통해 촬영되는 사진 제작이나 급습촬영에 대한 보호필요성이 현대사회에서 긴요해졌기 때문이다. 따라서 연방대법원은 이러한 원거리 촬영, 몰래 촬영 등은 당사자의 동의를 무력화시키고 사진촬영의 거부기회를 박탈함으로써 개인의 '사적 영역'을 침해하게 된다는 점을 심각하게 받아들였다.[72]

그럼에도 실제 사안판단에 있어서 연방대법원은 배우 뱅상 랭동과 한 작은 식당에서 손에 키스하는 모습을 촬영한 사진에 관해서는 '장소적 은거성'을 인정하였으나, 나머지 사적 활동-승마할 때, 자전거 탈 때, 쇼핑할 때 등의 모습을 보여주는-에 관한 사진들에 대해서는 '사적 영역'의 보호를 외면했다. 즉 해당 사진들에서는 캐롤라인 공주가 광범위한 대중으로부터 분리된 은거성 속으로 후퇴하지 않았고, 대중 속에서 대중의 일부분이 되었으므로, 일상적 활동의 경우에 해당할지라도 그녀가 대중 속에서 어떻게 행동하는지에 관해 알고자 하는 정당한 이익을 감수해야 하기에 '사적 영역'의 침해를 인정할 수 없다고 판단했다.

---

71 NJW 1996, 1128, 1129.
72 NJW 1996, 1128, 1130.

3. 1999년 12월 15일자 제1차 연방헌법재판소 판결

(1) '시사적 인물(Person der Zeitgeschichte)' 개념에 관한 입장

캐롤라인 공주는 앞선 연방대법원 판결에 불복해 연방헌법재판소에 이의를 제기했는데, 이에 따라 연방헌법재판소는 캐롤라인 공주의 사생활을 보여주는 사진들을 상대로 다시 한 번 연방대법원의 판결을 심사하게 되었다.[73] 여기에서 연방헌법재판소는 '시사적 인물'의 개념이 헌법상 원칙에 반하는 것인지 여부를 심사하였다. 그 결과 개별적으로 특정된 '시사적 사건'을 통해서 공중의 관심을 끌었던 것이 아니라 개별사건과는 무관하게 한 인물의 지위와 그의 중요성 때문에 공적 관심을 끌게 되는 경우에도 역시 예술저작권법 제23조 제1항 제1호의 '시사적 영역에서의 초상'에 해당하는 것으로 본 연방대법원의 견해는 헌법상 문제되지 않는다고 보았다. 또한 '절대적 시사적 인물'이라는 개념은 비록 헌법이나 법률의 명문규정에 근거한 개념은 아닐지라도 학설과 판례를 통해 형성되어온 개념으로서, 공중들이 주목할 만한 가치가 있다고 인정한 인물의 초상에 관해서는 동의 없이도 공표가 가능하며 캐롤라인 공주의 경우는 이러한 인물에 속한다고 판단했다.[74]

아울러 연방헌법재판소는 '시사적 인물'들의 경우에는 단지 사회 내에서 차지하는 그의 직무수행의 모습을 보여주는 사진에만 동의 없는 초상 공표가 허용되는 것이 아니라 오히려 그 인물의 부각된 역할과 영향력으로 인해 직무를 벗어났을지라도 공중 속에서 그가 어떻게 행동하고 있는지에 관한 공적 관심이 정당화된다고 보았다. 왜냐하면 그들은 사회 내에서의 우상 또는 모범적 역할로 인해 또는 그러한 인물이 직무에서 보여주는 모습과 사적인 개인행동 사이에 사실상 일관된 모습을 보여주고 있는지 역시 공중의 정당한 관심사이기 때문이라는 것이다. 만약 이러한 인물들에 대한 초상의 공개를 제한한다면 대중들의 입장에서는 사회적으로 중요한 역할을 수행하고 있는 정치적 삶을 가진 인물들에 대한 공적 관심에 부합하는 평가가능성이 부당하게 제한될 것이라는 점도 덧붙였다.

이러한 연방헌법재판소의 입장에 따라 연방대법원 역시 특정한 '시사적 사건'을 통해 관심을 끌었던 인물은 '상대적 시사적 인물'로서 인정될 수 있고, 그

---

[73] NJW 2000, 1021.
[74] NJW 2000, 1021, 1025.

러한 인물은 당사자 동의 없이 단지 이러한 사건과의 관련하에서만 촬영, 공표
될 수 있다고 설시하였다. 한편 자신의 지위와 중요성에 근거해 일반적인 공적
주목을 받아서 그 자체로 시사성의 대상이 되는 인물은 '절대적 시사적 인물'로
서 인정될 수 있고, 그러한 인물에 관해서는 보도가 일반적으로 허용된다고 보
았다. 이러한 사실들은 결국 독일 법원들은 상당기간 '절대적 시사적 인물'과
'상대적 시사적 인물'의 구별을 통해 초상권 침해사건을 해결하였음을 보여주는
것이다.[75] 하지만 이러한 '절대적 시사적 인물'의 개념은 2004년 유럽인권법원
의 판결에 의해 비판이 제기되었고, 이에 따라 독일 법원에서의 입장이 변경되
는 결과에 이르게 되었다.

(2) '장소적 은거성(Örtliche Abgeschiedenheit)' 개념에 관한 입장
연방헌법재판소는 같은 1999년 12월 15일자 '캐롤라인 판결'에서도 '사적
영역'의 보호는 초상권 법리와는 다른 관점에서 바라보아야 한다는 사실을 강조하
면서 관련 보호법리를 자세히 설명하였다. 이에 따르면 '사적 영역(Privatsphäre)'의
보호는 사진과 관련되는 것이 아니라 주제상으로 그리고 공간적으로 특정된다.
연방헌법재판소는 '사적 영역'의 특징으로는 전형적으로 사적인 것으로 분류되
는 사안에 해당하는 것으로서 공개토론이나 공개가 부적당한 것으로 간주되고
이것이 알려지면 고통스러운 것으로 느껴지게 되거나 주변의 부정적 반응을 불
러일으키게 된다는 점을 제시했다. 가령 혼자만의 일기장, 부부간의 비밀스러운
의사소통, 성적인 영역의 경우, 사회적으로 벗어난 행동, 질병 등이 그 예에 해
당한다. 한편, 공간적 영역 가운데 '사적 영역'은 개인이 자기 자신으로 복귀하
거나 긴장을 완화하고 편안하게 내버려 둘 수 있는 그러한 영역이라고 제시했
다. 이러한 영역은 공개적 관찰로부터 자유롭게 그리고 그와 함께 공중 속에서
달리 행동하는 것 없이 외부의 감시에 의해 요구되는 자기통제로부터 자유롭게
존재할 가능성을 가지는 공간을 소유하는 것이 중요하다고 보았다. 만약 그러한
후퇴영역이 존재하지 않는다면 개인은 심리적으로 끊임없이 다른 사람에게 어
떠한 인상을 주고 있는지 아니면 그가 올바르게 행동하고 있는지 계속해서 주
의해야만 할 것이고 바로 이러한 상황에서는 그의 인격전개에 반드시 필요한

75 NJW 2007, 3440, 3441.

은거나 독거의 상태가 제거됨에 따라 지속적으로 침해를 당하는 상태가 유지될 것이기 때문이다.[76]

아울러 자신의 지위, 외모, 직책 혹은 영향력이나 능력 등으로 인해 공적인 관심을 받는 사람들에게도 마찬가지로 '사적 영역'의 보호필요성이 인정되며 민주적으로 선출된 공직자, 특히 그의 직무수행에 있어서 해명책임이 있고 이러한 범위 내에서 공적 관심을 수인하여야 하는 공직자도 마찬가지라고 밝혔다.[77] 이러한 예로는 우선, 가정 내부영역을 들 수 있다.[78]

하지만 연방헌법재판소는 인격전개와 관련된 후퇴영역은 처음부터 가정 내로 제한되어서는 안 되며, 인격의 자유로운 전개를 위해서는 집 담장 밖에서도 여전히 보장되어야 한다는 사실을 중요하게 인식했다. 예컨대, 직무압박과 미디어의 감시로부터 필수불가결한 회복은 일정한 자연적 환경의 은거성 속에서만, 가령 휴양 장소에서 획득될 수 있다고 보았다. 따라서 외딴 자연 혹은 광범위한 공중으로부터 분명히 분리된 장소에서는 공적 관찰로부터 자유로운 방식으로 행동할 가능성이 보장되어야 하며, 특히 당사자가 인지할 수 없는, 공간적 은거를 넘어서는 그러한 촬영기술에 대한 보호필요성이 요구된다고 강조했다.[79]

이어서 연방대법원의 견해에 기초해, 은거성의 전제가 충족되었는지 여부는 당사자가 방문하는 개별적 장소의 특성에 근거해서 결정될 수 있으며, 단지 개별상황에 따라 판단되어야 한다고 밝혔다. 즉, 혼자인지 그렇지 않으면 다른 사람과 함께인지 여부에 따른 그의 행동이 아니라 문제된 시간에 주어진 객관적인 장소의 상황이 '사적 영역'을 구성하게 된다고 판단했다.[80] 예컨대, 은거성의 특징을 제시하지 않는 장소에서 마치 그가 대중들의 관찰하에 있지 않은 것처럼 행동한다면, 그는 그 자체로 공공성과 아무런 관련도 없는 행동에 관한 보호필요성을 스스로 파기한 결과에 이르게 된다. 이에 따라 개인이 많은 사람들 가운데 존재하는 그런 장소는 처음부터 기본법 제1조 제1항과 제2조 제1항 의미상 '사적 영역' 보호의 전제조건에 해당하지 않게 된다. 결국 당사자가 주변에서 자신의 행동이나 태도를 후퇴기능의 범위 내에 있는 것으로 인식할 수 있는

---

76 NJW 2000, 1021, 1022.
77 NJW 2000, 1021, 1022.
78 NJW 2000, 1021, 1022.
79 NJW 2000, 1021, 1022.
80 NJW 2000, 1021, 1023.

기대를 위해서는 당사자는 그러한 행동들을 일관되게 표현하여야 한다.[81]

따라서 실무상 공중의 정보이익과 촬영대상자의 정당한 이익 사이의 개별 사안의 이익형량 과정에서는 예술저작권법 제23조 제1항의 '시사적 영역'에 해당한다 할지라도 예술저작권법 제23조 제2항의 '정당한 이익'의 해석을 함에 있어서 연방대법원의 '장소적 은거성' 개념에 따라 결정된다. '절대적 시사적 인물'에게도 '장소적 은거성'의 신뢰 속에서 비밀리에 혹은 기습적인 돌발 상황에서 촬영된 사진으로 인해 초상권 침해가 인정될 수 있다.[82]

하지만 결과적으로 연방헌법재판소는 이 판결에서 인격권 보호에 소극적인 입장을 취한 것으로 평가된다. 즉, 시사적 인물이 단지 대중 속에서 어떻게 행동했는지가 문제될 경우에는 비록 공적인, 가령 직무상 역할 수행이 아닌 상태에서 문제되었을 경우에조차 보호가치 있는 정보이익이 항상 인정되며, 개인이 많은 사람들 속에 있는 장소에는 처음부터 보호가치 있는 '사적 영역'은 존재하지 않는다는 연방대법원의 입장에 동조한 것으로 인정된다.[83] 따라서 캐롤라인 공주가 시장에 갈 때, 경호원과 함께 시장에서 그리고 수행원과 함께 다른 사람들이 자주 방문하는 식당에 있을 때의 모습을 촬영한 사진은 헌법적 관점에서 동의 없이 항상 공표가 허용되었다. 왜냐하면 '절대적 시사적 인물'은 그가 대중 속에서 활동할 경우에는 인격권의 보호에 대한 포괄적인 제한을 감수해야 하기 때문이다.[84]

II. 제1차 유럽인권법원(2004년 6월 24일자 캐롤라인 판결)의 새로운 전기 마련

1. 개관

지금까지의 캐롤라인 폰 모나코 소송사건을 둘러싼 독일연방대법원 및 연방헌법재판소의 초상권 법리는 유럽인권법원의 2004년 6월 24일자 판결을 통해 획기적인 전기를 마련하게 된다. 따라서 독일 초상권 법리의 형성과정에서는 유

---

[81] NJW 2000, 1021, 1023.
[82] NJW 2000, 1021, 1025.
[83] NJW 2000, 1021, 1025.
[84] Ricker/Weberling, 43.Kapitel Rn.14.

럽인권법원의 해당 판결이 매우 중요한 의미를 가진다.

앞서 제시된 바와 같이, 캐롤라인 공주는 90년대 초반 이래 유럽의 여성잡지 및 연예전문 언론매체(황색언론)를 통해 공개된 그녀의 사생활 관련 사진들에 대한 소송을 통해 공표금지를 시도한 바 있고, 관련 소송들은 결국 유럽인권법원에까지 이르게 되었다. 여기에서 문제가 된 소송은 캐롤라인 공주가 승마할 때, 휴가 동안 파리에 있는 그의 집을 떠날 때, 자전거를 잠시 세워놓았을 때, 테니스 칠 때 — 일부는 에른스트 아우구스트 폰 하노버 공의 동행하에서 — 및 비치클럽에서 무언가에 걸려 넘어질 때의 모습이 담긴 사진들을 대상으로 한다. 그러한 초상 공표는 독일법 체계에서는 앞서 살펴본 바와 같이 예술저작권법 제23조 제1항 제1항에 따라 허용되는 것으로 선고된 바 있다.[85]

하지만 유럽인권법원은 모나코 지배영주의 장녀인 캐롤라인 공주가 사실상 모나코 공국에서 어떠한 공직도 맡지 않고 있었다는 점을 주목하였다. 그리고 이러한 취지에서 사생활의 보호와 의견표현의 자유를 비교형량할 경우에는 사진촬영 및 언론보도가 하나의 공적 관심의 문제에 관한 토론에 기여하는지와 정치적 인물에 관계되는지 여부에 맞춰져야 한다고 하면서 언론은 '감시견'으로서의 그의 본질적 역할을 가지고 있으므로 '공적 생활의 인물', 특히 정치인에게는 그의 사생활에 관해 공중의 특별한 알 권리가 인정된다고 보았다.

2. 제1차 유럽인권법원 판결의 주요 쟁점

(1) 유럽인권법원의 독일 법원 비판

유럽인권법원은 우선 사진공표 역시 의견표현의 자유(유럽인권협약 제10조)에 포함되며 이와 충돌되는 사생활 개념(유럽인권협약 제8조)에는 한 인물의 신원사항 혹은 초상권이 포함된다고 전제하였다. 이어서 유럽인권협약 제8조는 한 인물이 그의 친밀한 사람들과의 관계를 유지함에 있어서 외부의 간섭 없이 그의 인격을 전개할 개인의 권리를 보호함에 있다고 밝혔다. 또한 공개된 장소에서도 역시 사생활 영역에 해당하는 개인과 제3자 간의 상호관계영역이 존재한다고 보았다.

그리고 이번 사안의 경우는 생각의 전파가 문제된 것이 아니라 매우 개인

---

85 Ricker/Weberling, 43.Kapitel Rn.15.

적이고, 한 인물에 관한 은밀한 정보가 담긴 사진의 전파가 문제된 것이라는 점을 중요하게 인식하였다. 게다가 선정적 언론에서 출판된, 종종 지속적인 괴롭히기로부터 생긴, 그것이 당사자에 의해서는 심각한 그의 사생활로의 개입과 심지어는 추적으로까지 느끼게 되는 그러한 사진공표의 문제임을 특히 심각하게 받아들였다.[86]

이어서 유럽인권법원은 독일 법원들이 취해온 몇 가지 관점들을 비판하고 새로운 입장을 개진하였는데 이를 통해 결국 독일 법원들은 기존의 법리를 수정하고 유럽인권법원의 입장을 반영하면서 새로운 인격권 보호의 전기를 마련하게 되었다. 대표적으로는 우선, 사생활의 보호와 의견표현의 자유의 형량 시 적용될 잣대로서 사진을 포함한 보도내용이 하나의 공적 관심의 문제에 관한 공개적 토론에 기여했는지 여부의 기준을 제시했다는 점이다. 즉, 보도가 공적인 생활의 인물, 특히 정치인에 관계될 경우 언론은 '감시견'으로서의 본질적 역할에 따라 자유로운 보도가 허용된다는 것이다. 한편, 독일 법원에 의해 발전되어온 적용기준, '절대적 시사적 인물'의 개념, '장소적 은거성'의 개념은 청구인인 캐롤라인 공주의 사생활 보호를 위해 충분치 않다고 비판하였다. 즉, 독일 연방헌법재판소가 1999년 12월 15일자 원칙결정[87]에서 예술저작권법 제22조 및 제23조를 해석하는 과정에서 이끌어낸 두 가지 기준 - 기능적 기준으로서 '절대적 시사적 인물' 개념과 공간적 기준으로서 '장소적 은거성' 개념 - 에 따라 캐롤라인 공주는 절대적 시사적 인물로서 그의 주거지 밖에서도 사생활 보호를 누리는데, 이를 위해서는 외부에서도 알 수 있게 홀로 있기 위한 은거성 속으로, 그리고 거기에서 넓은 공중 속에서는 하지 않았을 것을 행한 그러한 공간성을 신뢰할 경우에만 가능하다고 판단한 연방헌법재판소의 판시 내용은 받아들이기 어렵다고 보았다.

(2) '공적 토론(Öffeutliche Diskussion)에의 기여' 여부 - 인격권의 보호강화

유럽인권법원 판결내용 가운데 가장 주목해야 할 특징으로는 의견표현의 자유[88]에 대해 사생활 보호의 형량이 이뤄지는 경우에는 그 판단근거로서 항상

---

86 NJW 2004, 2647, 2649.
87 NJW 2000, 1021.
88 유럽인권협약 제10조는 언론의 자유를 포함하지 않기 때문에, 의견표현의 자유에 언론자유를 포함하여 고려하는 것이 일반적이다.

사진촬영 혹은 언론보도가 공적 이익에 관한 하나의 '공적 토론(Öffeutliche Diskussion)에 기여'하는지 여부에 맞추어야 한다는 심사기준을 제시하였다는 점이다.

유럽인권법원은 유럽인권협약 제10조에 의해 보장되는 의견표현의 자유는 민주주의 사회의 본질적 토대이며 무해하거나 중요하지 않은 정보 외에 침해가능성이 있는 충격적인 의견 역시 이에 포함된다고 밝혔다. 왜냐하면 다원주의, 관용주의 없이는 민주주의 사회가 존재하지 않게 되므로 당연히 개방적 정신태도가 요구된다는 것이다. 따라서 언론은 민주사회에서 본질적 과제를 떠맡게 되며, 이에 따라 공적 이익의 모든 문제에 관한 정보와 생각을 전달할 의무와 책임을 지게 된다고 보았다.

아울러 사진촬영의 공표 역시 유럽인권협약 제10조의 의견표현의 자유에 해당하며 인권법원은 사생활 보호와 의견표현의 자유 사이에 형량이 필요한 경우 항상 사진촬영 혹은 언론보도가 공적 이익에 관한 하나의 '공적 토론에 기여'하는지 여부에 맞추어왔다고 밝혔다.

하지만, 유럽인권법원은 원칙적으로 민주주의 사회에서 하나의 토론에 기여하는, 예컨대 정치인들이 그의 공적 직무의 수행에 관계한다는 사실에 관한 보도와 캐롤라인 공주와 같이 어떠한 공적 임무도 지니지 않은 한 개인의 사생활에 관한 세세한 보도는 구별된다고 보았다. 왜냐하면 정치인에 관한 경우에는 언론은 민주주의 사회에서 그의 '감시견'으로서 본질적 역할을 차지하고 '공적 이익의 문제에 대한 생각과 정보를 전달하는 것'에 기여하기 때문이다.[89]

물론 '공적 생활의 인물'의 사생활 측면 역시 특별한 사정에 따라서는 민주주의 사회에서 언론보도의 대상에 포함될 수 있기는 하지만, 그 역시 '공적 이익의 문제에 관한 토론에의 기여'라는 기준을 충족해야 하며, 해당 사안의 경우는 캐롤라인 공주의 사생활에 관한 단지 특정한 관중의 호기심만을 만족시키고자 하는 것이고, 따라서 이러한 사안은 그녀의 높은 지명도에도 불구하고 사회를 위한 공적 이익의 그 어떠한 토론에의 기여로서 인정될 수 없다고 밝혔다.[90] 결국 이러한 판단은 캐롤라인 공주의 인격권 보호에 기여하는 결과를 가져오게 되었다.

89 NJW 2004, 2647, 2649.
90 NJW 2004, 2647, 2650.

(3) '절대적 시사적 인물' 개념의 비판

유럽인권법원은 독일 법원의 '절대적 시사적 인물'의 개념에 따른 예술저작권법 제23조 제1항의 해석은 수용하기 어렵다고 분명히 밝혔다. 개인이 법치국가에서 그가 어떻게 행동해야 하는지 정확히 알기 위해서 분명하고 명백해야 한다는 관점에서 볼 때 독일 법원이 취한 절대적 그리고 상대적 시사적 인물 사이의 구분은 인정될 수 없으며, 개인의 사생활 보호를 위해 충분치 않다는 것이다.[91] 이는 결국 인격권 보호를 강화하는 입장에 무게를 둔 판단의 시작이었다.

또한 인권법원은 독일 법원이 기준으로 삼고 있는 '절대적 시사적 인물'이라는 개념은 매우 제한된 사생활과 초상권의 보호에 해당하기 때문에 그러한 개념은 결과적으로 공직수행이라는 역할을 차지하는 정치인에게만 고려될 수 있고, 단지 특정한 문화행사 혹은 자선행사에서 모나코 공국의 구성원으로서 대표역할을 한 것에 지나지 않는 캐롤라인 공주의 경우는 이를 적용하기 곤란하다고 비판했다. 즉, 스스로 어떠한 공직 역할도 떠맡은 적이 없는 캐롤라인 공주를 단지 영주 가문의 소속원이라는 점에만 기초해서 사생활 침해를 정당화할 수 없다는 것이다. 결국 국가는 개인의 사생활과 초상권 보호를 위한 적극적 의무를 이행하기 위해서 예술저작권법을 제한적으로 해석하는 것이 필수적이라고 주장했다.[92]

한편, 유럽인권법원은 '시사적 인물'을 대체할 새로운 인물유형으로 '정치인', 기타 '공적인 생활의 인물' 혹은 '공적 관심의 대상이 되는 인물', '사인' 등 세 가지 유형을 제시하였다.[93] 이에 따르면, 민주주의 사회에서 하나의 토론에 기여하는, 예컨대 정치인이 그의 공적 직무를 행사하는 것에 관한 보도와 어떠한 공적 임무도 맡지 않은 일반인에 관한 세세한 사생활 보도 사이에는 엄연한 구별이 존재해야 한다는 것이다. 왜냐하면 전자의 경우 언론은 민주주의 사회에서 그의 '감시견'으로서의 본질적 역할을 수행하는 것이고 공적 이익의 문제에 관한 생각과 정보를 전달하는 것에 기여하기 때문이고, 이에 반해 후자의 경우는 그렇지 않다는 것이다. 또한 공적 생활의 인물들, 특히 정치인의 경우는 민주주의 사회에서 본질적인 국민의 알 권리에 해당하지만 이 사건에서 문제된

---

91 NJW 2004, 2647, 2650.
92 NJW 2004, 2647, 2650.
93 Ricker/Weberling, 43.Kapitel Rn.15.

캐롤라인 공주의 촬영사진들과 기사내용들은 전적으로 개인의 세세한 사생활에 관한 것이라는 점이다.[94]

결국 이 사안은 캐롤라인 공주의 사생활에 관해 단지 특정한 독자들의 호기심만을 만족시키고자 하는 것이며 캐롤라인 공주가 아무리 높은 지명도를 가지고 있다 할지라도 사회를 위한 공적 이익의 토론에 어떠한 기여도 인정할 수 없는 것이라고 보았다.[95] 이에 따라 정치인의 경우에는 언론의 '감시견' 역할의 대상으로서 그에 관한 전방위적 보도가 허용되고, '공적 생활의 인물'의 사생활에 관한 보도는 단지 '공적 이익의 문제에 관한 토론에의 기여'라는 특별한 사정 하에서만 가능하게 된다. 만약 보호가치가 적은 대중의 선정적 관심을 그저 만족시키려는 차원이라면 사진보도는 허용되지 않는다.[96]

(4) '장소적 은거성' 개념의 비판

유럽인권법원은 독일 법원의 '장소적 은거성' 개념 역시 비판하였다. 이에 따르면, '장소적 은거성' 기준은 비록 이론적 명료성을 기대할 수는 있지만 실무상 적용하기가 너무 어렵다고 보았다. 왜냐하면 당사자는 자신의 사생활을 단지 '장소적 은거성' 내에 있을 경우에만 그리고 공중의 배제하에 있다는 사실을 입증하는 것에 성공했을 경우에만 주장할 수 있는데, 이것은 쉽지 않은 일이라는 것이다. 결과적으로 '장소적 은거성'이라는 요건을 주장할 수 없다면 그녀는 이 사건에서처럼 오로지 세세한 사생활에 관련된 것일지라도 사람들이 자신을 항상 사진촬영하고 그 촬영물을 계속해서 전파하는 것을 감수해야 하는 상황에 직면할 수밖에 없다고 비판했다.[97]

(5) '공적 생활의 인물'의 사생활 보호범위

유럽인권법원의 판결은 현대사회에서 촬영기술의 발달로 인한 사생활 침해의 심각성을 지적했다는 점에서도 중요한 의미를 갖는다. 유럽인권법원은 '공적 생활의 인물'들이 몰래 촬영되고 있는 주변 환경 및 그의 사생활 내에서 방치된 채로 지속적으로 행해지는 괴롭히기가 간과되어서는 안 된다는 점을 강조

---

94 NJW 2004, 2647, 2649.
95 NJW 2004, 2647, 2650.
96 Ricker/Weberling, 43.Kapitel Rn.17.
97 NJW 2004, 2647, 2650.

하였다. 그리고 판결내용에 이러한 부분을 적극적으로 반영하였다. 예컨대, 기자들의 출입이 엄격히 제한된 몬테카를로(Monte carlo)의 비치클럽에서 촬영된 사진의 경우, 수백 미터 거리의 이웃집에서 몰래 촬영되었다는 사실에 주목하였다.

유럽인권법원은 사생활의 보호는 모든 사람의 인격전개를 위해 근본적인 의미를 가지는 만큼 가족의 내밀한 범위를 넘어 사회적 영역에서 역시 그 보호가 중요하고 그들의 사생활 존중에 대한 정당한 기대가 보장되어야 한다고 판단했다. 특히 기술발달로 인한 사진의 저장과 반복이용을 고려할 때, 그리고 일정한 사진의 조직적 촬영과 넓은 공중으로의 전파를 고려할 때, 강화된 주의가 요구된다고 밝혔다.[98]

(6) 유럽인권법원 2004년 6월 24일자 판결의 결론

결국 유럽인권법원은 1993년에서 1997년 사이에 여성잡지 및 일명 황색언론이라고 하는 연예인 전문 화보잡지 "Bunte"지, "Neue Post"지에 공표되었던 캐롤라인 공주의 일상생활을 촬영했던 사진들은 모두 유럽인권협약 제8조 사생활 및 가정존중권 침해에 해당한다고 판단했다.

구체적으로 해당 사진(캐롤라인 공주가 승마하는 모습의 사진, 쇼핑할 때의 사진, 레스토랑에 있을 때의 사진, 자전거를 타는 모습의 사진, 에른스트 아우구스트 폰 하노버 공과 테니스 칠 때의 사진, 몬테 카를로 비치클럽에서 무엇인가에 걸려 넘어지는 모습의 사진 등)들은 어떠한 공직도 차지하지 않은 캐롤라인 공주의 지위에 비추어보면 전적으로 세세한 사생활에 관련되는 것이고 어떠한 '공적 이익의 토론에 기여'하는 것도 아니므로 이러한 보도들은 사생활의 보호 뒤로 후퇴해야 한다고 보았다.

결론적으로 유럽인권법원은 대중들은 캐롤라인 공주의 일반적 지명도에도 불구하고 사람들이 더 이상 은거된 것으로서 지칭할 수 없는 장소에서 체류할 때조차 그녀가 어디에 있고, 그녀가 일반적으로 그녀의 사생활 내에서 어떻게 행동하는지 알아야 할 어떠한 정당한 이익을 가지지 않는다고 판단함으로써 독일 법원의 입장을 정면으로 반박하였다. 또한 독일 법원에 의해 발전되어온 기준들은 캐롤라인 공주의 사생활을 효과적으로 보호하기에는 충분하지 않다고 충고하였다.[99]

---

[98] NJW 2004, 2647, 2650.
[99] NJW 2004, 2647, 2651.

III. 유럽인권법원 판결 이후 독일 초상권 법리의 변화

1. 개관

독일 법원들은 유럽인권법원이 2004년 6월 24일자 '캐롤라인 판결'을 통해 자신들의 입장을 정면으로 비판하는 판결이 내리자 양 기관이 동일한 사실관계에 관해 상이한 결과에 이르게 된 경우 국내법원은 이를 어떻게 처리해야 할지 토론에 부쳐졌다. 그리고 곧 독일연방헌법재판소는 다른 소송에서 유럽인권법원의 판결이 유럽인권협약 제53조에 반해 기본법을 통해 보장되는 기본권 보호의 제한에 이르지 않는 한, 유럽인권협약에 관한 유럽인권법원의 판결은 독일연방헌법재판소를 포함한 독일 각급 법원에 의해서 독일기본법상 기본권 내용과 사정거리 결정을 위한 해석보조수단으로 고려되어야 한다고 밝혔다.[100]

이에 따라 독일 법원들은 2004년 유럽인권법원의 판결로 인해 독일 법원들은 '인격권 강화'라는 새로운 국제기준을 어떤 방식으로 그리고 어느 범위에서 수용할지의 문제에 당면하게 되었고, 구체적으로 연방대법원은 한 판결[101]에서 유럽인권법원이 앞에서 제시했던 기준, 즉 원칙적으로 민주주의 사회에서 하나의 토론에 기여하거나 예컨대 정치인, 특히 공직의 대변인인 경우 그에 관한 보도와 어떠한 종류의 공적인 임무도 차지하지 않은 개인의 세세한 사생활 관련 보도 사이에는 구별이 필요하다는 기준을 적용하기 시작하였다.

이와 더불어 연방대법원을 포함한 독일 법원들은 실무상 해결방법을 예술저작권법 제22조, 제23조에 따른 '차등화된 보호개념(Abgestuftes Schutzkonzept)'을 통해 찾게 되었고, 해당 구성요건표지들의 해석과정에서 유럽인권법원의 입장을 적극 수용하게 되었다. 이 개념에 따르면, ① 일반적으로 초상 공표를 위해서는 원칙적으로 촬영대상자의 '동의(Einwilligung)'가 필수적이다(예술저작권법 제22조). ② 만약 동의가 없다면 사진이 '시사적 초상(Bildnisse aus dem Bereich der Zeitgeschichte)'에 관한 공표인지 여부가 고려된다(예술저작권법 제23조 제1항). ③ 하지만 예술저작권법 제23조 제1항의 규정을 통한 동의 없는 공표일지라도 촬영대상자의 '정당한 이익(Berechtigte Interessen)'을 침해한다면, 예술저작권법 제23조 제2항이 재차 고려되고, 결국 원칙적인 공적 이익의 현존에도 불구하고

---

100 NJW 2004, 3407; Soehring·Hoene, §21 Rn.2g.
101 NJW 2006, 599.

전파는 허용되지 않게 된다.[102]

　이러한 '차등화된 보호원칙'은 물론 초상권 보호에 관한 예술저작권법 제22조 이하의 적용을 위한 법익 내지 이익형량에 있어서 전혀 낯선 새로운 법리로 등장한 것은 아니다. 하지만 각 단계에서 제시된 구성요건표지의 해석을 둘러싸고 법익형량을 행하는 과정에서 유럽인권법원의 견해를 적극 수용해 왔다는 점에 그 의미가 부각된다. 그러한 점에서 연방대법원은 이후 여러 판례들을 통해 반복적으로 사진공표의 허용성은 예술저작권법 제22조, 제23조의 차등화된 보호원칙에 따라 판단되어야 하며,[103] 이러한 '차등화된 보호원칙'은 헌법상 원칙[104]뿐만 아니라, 유럽인권협약의 판결[105]과도 일치하여야 한다고 선언하였다.

　결국 유럽인권법원의 판결로 인해 연방헌법재판소와의 관계에서 생겨난 불명료성은 연방대법원의 노력을 통해 제거되는 과정을 거쳤다. 즉, 연방대법원은 지속적으로 예술저작권법 제22조, 제23조에 근거한 판단과정에서 '차등화된 보호개념'을 발전시켰고, 이러한 개념을 통해 유럽인권법원의 판결을 고려했다는 점을 보여주었다. 아울러 '절대적 시사적 인물'의 개념과 '상대적 시사적 인물'의 개념은 이제부터 낡은 것이 되었고, 이에 따라 유명인에게도 이익형량은 필요하며, 그러한 인물의 사진전파로 인해 당사자의 '정당한 이익'이 침해되는 경우에는 허용되지 않게 된다.[106]

　이러한 관점에서 '차등화된 보호개념'의 원칙에 따라 각 단계별로 독일 법원들은 어떻게 해당 구성요건표지들을 해석이나 적용과정에서 인격권을 확대·강화해 왔는지 주요 판결들을 중심으로 구체적으로 살펴보기로 한다. 이를 위해서는 첫째, 판례들은 '차등화된 보호개념'의 의미를 어떻게 이해하고 있으며, 둘째, 예술저작권법 제23조 제1항 제1호의 '시사적 영역에서의 초상'은 어떻게 '시사적 인물' 중심에서 '시사적 사건' 중심으로 이동하게 되었는지, 셋째, 예술저작권법 제23조 제2항의 '정당한 이익'이 유럽인권법원의 입장 수용이라는 점에서 어떻게 보호·강화되었는지를 살펴보게 될 것이다.

102　Ricker/Weberling, 43.Kapitel Rn.18.
103　NJW 2007, 1977; NJW 2007, 3440; NJW 2008, 3134; NJW 2008, 3138; NJW 2009, 754; NJW 2007, 757; NJW 2009, 1499.
104　NJW 2008, 1793.
105　NJW 2004, 2647; NJW 2006, 591.
106　Frank Fechner, 4.Kapitel Rn.37.

2. 2007년 3월 6일자 일명 '스키휴가 판결' 및 '케냐별장 임대 판결'의 사례

(1) 사실관계

앞서 제시한 바와 같이 연방대법원은 2004년 유럽인권법원의 비판적 판결 이후 적극적으로 유럽인권법원의 취지를 다수의 판결들을 통해 수용해 왔으며, 여러 판결에서 이를 발견할 수 있다. 관련 내용들은 이에 관한 주요 판결들을 통해 확인할 수 있다. 여러 판결들 가운데에서도 특히 2007년 3월 7일자 캐롤라인 공주와 에른스트 아우구스트 폰 하노버 공이 제기했던 이른바 '스키휴가 판결'들[107]과 '케냐별장 임대 판결' 등[108]이 2004년 유럽인권법원의 판결 이후 이어진 독일 법원들의 법리 변천과정 이해를 위해 더할 나위 없이 좋은 사례들이다. 더군다나 이 판결들은 나중에 연방헌법재판소까지 이르렀고, 과연 연방헌법재판소가 연방대법원의 입장 선회를 어떻게 최종 판단하는지도 살펴볼 수 있게 함으로써 독일 법원 판결흐름의 궤적을 여과 없이 보여준다.

2007년 3월 7일자 해당 판결들의 사실관계는 다음과 같다.

첫 번째 사건은 "Frau im Spiegel"지를 상대로 캐롤라인 공주가 사진공표 금지를 요구한 사안이다. "Frau im Spiegel"지는 2002년 2월 20일자 2002/9호에서 모나코 영주는 병환 중이라는 기사내용과 함께 캐롤라인 공주가 생모리츠(St. Moritz)에서 스키휴가를 보내고 있는 중에 한 도로에서 그녀의 남편과 함께 있는 모습을 보여주는 사진을 게재하였는데, 캐롤라인 공주는 이에 대해 이의를 제기했다. 이어서 "Frau im Spiegel"지는 2003년 2월 20일자 2003/9호에서 재차 캐롤라인 공주가 생모리츠에서 스키휴가를 보내고 있는 기사와 함께 마찬가지로 생모리츠의 한 도로 위에 있는 모습의 사진을 공표하였고 이에 대해서도 캐롤라인 공주는 이의를 제기하였다.[109]

두 번째 사건은 에른스트 아우구스트 폰 하노버 공이 "FRAU AKTUELL"을 상대로 사진의 공표를 금지청구한 사안이다. "FRAU AKTUELL"은 2002년 2월

---

107 NJW 2007, 1977; NJW 2007, 1981.
108 BeckRS 2007, 6634.
109 NJW 2007, 1977. 문제된 두 개의 보도 이외에도 "Frau im Spiegel"지 2004년 3월 11일자 12/2004호에서 모나코에 임박한 로젠볼(Rosenball)에 관해 보도하면서 캐롤라인 공주가 취르스(Zürs)의 스키휴가 중 남편과 함께 2인용 스키리프트를 타고 있는 모습의 사진을 게재한 것 역시 소송대상이었다. 이에 대해 연방대법원은 해당 사진은 전적으로 부부의 '사적 영역'에 해당하고 '시사적 사건'인 로젠볼(Rosenball)과는 어떠한 관련도 없다고 보았다.

20일자 2002/9호에서 모나코의 영주가 다시 건강이 악화되었고, 단지 그의 차녀만이 그를 방문하였으며, 그의 장녀는 남편과 함께 스키휴가를 보내기 위해 생모리츠에 머물렀다는 내용의 기사를 보도하였다. 이러한 기사에는 캐롤라인 공주 옆에 에른스트 아우구스트 폰 하노버 공이 딸들과 함께 한 도로 위에 있는 모습의 사진이 게재되었다. 에른스트 아우구스트 폰 하노버 공은 이 사진에 대해 이의를 제기하였다.[110]

세 번째 사건은 캐롤라인 공주가 "7 TAGE"지를 상대로 한 사진의 공표를 금지청구한 사안이다. "7 TAGE"지는 2002 3월 20일자 13/2호에서 캐롤라인 공주와 그녀의 남편인 에른스트 아우구스트 폰 하노버 공이 케냐의 라무(Lamu)섬에 위치한 별장을 임대한다는 내용의 기사를 보도하였다. 그리고 해당 기사에는 캐롤라인 공주가 휴가 중에 많은 인파가 북적이는 도로 위에서 그녀의 남편과 함께 있는 모습의 사진이 첨부되었다. 이에 캐롤라인 공주는 문제된 사진의 새로운 공표를 금지하는 소송을 제기하였다.[111]

이에 대해 연방대법원은 2007년 3월 6일자 각각의 판결에서 독일 법원이 예술저작권법 제22조, 제23조에서 발전시킨 '차등화된 보호개념'의 실무상 적용 범위에 관해 밝히면서 해당 기준의 내용을 다시 한 번 정리하게 된다. 이에 따르면 독일 법원들은 '차등화된 보호개념'에 따라 유럽인권법원의 판결원칙[112]들을 준수하고 고려하게 된다.[113]

(2) '차등화된 보호개념(Abgestuftes Schutzkonzept)'의 원칙

일단, '차등화된 보호원칙'이란 예술저작권법 제22조에 따르면, 초상은 촬영대상자의 '동의(Einwilligung)'가 있어야만 전파될 수 있는데, 예술저작권법 제23조 제1항에 따르면, 초상이 '시사적 영역(Bereich der Zeitgeschichte)'에 관한 경우에는 예외가 존재한다. 하지만 이러한 예외 역시 촬영대상자의 '정당한 이익(Berechtigte Interessen)'이 침해될 경우에는 적용되지 않는다는 예술저작권법 제23조 제2항의 해석에 따라 법익형량이 이뤄지는 과정을 말한다.

과거 연방헌법재판소와 연방대법원은 축약된 '시사적 인물'의 개념을 발전

---

110 NJW 2007, 1981.
111 BeckRS 2007, 6634.
112 NJW 2004, 2647; NJW 2006, 591.
113 NJW 2007, 1977, 1978; NJW 2007, 1981, 1982.

시켰고, 이를 적용해 왔다. 이에 따르면, '상대적 시사적 인물'의 경우에는 특정한 시사사건을 통해 관심을 끌게 된 인물을 일컫고, 그러한 인물을 시사사건과의 맥락에서만 그의 동의 없이 촬영할 수 있게 된다. 그에 반해 '절대적 시사적 인물'은 그의 지위나 인물의 중요성에 근거해 일반적으로 공적 주목을 받는 인물로 간주되고, 그 결과 그 자신이 바로 시사성의 대상이기 때문에 그에 관한 보도가 허용되게 된다. 하지만 '절대적 시사적 인물'이라 할지라도 가정 내의 영역으로 제한되지 않는 '사적 영역'의 권리를 가지며 그가 외부에서 알 수 있는 것처럼, 은거된 장소에 있는 경우에는 사진보도로부터 방해받지 않고 활동할 가능성을 가져야 한다는 것이 과거의 입장이었다.

그러나 이러한 독일 법원의 입장에 대해 유럽인권법원이 2004년 6월 24일자 판결을 통해 우려를 표시했음은 앞서 살펴본 바와 같다. 이에 독일 연방대법원은 이러한 유럽인권법원의 원칙을 이후 독일 내의 여러 판결들에서 고려, 수용하게 되었다. 그리고 이는 주로 예술저작권법 제22조 이하의 구성요건들을 해석하는 과정에서 이뤄져 왔으며, 이 가운데 가장 중요한 표지들은 예술저작권법 제23조 제1항 제1호의 '시사적 영역에서의 초상'의 의미와 제23조 제2항의 '정당한 이익'을 둘러싼 해석과정들이 바로 그것이다.

연방대법원은 예술저작권법 제23조의 규정은 입법자의 의도 및 규정의 의미와 목적에 따라 공중의 정보이익과 언론자유를 고려하게 되는데, 이는 바로 '시사적 영역에서의'라는 구성요건표지의 해석을 통해서 가능하게 된다고 밝혔다.[114] 한편, 사생활 보호권과 언론자유권의 기본권 충돌 시에 형량은 '시사적 영역'으로의 편입이 필수적이며 이때 언론자유와 동시에 인격권 및 '사적 영역'의 보호 역시 충분히 고려되는 규범적 기준이 바탕이 되는데, 여기에서 '시사적 사건'에 관한 완전한 정보를 요구하는 공중의 정보이익이 결정적인 요소가 된다고 설명했다.[115]

이처럼 2007년 3월 6일자 캐롤라인 공주와 그녀의 남편인 에른스트 아우구스트 폰 하노버 공이 제기한 각각의 소송들을 통해 재판부가 자세히 판시한 내용들은 유럽인권법원의 원칙을 수용하기 위해 결국 고려해야 할 사항들이며 예술저작권법 제22조 및 제23조의 '차등화된 보호원칙'에 따른 각 단계별 심사

114 NJW 2006, 3406, 3407.
115 NJW 2007, 1977, 1978.

구조에 관한 실무상 기준내용들이다. 이러한 내용들은 크게 예술저작권법의 두 가지, 즉 '시사성'과 당사자의 '정당한 이익'을 기초로 구별할 수 있으며, 그 방향은 우선 당사자의 동의 없이도 초상 공표가 허용되는 예술저작권법 제23조 제1항의 시사성 개념이 변화하고 있으며 아울러 제23조 제2항의 당사자의 '정당한 이익'을 강조하는 방향으로 선회하고 있음을 보여준다.

(3) 예술저작권법 제23조 제1항의 '시사성(Zeitgeschehen)'의 의미 변화
가. '시사적 인물(Person der Zeitgeschichtes)' 개념의 포기

연방대법원은 2007년 3월 6일자 연방대법원 판결들[116]에서 여러 차례 반복해서 유럽인권법원으로부터 비판받은 '시사적 인물' 개념을 포기하고, 그 대체개념으로 '시사적 사건(Zeitgeschichtes Ereignis)'의 개념을 제시하였다.[117] 이에 관해 차례로 살펴보자.

연방대법원은 2007년 3월 6일자 판결들에서, 우선 과거의 연방헌법재판소와 연방대법원 판례들은 '시사적 인물'의 축약된 개념을 발전시켰고, 이에 따르면 '절대적 시사적 인물'과 '상대적 시사적 인물'의 개념으로 구별된다고 보았다. 여기에서 '절대적 시사적 인물'은 그의 지위와 중요성에 근거해 일반적으로 공적인 주목을 받은 인물을 말하고, '상대적 시사적 인물'은 특정한 시사적 사건을 통해 관심을 끄는 인물을 말한다고 판시했다. 하지만 이들 역시 '장소적 은거성' 내에 있는 경우에는 사진촬영이 제한되는 입장을 취해왔다고 지적했다. 하지만 유럽인권법원이 2004년 6월 24일자 판결에서 독일 법원들의 '절대적 시사적 인물'의 개념에 대해 우려를 표한 이상, 공중에 알려진 인물에 관해 사정에 따라 어떠한 조건하에 보도해도 되는지가 쟁점으로 떠오르게 된다고 판단했다.

이에 따라 예술저작권법 제23조 제1항의 규정은 예술저작권법 제22조의 동의 필수성의 예외를 판단함에 있어 공중의 정보이익과 언론자유를 고려하게 되며, 공중의 이익은 다름 아닌 '시사적인 영역'이라는 이 규정의 구성요건표지에서 고려되어야 한다고 밝혔다. 결국 촬영대상자의 유럽인권협약 제8조(사생활 존중권) 및 기본법 제1조 제1항, 제2조 제1항과 유럽인권협약 제10조(언론의 자유) 및 기본법 제5조 제1항 제2문 사이에 상충하는 기본권의 형량은 바로 예술

---

116 NJW 2007, 1977; NJW 2007, 1981; BeckRS 2007, 6634.
117 NJW 2007, 1977; NJW 2007, 1981; NJW 2008, 3138; NJW 2009, 3138.

저작권법 제23조 제1항의 '시사적인 영역'으로의 귀속에서 일어나게 되는 것이다. 이때 무엇보다 중요한 것은 '시사적 사건'에 관한 완전한 정보를 요구하는 '공중의 정당한 이익'이 결정적인 요소가 된다.

따라서 이후에는 '절대적 시사적 인물'의 인정 여부와는 상관없이 공중에서 유명한 인물인지 혹은 특별한 정도로 공중의 관심을 끄는지가 중요하다고 보면서 이전 판례의 입장이었던 예술저작권법 제23조 제1항 제1호의 '시사성'을 해석함에 있어서 '시사적 인물'에서 출발하는 법리와는 완전히 선을 그었다.

나아가 연방대법원은 이러한 점에서 문제해결을 위해서는 '차등화된 보호 개념'의 올바른 이해에서 출발해야 한다고 강조했다. 즉, 예술저작권법 제23조 제1항 제1호의 의미상 '시사적 사건'의 관점에 따라 그 자체로 동의 없이 초상의 전파를 감수해야 하는 인물일지라도 이를 통해 해당 인물의 '정당한 이익'이 침해된다면 사진의 전파는 허용되지 않는 결과에 이르게 된다(예술저작권법 제23조 제2항). 이러한 연방대법원의 입장 변화의 단초는 다름 아닌 '시사적 인물' 관점에서 '시사적 사건' 중심으로 선회하였음을 보여주는 것이며, 그 방법은 '차등화된 보호개념'의 새로운 해석에 기인한 것이라고 볼 수 있다.[118]

나. '시사적 사건(Zeitgeschichtes Ereignis)'의 개념으로의 선회

이에 따라 동의 없이도 초상이 공개될 수 있는 상황은 원칙적으로 사진보도가 시사적 인물이 아닌 '시사적 의미의 사건(Zeitgeschichtes Ereignis)'에 관계될 때에만 가능하다.[119] 다만 연방대법원은 이 경우에 '시사적 사건'의 개념을 너무 좁게 이해해서는 안 된다고 주장했다. 따라서 무엇보다도 공중의 정보이익의 관점에서 단지 역사적 · 정치적 의미의 사건뿐만 아니라 일반적인 공적 · 시사적 사건, 즉 모든 일반적인 사회적 이익의 문제를 포함하고, 그것은 공중의 이익에 따라 결정된다는 것이다. 이에 오락적 기사들을 통해서도 의견형성이 이뤄질 수 있고 심지어 오락적 기사들은 사정에 따라 의견형성을 지속적으로 자극하는 객관적 정보로서 영향을 미칠 수 있다고 보았다.[120]

한편, 언론이 법적 한계 내에서 자신의 저널리즘적 기준에 따라 무엇이 공

---

118 NJW 2007, 1977, 1979.
119 NJW 2004, 1795; NJW 2007, 689; NJW 2007, 1977, 1979.
120 NJW 2007, 1977, 1979.

적 이익을 필요로 하는 것인지 결정할 수 있는 충분한 재량을 소유하는 것과 의견형성과정에서 무엇이 공적 관심사안에 해당하는지 밝히는 것은 언론자유와 의견형성자유의 핵심범위에 속한다고 보았다.[121] 이에 따라 언론은 법적 한계 내에서 자신의 저널리즘적 기준에 따라 무엇이 공적 이익을 필요로 하는지 결정해야 한다. 즉, 언론은 그의 의견형성 과제의 옹호를 위해 자신의 저널리즘적 기준에 따라 무엇을 공적 이익의 가치가 있는 것으로 간주할지 스스로 결정할 수 있다는 것이다. 결국 유럽인권법원의 2004년 6월 24일자 판결이 언론이 민주주의 사회에서 본질적 역할을 수행하고 모든 공적 이익의 문제에 관한 정보와 사고를 전달하는 것이 그의 과제라고 강조한 의미와 '시사적 사건'에서 '시사성'의 개념은 일치하게 된다고 판단했다.[122]

따라서 '시사적 사건'으로서의 사안으로는 공공의 사회적 이익 문제에 스포츠 행사도 속할 수 있고, 비록 단지 지역적 의미를 가질 경우일지라도 이에 해당할 수 있다. 예컨대, 유명인의 자녀들이 그러한 행사에 참여한다면 사진이 첨부된 보도가 허용된다.[123] 연방대법원의 판결에 따르면, 임차인들 모임조차 '시사적 사건'의 범주에 놓이게 되고, 그 때문에 그러한 축제에 관한 주택건축조합은 그들이 축제에 참여한 임차인의 사진을 게재하는 방법으로 그들의 정보브로슈어에서 보도해도 된다.[124]

다만, 유의해야 할 점은 이전 연방대법원 판결에서 법원은 '당사자의 지명도(Bekanntheitsgrad)' 역시 중요할 수 있다는 점을 무시하지 않았다. 즉, 법원은 적절하게 원고의 출신과 지위 그리고 이 사람이 단지 현재의 사건뿐만 아니라 지금까지의 행동으로 인해 공중에 스스로 그의 인물에 관해 커다란 관심을 끌게 했다면 중요한 하나의 공적 이익이 존재할 수 있다고 보았다.[125]

(4) '차등화된 보호원칙'에 따른 '법익형량의 원칙' – '공중을 위한 정보가치'

2007년 3월 6일자 연방대법원 판결들은 따라서 '차등화된 보호원칙'에 따라 이익형량이 요구되며, 이러한 근거에서 한편으로는 공중의 정보이익, 다른

---

121 BeckRS 2007, 6634.
122 NJW 2007, 1977, 1979.
123 BGH GRUR 2013, S.1065.
124 BGH Afp 2014, S.324f.
125 NJW 2006, 599, 600.

한편으로는 대립되는 '사적 영역'에 관한 당사자의 이익 사이에서 이익형량이 행해져야 한다고 밝혔다. 여기에서 '공중을 위한 정보가치'가 결정적인 역할을 한다는 점은 이미 강조한 바 있다.[126] 이에, '공중을 위한 정보가치'가 높을수록 인격권은 그 뒤로 후퇴해야 하고, 그에 반해 기사의 정보가치가 낮을수록 인격권이 더욱 중요하게 된다는 원칙이 확립된다. 따라서 단순한 오락에 관한 독자의 관심과 호기심의 만족은 '사적 영역'의 보호에 대해 통상 적은 비중을 가지기에 보호가치가 없는 것으로 평가해야 한다.[127]

이러한 판단에 있어서는 이미 2006년 8월 21일자 연방헌법재판소 판례가 확증한 바와 같이 언론보도가 단지 오락적 성격이기 때문에 바로 기본법 제5조 제1항의 언론자유 보호의 대상에서 탈락하게 되는 것은 아니고, 민주주의 사회에서 미디어의 역할에 따라 민주주의에 있어서 중요한 여론의 관점에서 공중의 관심이 있는 문제를 본질적으로 다루고 있는지 아니면 단지 공중의 호기심을 만족시키기 위해 사적인 사안을 확산시키는 것인지가 중요해진다.[128]

다만 사례의 사정에 따라서는, 당사자가 높은 지명도의 인물로 간주되는지 여부에 따라 결정되지는 않을지라도 보도의 정보가치를 위해 당사자의 지명도 역시 중요할 수는 있다는 점을 배제해서는 안 된다. 즉, '시사적 사건'의 의미에서 '시사적 사건'인지의 문제에 관한 판단을 위해서는 넓은 이해가 요구되고, 따라서 언론은 여전히 커다란 의미를 가지는 자신의 의견형성 과제에 비추어 정당화된다.[129]

그럼에도 물론 사례의 상황에 따라 보도의 정보가치를 위해서는 당사자의 지명도 역시 중요할 수 있다는 사실은 이미 강조한 바와 같다. 따라서 결론적으로는 모든 경우에 개별적 형량이 행해져야 한다.

(5) 예술저작권법 제23조 제2항의 '정당한 이익'의 의미 강조

예술저작권법 제23조 제2항 '정당한 이익'의 구성요건표지는 '차등화된 보호 원칙'의 마지막 단계이다. 촬영대상자의 동의가 없음에도 불구하고 제23조 제1항에 따라 정당화되는 사진보도는 예외적으로 촬영대상자의 이익이 침해되

---

126 NJW 2004, 766.
127 NJW 2007, 1977, 1979.
128 NJW 2006, 3406, 3407.
129 NJW 2007, 1977, 1979.

는 경우에는 허용되지 않는다.

여기에서 앞선 예술저작권법 제23조 제1항에 따라 '시사적 사건'이 존재하는지의 문제에서 행해졌던 법익형량의 과정과 중복되는 것은 아닌지, 두 단계 사이의 경계획정은 어떻게 되는지 혼란스러움이 나타날 수 있다. 이에 일부 견해는, 형량은 이미 예술저작권법 제23조 제1항의 범위 내에서 수행되어야 한다는 점에서 예술저작권법 제23조 제2항은 단지 하나의 '틈새보충기능'으로 작용할 뿐이라는 주장이 제기되기도 한다.[130]

그렇다면 '과연 '정당한 이익'의 구성요건표지는 무의미한, 동어반복적인 형량과정에 불과한 것이 아닐까?'라는 의문이 제기될 수 있다. 그럼에도 제23조 제2항은 무엇보다, 문제가 된 초상에 비록 시사적 정보가치가 속하지만 표현의 내용 혹은 종류 그리고 방식으로 인해 공표하지 말아야 할 촬영대상자의 이익이 우월할 때 재차 고려된다.[131]

따라서 예술저작권법 제23조 제2항의 의미에서 촬영대상자의 특별한 이익은 해당 사진들이 촬영대상자에게 불리한 독자적 침해효과를 가질 때 인정될 수 있고,[132] 부정적인 인상을 담은 초상이 당사자에게 불리하게 되거나 당사자에게 위해를 가하는 경우들이 이에 해당할 수 있다. 대표적으로는 '내밀영역(Intimsphäre)'이나 '비밀영역(Geheimsphäre)', '사적 영역(Privatsphäre)'을 침해하는 경우를 들 수 있는데, 제23조 제2항에 따라 당사자를 외부에서 알 수 있는 사적 상황에서 보여주는, 즉 '사적 영역'과 '내밀영역'에 해당하는 초상은 허용되지 않는다.

정리하면, 법원의 심사구조는 다음과 같은 방식으로 이해될 수 있다. '시사적 사건'이 인정될 수 있기 위해서는 보도의 전체적 고찰을 행해야 하고, 이때 기사내용과 사진의 맥락 역시 주의되어야 한다. 형량의 범위 내에서 보도에 의한 당사자의 대립되는 이익과, 형량으로 가져오게 되는 '공중의 정보이익'의 강도가 고려된다. 이후 '시사적 사건'에 관한 것이라면 사진보도는 원칙적으로 허용된다. 하지만 세 번째 단계에서는 여전히 촬영대상자의 특별한 보호가치가 구체적 초상의 전파에 대립되지 않는지 여부를 심사하여야 한다. 특히 불리하거나

---

130 Schricker/Loewenheim, §23 KUG Rdz.111.
131 Ricker/Weberling, 43.Kapitel Rn.39.
132 BGH in GRUR 2007, 526.

명예훼손적인 혹은 맥락으로 인해 고통을 주는 사진들은 이를 통해 허용되지 않는다. 예술저작권법 제23조 제1항의 다른 예외들에 있어서도 이러한 형량과정이 마찬가지로 행해지게 된다. 결국 심사과정을 위해서는 어쨌든 한편으로는 미디어의 공표이익과 공중의 정보이익이, 다른 한편으로는 촬영대상자의 인격권이 분명하게 강조되어야 하고 상호간에 형량이 행해진다는 점에 유념해야 한다.[133]

한편, '정당한 이익'의 존재 여부를 판단함에 있어서 또 다른 독자적 침해요소를 고려하게 되는데, 촬영대상자의 미행 혹은 급습, 몰래카메라를 통한 제작 등 초상의 제작종류 및 제작방식 역시 중요한 역할을 하게 된다.[134] 이러한 의미에서 '정당한 이익' 개념은 바로 현대사회에서 발생하는 많은 기술적 발전에 따른 인격권 침해문제를 해결하기 위한 독자적 창구로서 활약하게 된다. 즉, 스마트폰 카메라, 원격 카메라, 드론 등을 이용한 전방위적 촬영 등을 포함한 새로운 촬영장치의 등장으로 인해, 소위 몰래카메라 등을 이용한 침실, 화장실 등 개인의 '내밀영역'이나 사적 활동들을 침해하는 경우에 독자적인 형량요소로서 촬영대상자의 '정당한 이익' 침해 여부를 고려하게 되고, 이러한 점에서 '정당한 이익'의 표지는 강조된 의미를 획득하게 된다.

(6) 2007년 3월 6일자 연방대법원 판결의 결론[135]

강화된 '차등화된 보호원칙'에 따라 실제 2007년 3월 6일자 판결들은 어떻게 결론이 내려졌는지 살펴보자. 앞선 캐롤라인 '스키휴가 판결'에서 문제가 되었던 "Frau im Spiegel"지 보도 가운데 두 가지 사안을 살펴보자. 우선 2003년 2월 20일자 9/2002호에서는 모나코 영주가 현재 병환중이라는 기사와 함께 캐롤라인 공주와 그녀의 남편이 생모리츠에서 스키휴가 중 인파가 많은 도로 위에 있는 모습을 보여주는 사진이 문제되었다. 이어서 2003년 2월 20일자 9/2003호에서는 캐롤라인 공주가 재차 그녀의 남편과 함께 생모리츠에서 겨울 휴가를 보내는 사실에 관해 보도하면서 인파가 많은 생모리츠의 한 도로에서 있는 모습의 사진이 함께 문제되었다. 그 도로에서 캐롤라인 공주와 그녀의 남편은 함께 많은 인파들 속에 있었다. 이에 관해 과거 연방대법원 및 연방헌법재

---

133 Frank Fechner, 4.Kapitel Rn.38.
134 BVerfG in ZUM 2008, 427f.
135 NJW 2007, 1977; NJW 2007, 1981; BeckRS 2007, 6634.

판소는 당사자가 원치 않는 촬영에 대해 '사적 영역'의 보호가 가능하기 위해서는 외부에서 알 수 있는 정도의 '장소적 은거성'이라는 조건을 충족하여야 한다고 주장하였지만 이에 대해서는 유럽인권법원의 비판을 받았다.

이제 연방대법원은 유럽인권법원이 2004년 제시했던 기준에 따라 이에 관해 새로운 관점에서 판단하였다.

우선 2003년 2월 20일자 9/2003호의 보도와 관련해 연방대법원은 다음과 같이 판단하였다. 즉, 이익형량과정에서 사진의 정보가치를 판단하기 위해서는 결정적으로 소송대상인 사진은 하나의 기사내용과의 맥락에서 전파되기 때문에 문제된 사진에 속한 기사내용을 고려하지 않은 채 판단할 수는 없다고 밝혔다. 이어서 캐롤라인 공주의 휴가에 관한 기사내용은 어떠한 관대한 기준을 적용하더라도 유럽인권법원이 말하는 공적인 이익의 사건도 아니고 '시사적 사건'도 아니라고 판단했다. 문제된 사진은 '공적 이익의 토론'에 어떠한 기여도 한 바 없고 '시사적 사건'에 관한 어떠한 정보도 도출될 수 없다는 것이다.[136]

이러한 결과는 해당 연방대법원 판결의 전심절차인 항소법원의 견해에 완전히 반하는 것이었다. 항소법원은 문제된 사진들이 캐롤라인 공주와 그녀의 남편을 생모리츠의 공공도로 위에서, 많은 사람들이 체류하는 장소에 있는 모습을 보여주고 있으므로 공적 인물에 해당하는 두 사람은 이러한 장소에 체류하고 휴가를 보내는 동안은 미디어에 의한 사진촬영을 감수해야 한다고 보았기 때문이다.[137]

구체적으로 연방대법원은 언론자유와 일반적 인격권 사이의 필수적 형량에 있어서는 유럽인권법원이 제시했던 기준, 하나의 새롭고 진실한 공적 이익의 정보를 여론형성을 위해 전달하거나 공중을 위한 정보가치가 본질적으로 존재하는지 그렇지 않으면 사회적 중요성이 없는 오락적 요소만 존재하는지 여부가 결정적 요소가 된다고 밝혔다. 이에 따라 해당 사진은 이론의 여지없이 캐롤라인 공주를 비롯한 유명인도 원칙적으로 보호되는 '사적 영역'의 핵심범위에 속하는 휴가 중의 모습을 보여주는 것이므로 결과적으로 캐롤라인 공주는 그러한 '사적 영역'의 침해 및 일반적 인격권 침해를 감수할 필요가 없다고 결정했다.[138]

---

136 NJW 2007, 1977, 1980.
137 NJW 2007, 1977f.
138 NJW 2007, 1977, 1980.

이에 반해 2002년 2월 20일자 2002/9호에서 캐롤라인 공주가 그녀의 남편과 함께 생모리츠에서 휴가를 보내는 중 인파가 많은 도로 위에서의 모습을 보여주는 사진에 대해서는 다른 결정을 내렸다. 연방대법원은 해당 사진 그 자체는 '시사적 사건' 혹은 '공적 이익의 토론에 기여'하는 어떠한 정보도 끌어낼 수 없다는 점에는 동의했다. 하지만 그럼에도, 정보가치의 판단을 위해 그에 속한 기사내용도 함께 고려해야 하는데, 이번 사안에서는 스키휴가에만 제한된 기사내용이 게재된 것이 아니라 모나코 지배영주가 위중한 병환상태에 있었고 이 상태에서 캐롤라인 공주와 남편이 스키휴가를 보내고 있다는 내용이 게재되었다는 점에서 앞의 사안과는 구별된다고 보았다. 즉, 모나코 지배영주가 병환 중이라는 사실은 '시사적 사건' 내지 공적 사건에 해당하므로 언론의 보도대상으로 허용된다는 것이다. 따라서 해당 보도에서의 사진공표 역시 허용되는 것으로 인정했다. 이와 같이 동일한 사진일지라도 거기에 부속된 기사내용이 과연 공적인 이익의 토론에 기여하는지 여부를 판단함에 있어 중요한 부분이 된 것이다.[139]

이러한 결과는 에른스트 아우구스트 폰 하노버 공이 제기한 동일한 내용의 소송사건에서도 마찬가지이다.[140] 즉 연방대법원은 비록 문제된 사진 그 자체는 어떠한 '시사적 사건'에 관한 정보이익이나 어떠한 '공적 이익의 토론에 대한 기여'도 도출될 수 없지만, 부속된 기사내용을 함께 고려해 볼 때 모나코의 지배영주의 병환 중에 그의 가족들이 스키휴가 중에 있었다는 사실은 언론에 의해 보도가 허용되는 '시사적 사건'에 해당한다고 밝혔다.

마지막으로 '케냐별장 임대 판결'에서 문제가 되었던 "7 TAGE" 보도사안을 살펴보자. "7 TAGE"지 2002년 3월 20일자 13/2호에는 캐롤라인 공주와 그녀의 남편이 케냐 라무(Lamu)섬에 위치한 별장을 임대한다는 기사와 함께 사진이 첨부되었다. 해당 사진은 캐롤라인 공주와 그녀의 남편이 인파로 북적이는 도로 위에 함께 있는 모습을 보여주는 것이었다. 앞선 항소법원은 해당 사안을 판단함에 있어서 일단 기사내용에 첨부된 문제의 사진은 공적 이익에 관한 어떠한 기여도 하지 않고 오락적 이익에만 기여한다고 전제하였다. 그럼에도 공적 생활의 인물인 캐롤라인 공주는 많은 사람들이 북적이는 도로 위에 있기 때문에 이

---

139 NJW 2007, 1977, 1980f.
140 NJW 2007, 1981.

는 '사적 영역'의 보호공간에 해당하지 않기 때문에 보호받을 수 없다고 보았다.

하지만 이에 대해 연방대법원은 달리 판단하였는데, 이는 앞선 2003년 3월 20일자 '스키휴가 판결'과 동일한 취지를 근거로 삼았다. 즉, 주택과 별장 임대에 관한 기사내용은 어떠한 공적 이익의 사건도 아니고 '시사적 사건'도 아니며 문제된 사진 역시 어떠한 '공적 이익의 토론에 기여'하지도 않고 '시사적 사건'에 관한 어떠한 정보도 끌어낼 수 없으며, 여지없이 캐롤라인 공주에 대해 유명인에게도 항시 보호되는 '사적 영역'의 핵심범위에 속하는 휴가 중의 모습을 보여줌으로써 원고의 일반적 인격권을 침해했다고 결론지었다.[141]

그렇다면 연방대법원의 '차등화된 보호원칙'은 이후 다른 판결에서도 여전히 준수되고 있을까? 차례로 다른 판결들을 검증해 보기로 하자.

3. 기타 판결 사례

(1) 2007년 6월 19일자 연방대법원 판결[142]

연방대법원은 2007년 6월 19일자 판결에서도 마찬가지로 사생활 영역에서의 초상보호의 범위에 관하여 '차등화된 보호원칙'에 따라 판단함으로써 2004년 유럽인권법원의 판결취지를 확증하였음을 보여준다.

해당 판결은 독일의 유명 뮤지션 허버트 그뢰네마이어(Hebert Grönenmeyer)의 연인이 화보잡지 "Bunte"지를 상대로 제기한 소송에 관한 것이다. "Bunte"지는 2004년 5월 6일자 20호에서 두 사람이 간편한 복장으로 로마의 한 카페에 서 있는 모습, 구체적으로는 그뢰네마이어가 한 카페에서 원고를 바라보는 모습의 사진과 두 사람이 함께 보행전용도로에서 산책하는 모습을 보여주는 사진을 게재하여 문제가 되었다. 당시에 그뢰네마이어는 자신의 형과 부인을 암으로 떠나보내는 아픔을 겪으며, 이러한 상실감을 가사에 담아 작품 활동을 한 바 있었다. 이러한 상황에서 로마 휴가지에서 찍힌 두 장의 사진들에 관해 그뢰네마이어의 연인은 사진 공표를 금지하는 소송을 제기했다.

연방대법원은 이 판결에서도 역시 '차등화된 보호원칙'에 근거한 심사필요성을 언급하면서 상충하는 유럽인권협약 제8조, 기본법 제1조 제1항, 제2조 제1항의 사생활 보호권과 유럽인권협약 제10조, 기본법 제5조 제1항 제2문에서의

---

141 BeckRS 2007, 6634f.
142 NJW 2007, 3440.

언론자유권 사이의 형량에 있어서 가장 필요한 것은 문제된 초상이 예술저작권법 제23조 제1항 제1호의 '시사적 영역'에 해당하는 것인지 여부의 판단이라고 밝혔다. 이에 관한 규범적 기준으로서 '시사적 사건(Zeitgeschichtes Ereignis)' 개념은 언론자유를 위해 넓은 의미로 이해되어야 하지만 그럼에도 무제한적으로 정보이익이 보호되는 것은 아니고 오히려 '사적 영역'으로의 개입은 비례성의 원칙에 따라 제한되어야 한다고 주장했다. 이에 따라 구체적으로 시사적 보도에 관한 공중의 정보이익 인정을 위한 경계는 개별적인 사정에 따라 결정되어야 한다고 강조했다. 또한 '차등화된 보호원칙'에 따라 예술저작권법 제23조 제1항의 '시사적 사건'의 관점에서 그의 동의 없이 초상이 전파될 수 있을지라도, 자신이 은거성의 장소에 체류했는지 여부와는 상관없이 당사자의 '정당한 이익'이 침해된다면(예술저작권법 제23조 제2항) 결국 초상의 전파는 허용되지 않는다는 점에 유의해야 한다고 밝혔다.[143]

좀 더 자세히 살펴보면, 언론은 법적 한계 내에서 충분한 재량을 가지는 것이 언론 및 여론형성 자유의 핵심범위에 속하고, 그러한 재량 내에서 언론은 무엇이 공적인 이익을 필요로 하는지 결정할 수 있으며 의견형성 과정에서 무엇이 공적 관심 사안인지 만들어내는 것도 언론 및 여론형성자유의 핵심범위에 속한다고 보았다. 결국 연방헌법재판소가 이미 확증한 바와 같이,[144] 언론은 그의 의견형성과제의 옹호를 위해 저널리즘적 기준에 따라 스스로 무엇이 공적 이익의 가치가 있는 것으로 간주할지 결정할 수 있어야 한다는 것이다.

이어서 연방대법원은, 유럽인권법원 역시 유럽인권협약 제10조를 참조하여 언론자유의 중요성을 강조하였던 입장은 결국 독일 예술저작권법 체계에서의 '시사적 사건'의 개념과 일치한다고 밝혔다.

그럼에도 불구하고 언론은 그들이 보도하고자 하는 인물의 '사적 영역'과의 형량을 피할 수 없다는 사실을 고려하는 것이 '차등화된 보호원칙'이며, 그 때문에 '공중을 위한 정보가치'가 크면 클수록 보도대상자의 보호이익은 뒤로 후퇴해야 하고 반대로 '공중의 정보가치'가 적으면 적을수록 당사자의 인격권 보호는 더욱 중요해진다고 선언했다.[145]

---

143 NJW 2007, 3440, 3442.
144 NJW 2006, 599.
145 NJW 2007, 3440, 3442.

또한 형량과정에서 사진의 정보가치를 파악하기 위해서는 문제된 사진과 전파된 기사내용의 맥락을 고려해야 한다는 점이 간과되어서는 안 된다고 강조했다. 결국 문제된 사진들에서는 일상생활 내에 있는 당사자들의 로마에서의 휴식시간에 관한 것으로서 어떠한 '공적 이익의 토론에 기여'하는 점도, 어떠한 '시사적 사건'에 관한 정보도 이끌어낼 수 없다고 판단했다. 아울러 첨부기사 역시 그뢰네마이어의 지명도를 고려하더라도 해당 내용들은 '시사적 사건'과는 아무런 관련이 없는 사적 상황에 관한 것으로서 고려가치 있는 공중의 정보이익을 인정할 수 없다고 결론 내렸다.[146]

그렇다면 불과 한 달도 채 되지 않은 시기에 연방대법원은 또 다른 판결을 통해 '차등화된 보호원칙'을 어떻게 이해하고 있는지 다시 한 번 살펴보자.

(2) 2007년 7월 3일자 연방대법원 판결[147]

연방대법원은 2007년 7월 3일자 판결에서 재차 '차등화된 보호원칙'에 관한 판결을 내놓는다. 해당 사건에서는 세계적으로 유명한 축구선수인 올리버 칸 (Oliver Kahn)이 화보잡지 "Frau im Spiegel" 2005년 7월 21일자 2005/30호에서 여자친구와 함께 프랑스 남부 휴양지 생트로페(Saint Tropez)에서 산책중인 모습의 사진공표 사실이 문제되었다. 첨부기사는 올리버 칸이 그의 여자친구와 사랑스러운 눈빛을 교환했다고 보도했다. 바로 일주일 전 올리버 칸은 현재 그의 부인 및 자녀들과 사르데냐에서 휴가를 보낸 상황이었다. 이에 원고는 사진 공표를 금지하도록 법원에 소송을 제기했다.

연방대법원은 이 사건을 판단하면서 마찬가지로 올리버 칸이 그의 여자친구와 함께 많은 사람들 속에서 누구나 접근 가능한 장소에서 촬영되었는지 여부는 중요하지 않다고 보았다. 왜냐하면 유럽인권법원이 기존의 '장소적 은거성' 개념에 관하여는 우려를 표했기 때문에 이러한 기준에 따라 판단할 수는 없고, 외부에서 알 수 있는 '장소적 은거성' 밖에서라도 문제된 사진의 공표는 금지될 수 있다고 본 것이다. 즉, 예술저작권법 제23조 제1항의 의미상 '시사적 사건'의 관점에서 자신의 동의가 없더라도 그 자체로 초상의 전파를 감수해야 할 인물들도 마찬가지로 은거된 장소에 체류했는지 여부와는 무관하게 예술저작권

146 NJW 2007, 3440, 3443.
147 NJW 2008, 749.

법 제23조 제2항의 '정당한 이익'이 침해된다면 사진공표가 허용되지 않는다고 확증했다.[148]

　　이어서 연방대법원은 앞선 판결에서 제시했던 '차등화된 보호원칙'의 단계에 따라 형량을 시행하였고, 실제 사안의 적용에 있어서도 마찬가지 결론을 도출하였다. 그 결과, 해당 사안에서 문제된 사진과 보도기사는 공적 이익을 인정하거나 '시사적 사건'과의 관련성을 전혀 인정할 수 없고, 단지 유명인에게도 항시 보호되는 '사적 영역'의 핵심범위에 속하는 휴가모습을 보여주는 사진 및 보도에 불과하므로 언론자유권의 우위를 인정할 수 없다고 판단했다.[149]

4. 정리

　　지금까지 유럽인권법원의 판결 이후 독일 법원들은 과거 시사적 인물의 개념에서 탈피해 '시사적 사건' 개념을 어떻게 변화시켜왔는지 그리고 '차등화된 보호원칙'에 따른 이익형량의 원칙을 어떻게 실현했는지 살펴보았는데 이를 정리해 보자.

　　'차등화된 보호원칙'의 첫 번째 단계에 따르면, 우선 동의 없이 초상이 공표되기 위해서는 사진보도가 '시사적 의미의 사건'을 대상으로 하는지가 결정적이다. 다만, 이를 해석함에 있어 독일 법원의 불충분한 사생활 보호가 유럽인권법원을 통해 비판되었고, 이에 '차등화된 보호원칙'을 통해 '사적 영역'의 보호는 좀 더 확대되고, 보도의 권리는 제한되는 결과에 이르게 된다.[150]

　　'차등화된 보호원칙'은 이전 법체계에서 사용되었던 개념의 전면적 변화를 가져온 것은 아니다. 그럼에도 기존의 법리와 비교할 때 몇 가지 차이점이 발견된다.

　　첫째, 기존의 예술저작권법 제23조 제1항 제1호를 해석함에 있어 더 이상 촬영대상자의 지위를 통한 '시사적 인물'로의 편입에 몰두하지 않게 되었다. 이제부터는 오히려 문제된 사진이 가지는 '시사적 사건'의 맥락에서 그와 결합된 '공중의 정보이익'에 맞추게 된다. 다만, 저명인의 일상생활과 사생활에 관한 오락적 기사일지라도 이를 전면적으로 제외하지는 않는다.

---

148 NJW 2008, 749. 750.
149 NJW 2008, 749. 751.
150 Ricker/Weberling, 43.Kapitel Rn.20.

따라서 전통적인 개념으로서 '시사적 인물'은 더 이상 사용되지 않고 오히려 유럽인권법원의 핵심어, 즉 정치인, 기타 '공적 생활의 인물' 혹은 '공적 관심의 대상이 되는 인물', 단순한 '사인'의 개념을 주로 사용하게 된다.[151]

이에 따라 정치인의 경우에는 사생활에 관해서도 허용된다. 왜냐하면 이것은 민주주의 사회를 위해 중요할 수 있기 때문이다. 그에 반해 단순한 사인의 경우에는 일반적으로 대중의 선정적 관심에 대해 사생활의 보호가 관철되어야 한다. 왜냐하면 어떠한 공적 정보이익도 존재하지 않기 때문이다.

정치적 인물에게는 그에 대한 민주주의적 통제의 관점에 따라 공공의 증가된 정보이익이 인정될 수 있다. 따라서 주요 정치인과 국가지도자는 그의 사진이 시사적 관련성으로 인해 중요한 것으로 인정될 수 있는 그러한 인물군에 해당한다.[152] 유럽인권법원의 견해에 따르더라도 정치인의 경우에는 그의 사생활에 관한 보도가 사정에 따라 허용된다. 이것은 국가적 지위에 대한 '감시견 역할'과 관련이 있다. 하지만 그 전제는 사진촬영과 그에 부수된 기사내용이 정치적 혹은 '공적 토론에 기여'한다는 점이다.[153]

이어서 '공적 생활의 인물'과 '공적 관심의 대상이 되는 인물' 사이의 구별이 필요하다. 독일의 유력한 견해에 따르면, '공적 생활의 인물'은 직업적 혹은 사회적 활동에 관해서는 통상 사진촬영 및 공표에 대한 정당한 공중의 이익이 존재하게 되고, '사적 영역'의 경우에는 직업적 사회적 영역과의 직무관련성이 존재하는 범위 내에서만 엄격하게 해석된다.[154] 이러한 인물들은 주로 정치적 · 사회적 지위에 따라 공동체 내에서 비상한 개인적 업적이나 지속적인 명망에 근거한 공중의 관심을 인정하되, 이러한 관심이 '사적 영역'으로 미칠 경우에는 '시사적 사건'을 통해 정당화되어야 한다.[155]

반면에 '공적 관심의 대상이 되는 인물'은, '시사적 사건'과 관련해서만 혹은 '공적 생활의 인물'과의 관계로 인해서 비로소 공적 관심의 대상에 이르게 된, 또 이로 인해 공중의 정보이익의 대상이 된 인물을 말한다. 따라서 그러한 인물은 결부된 '시사적 사건'과의 사실상 공간적 · 시간적 맥락에서만 촬영되고

---

151 Ricker/Weberling, 43.Kapitel Rn.19.
152 NJW 2008, 3134, 3135.
153 NJW 2004, 2647, 2650.
154 Soehring·Hoene, §21 Rn.3ff.
155 NJW 2007, 1977.

공표될 수 있다. 예컨대, 커다란 공적 관심으로 인해 특별한 형사절차에 관련된 범죄자의 경우 시간적인 제한에 따라 이러한 인물군에 속할 수 있다.[156]

그리고 '공적 관심의 대상이 되는 인물'의 사생활에 근거한 오락적 보도 역시 진지한 보도와 마찬가지로 전면적이 아니라 단지 제한적으로만 당사자의 인격권 보호 뒤로 물러나 있게 된다. 왜냐하면 상황에 따라 사생활에 기반한 오락적 보도일지라도 맥락상 '시사적 사건'으로 인정될 수 있고, 또한 당사자의 지명도 역시 중요할 수 있기 때문이다.[157]

한편, 연방대법원은 '차등화된 보호원칙'의 첫 번째 단계인 '시사적 사건' 개념을 해석함에 있어 너무 좁게 이해될 수는 없다고 보았다. 그것은 역사적 · 정치적 의미의 사건들뿐만 아니라 완전히 일반적으로 '시사적 사건', 즉 공공의 사회적 이익의 모든 문제를 포함하고 그와 함께 공적 이익에 관해 결정하게 된다.[158] 이러한 '시사적 사건'의 개념의 폭은 무엇보다 언론은 법적인 한계 안에서 충분한 자유재량을 소유하고 있고, 그 안에서 그의 저널리즘적 관점에 따라 무엇이 공적 이익을 필요로 하는지 결정할 수 있다는 원칙에 따르게 된다.[159]

이러한 근거에서 한편으로는 공중의 정보이익과 다른 한편으로는 대립되는 '사적 영역'에 관한 촬영대상자의 이익 사이에서 법익형량이 행해져야 한다. 이때 결정적인 역할을 하는 것은 '공중을 위한 정보가치'가 있는지 여부이다. '공중을 위한 정보가치'가 높을수록 인격권은 그 뒤로 후퇴해야 하고, 반대로 '기사의 정보가치'가 낮을수록 인격권이 더욱 중요해진다. 단순한 오락에 관한 독자의 관심과 그들의 호기심의 만족은 '사적 영역'에 대해 통상 후퇴되어야 하지만 당사자의 지명도에 따라 다를 수 있다. 물론 공적 이익의 인물에 관해서 다른 사람들보다 넓은 범위에서 보도가 허용될지라도, 반드시 모든 경우에 개별적 형량이 행해져야 한다.[160] 따라서 상충하는 이익들의 포괄적인 이익형량이 이미 첫 번째 단계, 즉 예술저작권법 제23조 제1항 제1호의 범위 내에서 생겨나게 되며, 추가로 제23조 제2항의 범위 내에서 또 다른 형량이 행해지게 된다.[161]

---

156 Soehring · Hoene, §21 Rn.5ff.
157 Ricker/Weberling, 43.Kapitel Rn.23ff.
158 NJW 2008, 3134, 3135.
159 BverfG in GRUR 2008, 540.
160 Frank Fechner, 4.Kapitel Rn.39.
161 Ricker/Weberling, 43.Kapitel Rn.19.

이러한 '차등화된 보호원칙'에 따라 연방대법원은 관련 사안들을 해결해 왔는데, 이를 정리해 보면 '차등화된 보호개념'의 적용을 위한 세부원칙들이 도출된다. 반복되긴 하지만 법리의 효과적 이해를 위해 재차 정리해보기로 한다.

ⅰ) '시사적 사건' 개념의 범위

초상이 '시사적 영역'에 관한 것인지 여부의 판단에 있어서는 '시사적 사건'의 개념이 결정적이고, 이러한 개념은 너무 좁게 이해되어서는 안 된다. 공중의 정보수요의 관점에서 '시사적 사건'의 개념은 역사적·정치적 의미의 사건들뿐만 아니라 완전히 일반적인 '시사적 사건', 즉 일반적인 사회적 이익의 모든 문제들을 포함한다. 이 개념은 따라서 공중의 이익에 따라 결정된다. 한편 오락적 기사들을 통해서도 마찬가지로 의견형성이 일어날 수 있고, 그러한 기사들은 의견형성을 사정에 따라 지속적으로 자극하고 객관적인 정보로서 영향을 끼칠 수도 있다.

하지만 정보이익은 무제한으로 존재하지는 않는다. 오히려 보도대상자의 개인적 영역으로의 개입은 비례성의 원칙에 따라 제한되고, 그 결과 시사적 보도에 관한 공중의 정보이익을 위한 보도의 한계는 단지 각각의 개별적인 사정을 고려하여 결정될 수 있다.

ⅱ) 언론자유권의 의미

언론이 법적 한계 내에서 자신의 저널리즘적 기준에 따라 무엇을 공적 이익의 가치가 있는 것으로 간주할 수 있는지 여부를 결정할 수 있는 그러한 충분한 재량을 소유하는 것과 의견형성 과정에서 무엇이 공적 관심 사안인지 명백히 제시할 수 있는 것, 이 두 가지는 언론과 의견형성 자유의 핵심범위에 속한다.

유럽인권법원의 판결 역시 언론자유의 중요성을 유럽인권협약 제10조를 통해서 강조한 바 있고, 이 판결을 통해 언론이 민주사회에서 본질적인 역할을 수행하고 공적 이익의 모든 문제에 관한 정보와 생각들을 전달하는 과제를 떠맡고 있다는 점이 피력되었을 때, 이러한 관점은 결국 독일 법원이 제시하는 '시사적 사건'의 개념과 일치한다.

iii) 언론자유권의 한계 – 이익형량의 요청

유럽인권법원 역시 이러한 언론의 자유권을 단지 특정한 한계 내에서만 부여하는 한, 이와 같은 제한은 분명 언론자유와 공중의 정보가치 및 '사적 영역' 보호 사이의 이익형량을 요청하게 되고, 이에 따라 형량은 독일 연방대법원이 확립한 '차등화된 보호원칙'에 따라 진행된다. 결과적으로 언론이 언론자유권의 옹호를 위해 저널리즘적 기준에 따라 무엇에 관해 보도해도 되는지 스스로 결정해도 되는 재량을 가지고 있다 하더라도, 언론은 자신이 보도하고자 하는 대상 인물에 대한 '사적 영역의 보호권' 사이에서 형량을 피할 수는 없다.

iv) 이익형량 시 고려사항 – 정보가치의 중요성

이익형량에 있어서 정보가치의 중요성은 연방대법원이 이미 반복해서 강조한 바 있다.[162] 즉, 공중을 위한 정보가치가 커지면 커질수록 정보제공 대상자의 보호이익은 공중의 정보이익 뒤로 후퇴해야 하고, 반면에 공중에게 정보가치가 적으면 적을수록 당사자의 인격권 보호는 중요해진다. 이때 단순한 오락에 관한 독자의 이익은 '사적 영역'의 보호에 비해 통상 낮은 비중을 가지게 되어 보호가치가 존재하지 않는다. 즉, 언론이 새롭고 진실한 공적 이익의 정보를 여론형성을 위해 전달하는지 그렇지 않으면 공중을 위한 정보가치가 본질적으로 사회적 중요성 없이 오락에만 존재하는지 여부가 결정적인 역할을 하게 된다.

이러한 원칙은 이미 연방헌법재판소가 2006년 8월 21일자 결정[163]에서 확정한 바 있고, 이때 연방헌법재판소는 사안의 상황에 따라 높은 지명도의 인물에게도 마찬가지로 적용된다고 판시하였다. 또한 유럽인권법원의 2004년 6월 24일자 판결을 고려하더라도 이러한 점은 동의될 수 있는데, 지금까지 소위 '시사적 인물'들에 대해서도 문제된 보도가 단순한 호기심을 벗어나 사회적 이슈의 논쟁에 기여하는지 여부가 중요하다. 다만 사안의 사정에 따라 보도의 정보가치를 판단함에 있어서 당사자의 지명도 역시 중요할 수 있다는 사실이 배제되어서는 안 된다.

또한 형량을 위해서 결정적으로 중요한 사진의 정보가치는 문제된 사진이 전파된 첨부기사의 맥락에서 고려되어야 한다.

---

162 NJW 2002, 2317; NJW 2004, 762; NJW 2007, 1977.
163 NJW 2006, 3406, 3407.

IV. 2008년 2월 26일자 제2차 연방헌법재판소 판결[164]

1. 개관

지금까지 살펴본 2004년 6월 24일자 유럽인권법원의 판결 이후 진행된 독일 연방대법원의 입장변화 및 '차등화된 보호원칙'의 적용과 관련된 법리는 과연 연방헌법재판소의 입장과 합치될 수 있는 것일까? 다행스럽게도 연방헌법재판소는 2008년 2월 26일자 캐롤라인 공주와 관련된 두 번째 헌법소원 사건을 통해 이를 검토할 기회를 갖게 되었다.

이번 사건에서 연방헌법재판소의 헌법소원 대상은 앞선 연방대법원 판결의 대상이었던 "Frau im Spiegel"지 2002년 2월 20일자 9/2002호 보도,[165] "Frau im Spiegel"지 2003년 2월 20일자 9/2003호 보도,[166] 2004년 3월 11일자 12/2004호 보도,[167] 그리고 "7 TAGE"지 2002년 3월 20일자 2002/13호 등의 보도[168]가 쟁점이 되었다.

이 사안들에서는 해당 보도들을 둘러싸고 캐롤라인 공주만이 청구인이 된 것이 아니라 사진공표를 금지당한 언론사, "Frau im Spiegel"지 및 "7 TAGE"지 역시 언론자유를 침해당했다는 이유로 헌법소원을 제기하였다. 이에 연방헌법재판소는 우선 언론자유의 침해 여부에 관한 판단에서부터 출발하였다. 즉, 언론자유의 기본권 보장의 중심에는 언론기관의 종류와 경향 설정 그리고 내용 및 형식을 자유롭게 결정할 수 있는 권리가 존재하며 여기에는 기사내용에 사진을 게재할지 여부 및 어떻게 게재할지 결정할 수 있는 권리 역시 포함된다고 선언했다. 이어서 사적이거나 일상적인 맥락에서 보여주는 사진의 공표권과 관

---

164 NJW 2008, 1793.
165 해당 보도는 모나코 영주가 현재 병환 중이라는 기사와 함께 캐롤라인 공주와 그녀의 남편이 생모리츠 (St.Moritz)에서 스키휴가 중 인파가 많은 도로 위에 있는 모습을 보여주는 사진이 문제되었다. NJW 2007, 1977.
166 해당 보도는 캐롤라인 공주가 재차 그녀의 남편과 함께 생모리츠(St.Moritz)에서 겨울휴가를 보내는 사실에 관해 보도하면서 함께 게재된, 인파가 많은 생모리츠(St.Moritz)의 한 도로에서 서 있는 모습의 사진이 문제되었다. NJW 2007, 1977.
167 해당 보도는 캐롤라인 공주가 모나코에서 개최될 로젠볼(Rosenball)에 등장할 가능성이 있다고 보도하면서 취르스(Zürs)에서 스키휴가 중 남편과 함께 체어리프트에 있는 모습의 사진이 문제되었다.
168 해당 보도는 캐롤라인 공주와 그녀의 남편인 에른스트 폰 하노버 공이 케냐의 라무(Lamu)섬에 위치한 별장을 임대한다는 사실에 관해 보도하면서 함께 게재된 캐롤라인 공주가 휴가 중에 어디인지 알 수 없는 장소에서 인파가 북적이는 도로 위에 그녀의 남편과 함께 서 있는 모습의 사진이 문제되었다. BeckRS 2007, 6634.

련된 법원의 결정은 인격권 가운데 초상권과 '사적 영역의 보호권'이 쟁점이 된다고 판단했다.[169]

2. 판결의 주요 쟁점

(1) 초상권과 '사적 영역의 보호권'의 보호필요성('장소적 은거성'의 탈피)

연방헌법재판소는 우선, 독일기본법 제1조 제1항 및 제2조 제1항이 보장하는 인격권은 자신의 인물에 관한 일반적이고 완전히 포괄적인 처분권을 포함하지는 않지만, 타인이 자신에 관해 촬영하거나 촬영된 사진의 이용가능성에 관한 결정권으로서 초상권을 보장한다고 보았다. 따라서 특정한 상황과 연관되어 있는 개인의 외양이나 모습을 당사자로부터 분리시켜 당사자가 예측할 수 없는 조건에서 제3자에 의해 복제될 가능성에 방치될 가능성이 커질수록 보호필요성 역시 점점 더 커지게 된다고 보았다.

아울러 이러한 상황은 촬영기술의 진보와 함께 증가된 인격권의 위해가능성과 연결되어 있으며, 가령 스마트폰에 설치된 디지털카메라처럼 휴대용 소형 촬영기기의 증가는 유명인을 포함한 개인들을 각종 위험에 노출시키고 실제 모든 상황을 예측하지 못한 채 몰래카메라를 통해 촬영되는 문제점을 야기하고 있다고 지적했다. 따라서 이러한 문제에 대처하기 위해서는 당사자가 어떠한 상황에서 촬영되었는지, 가령 평범한 일상생활 혹은 그가 어떠한 언론의 추적도 기대할 필요가 없는 그러한 일상 속에서 촬영되었는지 여부가 중요하다고 보았다.

한편, 인격권 보호의 기본권에는 초상권 외에도 '사적 영역의 보호권'이 포함되며, 우선 공간적 관점에서 개인의 후퇴영역, 즉 그의 가정 내의 영역을 보호하고 나아가 가정 밖의 영역에서도 역시 자기 본연으로 돌아가기 위한 가능성과 긴장완화의 가능성을 보장하는 후퇴영역 그리고 간섭받지 않고 혼자 내버려둘 후퇴영역 역시 '사적 영역'에 속하므로 이러한 경계를 일반적으로 혹은 추상적으로 획정할 수 없다고 보았다.[170]

이에 따라 언론의 자유가 일반적으로 사생활과 일상생활에 기반한 유명인의 모든 사진상의 표현들을 '여론형성에의 기여'라는 관점에 따라 정당화시키는 것은 인정될 수 없으며, 시사적 관심의 인물이 장소적 은거성의 상황 밖에서 체

---

169 NJW 2008, 1793, 1794.
170 NJW 2008, 1793, 1794.

류하는 경우에도 무제한으로 언론자유의 목적을 위해 인정되어야 한다는 사실
은 헌법상 인정되지 않는다고 보았다.[171]

(2) '차등화된 보호원칙'의 승인

이어서 연방헌법재판소는 연방대법원이 지속적으로 강조해 왔던 '차등화된
보호원칙'의 헌법상 의미를 판단하는 계기를 가지게 되었다. 이에 따르면 언론
자유권은 기본법 제5조 제2항에 따라 일반법에서 그 제한을 찾을 수 있는데, 무
엇보다 예술저작권법 제22조 이하와 유럽인권협약 제8조가 이에 해당하며, 독
일 법원은 유럽인권협약의 보장내용을 고려하여 충돌하는 보호법익들의 형량이
충분하게 준수되었는지 여부를 사후심사할 수 있다고 판단했다. 나아가 유럽인
권법원의 판결은 독일 기본권의 내용과 사정거리의 결정을 위한 해석보조로서
의 역할을 가지고 있다고 보았다.

그리고 인물사진의 공표와 관련된 예술저작권법 규정들은 제22조 제1문에
인물초상의 공표를 위한 동의 필수성 원칙, 제23조 제1항 제1호에 '시사적 영역'
의 초상 예외, 제23조 제2항에 당사자의 '정당한 이익'을 침해할 경우에는 예외
의 불허용 등으로 이루어진 '차등화된 보호원칙'을 포함한다고 하면서, 이러한
개념은 헌법에 적합한 제한에 속한다고 인정했다.[172]

(3) 언론자유와 초상권 보호의 법익형량

연방헌법재판소는 충돌하는 법익의 형량에서 기본법 제5조 제1항에서 보
장된 표현의 자유에는, 여론형성에 기여하는 언론보도의 허용성 추정하에 유럽
인권협약 제10조에 의해 보장된 공적 이익의 문제에 기여하는 언론보도에 특별
한 중요성이 부여되어야 한다고 주장했다.

아울러 예술저작권법 제22조 이하 및 기본법 제1조 제1항, 제2조 제1항에
의해 보장된 초상권의 보호는 매스미디어를 통한 넓은 공중 속으로의 정보 전
달로 인해 협소한 수신인 범위를 넘어서 확대되었는지 여부에 영향을 받게 되
며, 인격권을 제한하는 언론자유의 비중은 보도가 공공성을 본질적으로 건드리
는 사안과 관계되는지에 영향을 받는다고 보았다.

---

[171] NJW 2008, 1793, 1797.
[172] NJW 2008, 1793, 1795.

그리고 언론이 유명인을 보도의 대상으로 삼는 이상, 유명인의 공개적인 자기표현과 사적인 생활 사이의 불일치에 대한 폭로만이 공적 이익의 대상으로 되는 것이 아니라 유명인은 일반 개개인의 인생계획에 있어서 방향설정 역할을 할 뿐만 아니라 타인의 모범기능과 대조기능을 수행하게 되므로 이 또한 보도 대상으로 삼을 수 있고 파렴치하거나 도덕적 혹은 법적으로 문제 있는 행동방 식에 관한 보도로만 제한되는 것은 아니라고 밝혔다. 즉 공적 이익의 문제에 관한 여론형성에 기여할 수 있는 한, 일상생활 혹은 평범한 행동방식 역시 공중의 관심 대상이 된다고 보았다.

한편 공중의 주목을 얻기 위해, 그리고 여론형성에 영향을 주기 위해 오락 성은 종종 중요한 조건이며, 단순한 오락 역시 여론형성 관련성을 처음부터 박탈할 수는 없다고 보았다. 왜냐하면 오락에 관한 국민들의 관심은 단지 휴식과 긴장완화, 현실회피와 기분전환에 대한 요구의 만족에 불과한 것이 아니라 오락 역시 현실상을 그대로 전달할 수 있고, 인생자세나 본보기에 관련된 토론과정으로 이어질 수 있는 담론대상을 제공함으로써 사회적으로 중요한 기능을 수행하기 때문에 언론자유의 보호 목적에 결코 하찮은 역할만을 맡게 되는 것은 아니라고 인정했다. 결국 연방헌법재판소는 유명인과 그 주변인물의 사생활 및 일상생활에 관한 오락적 기사 역시 언론자유의 보호범위에 포함되며, 유명인의 경우 품행은 그가 수행하는 직무 밖에서도 역시 마찬가지라고 밝혔다.

다만 오락적 기사의 경우에도 충돌하는 이익의 형량을 필요로 하며, 정보 이익의 우위를 위해서는 보도대상, 즉 단지 호기심만을 만족시키는 사적인 사안에 관한 문제인지 여부가 결정적으로 중요하기에 사진보도의 경우에는 사진이 생성된 계기 및 사정이 중요하다고 보았다.

연방헌법재판소는 또한 형량에 있어서 기본법 제5조 제1항의 언론자유의 권리를 고려해야 하는데, 이러한 언론의 자기결정권은 한 인물의 사진을 게재할지, 그리고 특정한 맥락에서 사진을 첨부할지에 관한 결정권과 함께 무엇을 보도가치가 있는 것으로 간주할지 스스로 결정할 수 있는 권한이라고 밝혔다. 하지만 이에 반해 보도내용이 여론형성에 기여했는지 여부의 심사와 확정은 법익형량을 통한 법원의 몫이라고 선고했다.[173]

---

[173] NJW 2008, 1793, 1796.

(4) 사진의 정보가치 판단문제

가. 사진이 첨부된 기사내용과의 상관성

연방헌법재판소는 사진 그 자체가 여론형성을 위한 중요한 진술을 포함하고 있지 않을 경우에는 우선 사진의 정보가치는 그것이 속한 보도기사의 맥락에 따라 판단되어야 한다고 밝혔다. 왜냐하면 사진들은 기사를 보완할 수 있고 동시에 보도내용의 확장에 기여할 수 있으며 아울러 기사내용의 신빙성 강조에 기여할 수도 있기 때문이다. 그리고 만약 보도기사에 첨부된 사진의 이용이 보도내용과는 무관한 상황에서 생성된 사진이라 할지라도 이를 이용하는 것은 무방하다고 보았다. 왜냐하면 보도의 사진게재가 단지 보도사건의 맥락에서 획득된 사진의 이용만을 허락할 경우 언론에서는 관련된 유명인의 추적이나 괴롭히기 작용을 통해서라도 사진을 획득해야 할 상황에 직면할 수밖에 없고, 이는 결국 유명인을 사진촬영으로 괴롭히는 상황에서 벗어날 수 없게 하는 가능성을 증가시키기 때문이다.

다만, 연방헌법재판소는 동반된 기사가 단지 유명인의 사진게재를 위해 어떠한 계기를 만드는 것으로만 이용되었다면, 이러한 사진보도는 '여론형성에의 기여'가 인정될 수 없기에 이러한 언론보도에 인격권 보호의 우위를 인정할 수 없다고 판단했다.[174]

나. 사진의 획득과정 및 당사자 묘사방식의 중요성

연방헌법재판소는 인격권 보호의 중요성 판단에 있어서는 몰래카메라의 이용이나 끊임없는 사진기자의 추적과 같은 사진의 획득과정뿐만 아니라 당사자가 어떠한 상황에서 기자에 의해 포착되고 어떠한 방식으로 묘사되었는지 역시 중요하다고 보았다. 예컨대, 사진 등의 시각적 표현들이 통상의 공개 토론에서 벗어나 세세한 사생활에 관한 주제로 다뤄짐으로써 유명인의 '사적 영역'을 건드릴 경우에는 인격권 보호필요성이 증가하게 된다고 판단했다.

아울러 당사자가 전형적으로 미디어로부터 촬영되지 않을 것에 대한 기대를 가져도 되는지, 가령 사적인 공간으로 특징지어지는 상황에서, 특히 특별히 보호되는 공간에 체류하기 때문에 촬영으로부터 자유롭다는 것을 기대해도 되

---

174 NJW 2008, 1793, 1797.

는 경우인지가 중요하다고 보았다. 이에 따라 기존의 독일 법원들이 제시했던 '장소적 은거성'의 전제조건 외에도 인격권 보호필요성이 인정될 수 있는데 당사자가 긴장완화의 순간 혹은 자유로운 행동의 순간에, 그리고 직업상 혹은 일상적인 의무의 밖에 머무를 때가 그러한 경우라고 밝혔다.[175]

(5) '시사적 인물' 개념의 포기 승인

연방헌법재판소는 지금까지 연방대법원이 형성해온 '차등화된 보호개념'의 변경 및 그에 따른 세부기준의 변경은 헌법상 원칙에 어긋나는 것이 아니며, '절대적 또는 상대적 시사적 인물의 개념'을 포기하는 것 역시 연방헌법재판소 판결에 모순되는 것이 아니라는 입장을 개진함으로써 연방대법원 등 민사법원에서 취했던 '시사적 인물' 개념의 포기를 결국 승인했다. 다만, 이러한 획일적인 법적 인물상의 개념은 단지 공중에서 그의 사진이 공개될 경우 대상 인물의 주목가치를 인정해야 하는 축약적인 우회적 표현으로 이해해야 하고 따라서 이 경우에도 '공중의 정보이익'과 당사자의 '정당한 이익' 사이에는 개별적인 형량이 지속되어야 한다고 밝혔다.[176]

이때 연방헌법재판소는 언론자유와 인격권 보호 사이의 형량은 다른 전형적인 보조개념이나 사례유형의 형성을 통해 안내될 수 있고 마찬가지로 유럽인권법원에 의해 바탕이 된 분류형태 역시 독일법 체계로의 적응을 위해 중요한 역할을 할 수 있다고 강조하였다. 다만, 다각적 충돌상황에서 종종 결부된 형량 결과의 불확실성은 항상 일반화의 위험을 고려한 유형화를 통해서 극복될 수 있다고 보았다. 따라서 개별적인 형량 역시 포기될 수 없이 유지되어야 한다고 밝혔다.[177]

(6) 연방헌법재판소의 결론

연방헌법재판소는 우선, 연방대법원이 예술저작권법 제23조 제1호에 규정된 '시사적 영역'의 해당여부에 속하는 '공중의 정보이익'과 당사자의 '정당한 이익' 사이의 형량을 행했다는 사실은 헌법상 문제되지 않는다고 보았다. 또한 연

---

175 NJW 2008, 1793, 1797.
176 NJW 2008, 1793, 1798.
177 NJW 2008, 1793, 1798.

제3장 독일 초상권 법리의 변천과정 **75**

방대법원이 문제된 보도가 정보가치가 있는 것인지 판단함에 있어 '공적 이익의 토론에 기여'했는지와 공적 이익의 사건에 관한 표현이었는지 여부를 그 근거로서 삼았다는 점, 헌법상 요구되는 정보이익은 단지 극적이거나 비정상적인 돌발 사건뿐만 아니라 시대전형적인 상황과 생활상의 표현에도 존재할 수 있고 여기에는 공직이나 정치적 영역 밖에 있는 유명인의 사생활이나 일상생활 역시 공적인 관심사인 이상 제외되어서는 안 된다고 본 점도 헌법에 위배되지는 않는다고 밝혔다.[178]

이어서 연방헌법재판소는 "Frau im Spiegel"지 2003년 2월 20일자 9/2003호 보도,[179] 2004년 3월 11일자 12/2004호 보도[180]와 관련해 연방대법원이 캐롤라인 공주가 공중 속에서 등장하거나 '장소적 은거성' 밖에서 활동하는 모습의 사진들 역시 사생활의 핵심영역에 속하는 오로지 휴가행위에 관한 보도라는 점을 결정적인 요소로 판단한 점은 타당하다고 밝혔다. 즉, 문제의 사진들은 바로 긴장완화의 요청에 따른 휴가지에서의 체류상황이었다는 점이 중요하고 여기에서 단순한 호기심을 넘어서는 '공중의 정보이익'을 끌어내기는 역부족이라고 판단했다.[181]

한편, "Frau im Spiegel"지 2002년 2월 20일자 9/2002호 보도[182]에서 모나코 지배영주의 병환 중에는 공적 관심이 존재하고 이러한 상황에서 영주의 자녀들이 어떻게 지내고 있는지에 관한 사진 역시 공적 관심의 사건으로 인정한 연방대법원 판결 역시 헌법상 이의될 수 없다고 밝혔다. 또한 해당 사진이 비밀리에 몰래 촬영되었거나 지속적인 사진기자의 추적으로 획득되었는지 역시 밝혀지지 않았기에 고려대상이 아니라고 보았다.[183] 이에 반해 분쟁의 대상이 된 보도들 가운데 "7 TAGE"지 2002년 3월 20일자 2002/13호 등의 보도[184]에 관한

178 NJW 2008, 1793, 1799.
179 해당 잡지는 캐롤라인 공주가 재차 그녀의 남편과 함께 생모리츠(St.Moritz)에서 겨울휴가를 보내는 사실에 관해 보도하면서 함께 게재된 인파가 많은 생모리츠의 한 도로에서 서 있는 모습의 사진이 문제되었다. NJW 2007, 1977.
180 해당 잡지는 캐롤라인 공주가 모나코에서 개최될 로젠볼(Rosenball)에 등장할 가능성이 있다고 보도하면서 취르스(Zürs)에서 스키휴가 중 남편과 함께 체어리프트에 있는 모습의 사진이 문제되었다.
181 NJW 2008, 1793, 1799.
182 해당 잡지는 모나코 영주가 현재 병환 중이라는 기사와 함께 캐롤라인 공주와 그녀의 남편이 생모리츠에서 스키휴가 중 인파가 많은 도로 위에 있는 모습을 보여주는 사진이 문제되었다. NJW 2007, 1977.
183 NJW 2008, 1793, 1800.
184 해당 잡지는 캐롤라인 공주와 그녀의 남편인 에른스트 아우구스트 폰 하노버 공이 케냐의 라무(Lamu)섬에 위치한 별장을 임대한다는 사실에 관해 보도할 때 함께 게재된, 캐롤라인 공주가 휴가 중에 어디인지 알

연방대법원 판결은 문제가 있다고 보았다.

연방헌법재판소는 우선 유럽인권법원이 제시한 형량 구체화 요소로서 '정치인', '공적 생활 혹은 공적 관심의 대상이 된 인물' 및 '일반인' 사이의 차이에 의하면 캐롤라인 공주의 경우는 '공적 관심의 대상이 된 인물'로 인정할 수 있다고 보았다. 그리고 이러한 인물군에 속하는 인물은, 비록 사진이 공개적 일상생활의 영역에서 생성되었을지라도 공적 이익의 경우에는 사진공개의 가능성이 열려 있으며, 유럽인권법원에 따르더라도 영향력이 커다란, 가령 경제계, 문화계 혹은 언론계 인물의 사생활 역시 공적인 통제의 가능성 속에 놓여있다고 보았다. 따라서 공적인 혹은 정치적인 삶을 사는 인물들의 일상생활에 관한 사진보도의 경우에도 공공을 위해 중요한 사안의 취급에 기여하는 경우에는 공표가 허용된다고 인정했다.[185]

이러한 원칙에 따라 케냐에 위치한 캐롤라인 공주 및 남편의 별장임대 관련 보도 사건에 관해서는 사진의 독자적 정보가치를 인정할 수 없다고 보았다. 하지만 연방대법원이 판시한 바와 같이, 사진이 게재된 맥락에서 별장의 임대관련 기사내용이 어떠한 공적 이익의 사건도 아니고 어떠한 시사적 사건에도 해당하지 않는다는 견해는 수용할 수 없다고 판단했다. 즉, 연방헌법재판소는 캐롤라인 공주 부부가 기회에 따라 휴가목적으로 이용하는 케냐의 섬에 위치한 별장의 임대관련 내용은 독자들에게 사회비판적 숙고를 위한 계기를 제공하는 논평과 함께 기사화되었다는 점에 주목했다. 왜냐하면 문제의 보도가 독자층에게는 비록 오락적 기사의 형태를 취했을지라도 국민들에게 지도역할과 대조기능을 수행하게 되는 사회지도층이나 유명인의 변화된 생활방식에 관한 보도는 민주사회에서 공공의 관심을 불러일으키는 이슈에 관한 계기를 제공하게 될 것이고 따라서 원칙적으로 기사에서 다뤄지는 유명한 저택 임대인을 사진으로 보여주는 것도 가능하기 때문이다.[186]

아울러 비록 보도에 첨부된 사진이 독자층에게 캐롤라인 공주 부부가 어디인지 알 수 없는 장소에서 휴가복장으로 다른 사람들 사이에 있는 모습을 보여주고 있지만 해당 사진은 특별한 보호가 요청되는 전형적인 긴장완화의 순간에

수 없는 장소에서 인파가 북적이는 도로 위에 그녀의 남편과 함께 서 있는 모습의 사진이 문제되었다. BeckRS 2007, 6634.
[185] NJW 2008, 1793, 1800
[186] NJW 2008, 1793, 1801.

촬영된 사진들로 인정될 수 있는 구체적 상황의 제시가 전혀 없으므로 휴양의 상황에서 촬영된 것으로 볼 수 없다고 판단했다.[187]

3. 정리

연방헌법재판소 2월 26일자 제2차 결정은 2004년 6월 24일자 유럽인권법원의 판결 이후 지금까지 보여준 연방대법원의 수정견해, 즉 '차등화된 보호원칙'을 재차 확증하고 이를 승인했다는 점에서 중요한 의미를 가진다.

앞에서 자세히 소개했던 이른바 제2차 연방헌법재판소 결정의 의미를 다시 한 번 정리해 보자.

첫째, 연방헌법재판소 역시 현행 독일기본법의 헌법적 보장범위를 정함에 있어서 유럽인권법원의 견해를 중요하게 받아들였다. 이에 따라 연방헌법재판소는 '정치인', '공적 생활의 인물' 혹은 '공적 관심의 대상이 된 인물', 그리고 단순한 '사적 인물'로 구별하여 캐롤라인 공주를 '공적 관심의 대상이 된 인물'로 편입시켰던 유럽인권법원의 새로운 유형화를 그대로 수용했다. 이에 따라 캐롤라인 공주에 관해서는 사진보도가 전적으로 허용되거나 전적으로 금지된다는 식의 과거 견해를 거부하고 개별적 사례에 있어서 법익형량 시에 공적 생활하에 있는 당사자 지위를 고려해야 하는 방식으로 변경했다. 이는 어떤 역할을 떠맡고 있는 인물이나 유명인을 '절대적 시사적 인물'이라는 단순한 범주 속에 일률적으로 편입시킴으로써 그의 인격권 보호를 박탈해서는 안 된다는 유럽인권법원의 취지를 적극 수용하는 것이고 나아가 반대로 '공적 생활의 인물'이라고 해서 일반적으로 보도가 금지되는 방패막이 주어지는 것이 아니라 언론자유의 요청과 그때마다의 보도계기에 따라 사진게재가 금지될 수 있다는 입장을 밝힌 것으로 평가된다.[188]

둘째, 연방헌법재판소의 결정의 의미는 그간 연방대법원이 사진보도 분야의 법익형량 과정에서 유럽인권법원의 입장을 반영하여 적용해온 예술저작권법 제22조 이하의 '차등화된 보호원칙'을 헌법상 적합한 방식으로 승인했다는 점에 있다. 이에 따라 한편으로는 기본법 제5조 제1항의 언론자유와 유럽인권협약 제10조의 의사표현의 자유, 다른 한편으로는 기본법 제1조 제1항, 제2조 제1항

---

[187] NJW 2008, 1793, 1801.
[188] Soehring·Hoene, §21 Rn.2i.

과 유럽인권협약 제8조의 사생활 등 존중권 사이의 형량에 있어서는 대상 인물이 시사적 인물로서 '장소적 은거성'의 상황 밖에서 체류할 경우에도 역시 보호 필요성이 인정되며, 인격권 보호의 비중 역시 공공성을 본질적으로 건드리는 사안에 관한 보도인지 여부에 따라 영향을 받게 된다고 판단했다. 따라서 '공적 생활의 인물'인 경우에는 일상생활이나 평범한 행동방식을 보여주는 경우에도 공중의 관심 대상이 될 수 있으며, 보도가 허용되는지 여부는 기존의 연방헌법재판소가 제1차 결정[189]에서 취했던 시사적 인물이 '장소적 은거성'이 인정되는 곳에 체류했는지 여부가 아니라 '공적 이익의 문제에 관한 여론형성에 기여'할 수 있는지 여부의 판단으로 전환된다.[190]

그리고 만약 해당 보도가 공개토론을 벗어난 개인의 세세한 사생활 영역을 주제로 다루거나 '사적 영역'을 침범할 경우에는 인격권 보호의 필요성이 증가하게 되고 '장소적 은거성'이라는 조건이 아닌 한 인물이 긴장완화의 순간에 또는 자유로운 행동의 순간에 직업적인 혹은 일상적인 의무의 밖에서 휴가를 보낼 경우에 인격권 보호가 강화된다고 보았다.[191]

셋째, 이번 연방헌법재판소 결정은 법익형량의 심사에 있어서 결정적인 요소는, 공중을 위한 정보가치의 인정 여부라는 전제하에서 사진 그 자체가 중요한 진술을 포함하지 않을 경우 사진의 정보가치는 보도기사의 맥락에서 결정되어야 한다는 연방대법원의 입장을 재차 확인하였다는 점이다. 아울러 만약 보도기사에 첨부된 사진이 보도내용과 무관한 상황에서 생성된 사진일지라도 이를 언론사가 이용하는 것은 허용된다고 보았다. 왜냐하면 만약 보도맥락과 연관이 있는 사진의 게재만을 허용할 경우 유명인의 추적이나 괴롭히기 등을 통한 사진획득의 부작용이 발생할 수 있기 때문이라는 것이 연방헌법재판소의 입장이다. 아울러 동반된 기사가 단지 유명인의 사진을 게재하기 위한 명목으로만 이용되었다면, 해당 기사는 어떠한 여론형성에의 기여도 인정할 수 없게 된다고 보았다.[192]

유럽인권법원이 2004년 6월 24일자 판결에서 기존의 독일 연방대법원과 연방헌법재판소가 취해 왔던 입장에 대해 비판을 제기하면서 변화된 독일 각급 법

---

[189] NJW 2001, 1021.
[190] NJW 2008, 1793, 1796.
[191] NJW 2008, 1793, 1797.
[192] NJW 2008, 1793, 1797.

원의 견해들은 2008년 2월 26일자 연방헌법재판소의 결정을 통해 일단락되었다.

그럼 이제 연방헌법재판소의 결정 이후 연방대법원은 이후의 판례들을 통해 새로운 입장을 내놓거나 변화된 법리를 새로이 형성하고 있는지 아니면 지금까지 확립된 '차등화된 보호원칙'에 따른 법익형량 심사를 그대로 유지하고 있는지 확인해볼 필요가 있다. 이를 위해서는 독일의 유명한 여성 TV 진행자 겸 저널리스트인 자빈네 크리스티안젠(Sabine Christiansen)을 둘러싼 두 개의 판결 및 캐롤라인 공주의 딸인 샬롯 카시라기(Charlotte Casiraghi) 사건을 차례로 살펴보자.

4. 이후 독일 법원의 입장

(1) 2008년 7월 1일자 연방대법원 판결[193]

이 사건은 자빈네 크리스티안젠(Sabine Christiansen)이 스페인 마요르카(Mallorca)섬에 위치한 푸에르토 안드락스(Puerto Andratx)에서 그녀의 가사도우미와 함께 쇼핑을 하는 모습의 사진을 게재한 것이 문제되었다. "Bild der frau" 지는 2005년 8월 15일자 33호에서 이러한 사진과 함께 자빈네가 안드락스 외곽에 넓은 토지를 소유하고 있다는 내용의 기사를 게재하였고, 원고는 이 사진의 공표를 금지할 것을 청구하였다.

연방대법원은 이 사건의 해결을 위해 마찬가지로 연방대법원이 제시한 예술저작권법 제22조 이하의 '차등화된 보호원칙'에 따라 사건을 풀어나갔다. 즉, 당사자의 동의 없이도 초상의 공표가 가능한 예술저작권법 제23조 제1항 제1호의 '시사적 사건'의 의미는 넓은 범위에서 공공의 사회적 이익에 의해서 결정되며 오락적 기사를 통해서도 여론형성이 가능하다는 원칙을 그대로 인용하였다. 나아가 이러한 경우일지라도 예술저작권법 제23조 제2항에 따라 다시 한 번 당사자의 개인적 영역으로의 침입이 있었는지가 비례성의 원칙에 의해 제한되어야 한다는 '차등화된 보호원칙'을 재차 적용하였다.[194]

이러한 '차등화된 보호원칙'에 따라 유명인의 경우는 대중들에게 자신의 인생계획에서 방향설정 가능성을 제공할 뿐만 아니라 모범기능 및 대조기능을 수행할 수 있기에, 그의 일상생활 역시 공적 이익의 문제에 관한 의견형성에 기여할 수 있

193 NJW 2008, 3138.
194 NJW 2008, 3138, 3139.

다고 밝혔다. 또한 이는 역시 언론자유를 통해 보호되는 본질적인 언론활동의 구성부분으로서 오락적 기사 및 오락적 내용에 상응하는 사진도 마찬가지라고 보았다.

다만, 언론자유에 유명인과 그 주변 인물들을 포함해서 그의 사생활이나 일상생활에 관한 오락적 기사가 포함되기는 하지만, 오락적 기사는 특별한 정도로 당사자의 인격권 보호가 요구된다는 점이 고려되어야 한다고 보았다. 이에 따라 법익형량에 있어서는 공중의 정보수요나 여론형성에의 기여를 위해 언론이 공적 관심사를 진지하고 객관적으로 토론했는지, 아니면 유명인의 사적 생활에 관해 단지 독자의 호기심만을 만족시켰는지 여부가 중요하다고 인정했다.[195]

한편, 사진보도의 정보가치를 판단함에 있어서는 인격권 보호를 위해 사진촬영이 어떠한 상황에서 생성됐는지, 가령 몰래 촬영되었거나 끈질긴 추적으로 획득된 것은 아닌지 등의 사정이 고려되어야 하며, 아울러 어떠한 상황에서 당사자가 어떠한 모습으로 포착되었는지가 중요하다고 밝혔다.[196]

이러한 전제 하에서 당사자의 인격권 보호는 통상 공적 토론에서 벗어난 세세한 개인의 사생활을 공개함으로써 그의 '사적 영역'을 건드리거나 당사자가 사정에 따라 언론사 등에 의해 촬영되지 않을 것이라는 점을 기대하는 것이 정당한 경우에 사진이 공표되었다면 그 침해의 정도가 크다고 보았다. 아울러 이러한 상황은 공간적인 사적 성격을 통해 특징지어지는 '장소적 은거성'으로 제한되는 것이 아닌 그 외에 직업적인 아니면 일상적인 의무 속에서 생활하는 경우가 아니라 긴장완화와 자기 자신으로의 복귀를 지향하는 상황에도 해당될 수 있다고 봄으로써 2008년 2월 26일자 연방헌법재판소의 결정이유를 그대로 인용했다.[197]

그 결과 연방대법원은 자빈네 크리스티안젠은 뉴스캐스터, TV 기자이자 진행자로서 오랜 활동을 통해 '공적 관심의 대상이 되는 인물'로서 인정될 수 있으며, 이러한 인물은 공중에 관심을 불러일으키는 이슈에 있어서 방향을 제시하는 역할을 하기 때문에 충분한 정보가치가 인정되어 다른 인물에 비해 보다 넓은 범위에서 보도가 허용된다고 판단했다. 하지만 소위 유명인이 마요르카(Mallorca)섬에 체류 중이며 그곳에 별장을 소유하고 있고 쇼핑을 즐긴다는 내용의 사진 및 보도내용은 어떠한 공중의 관심을 불러일으키는 방향제시 기능이

---

195 NJW 2008, 3138, 3140.
196 NJW 2008, 3138, 3140.
197 NJW 2008, 3138, 3140.

인정될 수 없고 단지 일정한 독자들에게 오락적 관심만을 만족시키는 것으로 해당 사진의 공표로 인해 원고의 '사적 영역'을 침해하는 결과를 낳았다고 인정했다.[198]

따라서 해당 판결의 경우 앞에서 보여주었던 수정된 연방대법원 및 연방헌법재판소의 입장과 궤를 같이하면서 '장소적 은거성'으로 제한되지 않은 당사자의 긴장완화 및 자신으로의 복귀 순간에도 역시 인격권 보호가 요청된다고 인정한 판결로 볼 수 있다.

(2) 2009년 2월 17일자 연방대법원 판결[199]

두 번째 사건은 2006년 4월 "Das Neue"라는 한 잡지가 자빈네 크리스티안젠의 동거생활을 다룬 보도가 문제되었다. 자빈네는 당시 남자친구였지만 현재는 남편인 노베르트 메두스(Norbert Medus)와 파리에서 동거생활 중이었고, 잡지는 두 사람이 함께 있는 사진과 함께 그녀가 파리에서 사랑에 빠졌으며, 그와 틀림없이 결혼하게 될 것이라는 내용의 기사를 게재했다. 자빈네는 이러한 사진의 공표를 금지해달라고 소송을 제기했다.

연방대법원은 이 사건 역시 예술저작권법 제22조 이하의 '차등화된 보호원칙'에 따라 쟁점을 해결했다. 즉, 형량을 위한 법적 토대 역시 이전의 연방대법원 판결에 근거해야 한다고 밝혔다. 이에 따르면 예술저작권법 제23조 제1항 제1호의 '시사적 사건'의 관점에 따라 그 자체로 당사자의 동의 없이 초상의 전파를 감수해야 하는 인물일지라도 해당 사진의 전파는 은거성의 장소에서 체류했는지 여부와는 상관없이 당사자의 '정당한 이익'이 침해될 경우에는 허용되지 않는다(예술저작권법 제23조 제2항).

나아가 연방대법원은 사진 등의 시각적 표현들이 통상적인 공적 토론으로부터 벗어난 세세한 사생활 부분을 확산시킴으로써 개인의 '사적 영역'을 건드리거나 사정에 따라 일반적으로 미디어로부터 촬영당하지 않고 있다는 기대를 할 수 있는 상황에서 촬영된 경우 인격권 침해가 더욱 중하게 된다고 재차 확인했다. 그리고 이러한 '사적 영역'은 '장소적 은거성'으로 국한되는 것이 아니라 일반적으로 긴장완화의 순간에 혹은 자기 자신으로의 복귀의 순간에도 인격권 보호가 필요하므로 뉴스진행자 겸 방송기자로 오랫동안 활동해 왔던 공적 인물

---

198 NJW 2008, 3138, 3140f.
199 NJW 2009, 1502.

로서 자빈네의 경우에도 이러한 법리에 의해 보호된다고 밝혔다.

따라서 다른 인물들에 비해 보다 넓은 범위에서 보도가 허용되는 그녀일지라도 이러한 원칙은 단지 보도를 통해 전달된 정보가 공중의 관심을 불러일으키는 이슈에 관해 충분한 뉴스가치를 가질 때에만 그러하고, 원고의 지명도 역시 '공적 관심사' 혹은 '시사적 사건'으로서 인정될 경우에만 고려될 수 있다고 판단했다. 아울러 이러한 전제가 인정된다 해도 다시 한 번의 형량과정에서 그녀의 '정당한 이익'이 존재한다면 사진공표는 허용되지 않는다고 결론 내렸다. 이러한 논증과정은 철저히 '차등화된 보호개념'의 원칙에 따른 것이다.[200]

이에 따라 사건을 분석해보면 우선 자빈네가 파리에서 그녀의 동반자와 다정하게 집 앞에 있는 모습의 사진 등과 그녀가 사랑에 빠졌고 곧 결혼하게 될 것이라는 등의 동반 기사들은 순수한 '사적 영역'에 속한 것들임이 인정된다고 보았다. 그리고 대중 속에서의 사생활의 영위도 명백히 보호되는 '사적 영역'의 일부분이라고 판단했다. 왜냐하면 그녀와 같은 유명인들이 사생활이나 특히 개인적 교제 등의 사적인 기회에도 항상 이의 없이 촬영되고 그러한 사진이 보도 대상이 되기 때문에 대중 속에서 자유로이 행동할 수 없다면, 이는 인격의 자유로운 전개의 중대한 제한을 의미하게 될 것이기 때문이다.[201]

결국 이번 사건에서 문제된 사진들은 어떠한 '시사적 사건'을 묘사하는 것도 아니고 '공중의 관심사'에 해당되는 이슈로서 방향설정기능을 가지는 충분한 뉴스가치도 인정될 수 없으며 단지 일부 독자층의 시각적 호기심 및 오락적 수요를 만족시키기에만 기여한 것으로 판단했다. 또한 동반된 보도기사 역시 공중의 정보이익을 만족시키기에는 적당하지 않다고 보았다.

(3) 2010년 4월 13일자 연방대법원 판결[202]

샬롯 카시라기(Charlotte Casiraghi)는 모나코 캐롤라인 공주의 딸로서 그녀의 미모뿐만 아니라, 구찌 모델 및 승마선수로서의 활동으로 인해 많은 언론의 주목을 받은 인물이다. "Revue"지 2006년 10월 12일자 42/6호는 파리 퐁피두(Pompidou) 센터에서 열린 유명한 프랑스 화가 겸 사진가 이브 클레인(Yves Klein)

---

200 NJW 2009, 1502, 1503.
201 NJW 2009, 1502, 1503.
202 NJW 2010, 3025.

의 사진전시회 개막행사를 보도하면서 이 행사에 참석한 샬롯 공주의 사진들을 함께 게재하였다.

이 가운데 첫 번째 사진은 6개월 전에 개최되었던 2006 모나코 로젠볼(Rosenball) 행사에서 촬영된 사진이었고 해당 사진에는 20세의 눈부신 샬롯 공주가 그녀의 남자친구 F W와 함께 상류사회를 매혹시켰다는 내용의 기사 등이 함께 포함되어 있었다. 두 번째 사진은 샬롯 공주가 퐁피두(Pompidou) 갈라쇼에 그녀의 남자친구인 F W와 함께 나타난 모습의 사진이었고 그녀의 남자친구와 함께 행복해 보이는 그녀가 퐁피두(Pompidou) 센터의 갈라쇼에 참석했다는 내용의 기사가 동반 게재되었다. 마지막으로 세 번째 사진은 샬롯 공주가 2005년 7월 12일에 있었던 알버트(Albert von Monaco) 왕자 대관식 행사에 참석한 모습의 사진이었고 "아름다운 샬롯 공주가 모나코에서 그녀의 어머니 캐롤라인 공주, 그리고 그녀의 오빠 안드레아(Andrea)와 함께 있다"는 내용의 사진제목이 함께 게재되었다. 원래 퐁피두(Pompidou) 재단은 이번 갈라쇼에 많은 유명인들을 초대했지만 해당 잡지는 샬롯 공주와 그녀의 남자친구와의 연인관계 등을 주로 다뤘다. 이에 샬롯 공주는 해당 사진들의 공표를 금지해 달라며 소송을 제기했다.

연방대법원은 마찬가지로 해당 사진들의 공표가 허용되는지 여부는 예술저작권법 제22조, 제23조의 '차등화된 보호원칙'에 따라 판단되어야 한다고 선언하면서 '차등화된 보호원칙'은 헌법상의 원칙뿐만 아니라 유럽인권법원의 판결과도 일치하여야 한다고 밝혔다. 이에 따라 샬롯 공주의 사진들은 동의하에 촬영된 사진이 아닌 만큼 '시사적 영역'에서의 초상일 경우에만 허용되고(예술저작권법 제23조 제1항 제1호), 이러한 공표 역시 당사자의 '정당한 이익'을 침해하지 않을 경우에만(예술저작권법 제23조 제2항) 허용된다고 확인했다. 이로써 '차등화된 보호원칙'은 독일 법원에서 사진공표의 허용성을 심사하는 데 확고하게 정립된 원칙임이 다시 한 번 확인되었다.

나아가 오락적 기사의 경우에도 유명인의 사생활 혹은 일상은 보도의 성격이나 수준과는 무관하게 언론자유의 대상이며 유명인의 경우에는 대중들에게 자신의 인생계획을 위한 방향설정 역할을 제공하고 모범기능 혹은 대조기능을 수행함으로써 공적 관심의 문제에 관한 여론형성에 기여할 수 있다고 밝혔다. 다만 형량과정을 통해 '사적 영역'의 핵심범위에 속하는 이익과의 조정이 필요하고, 이러한 이익으로는 초상권 및 '사적 영역'의 보호가 헌법상 인정된다고 덧붙였다.

그리고 개별적 사안의 형량에 있어서는 언론이 구체적으로 '공적 관심 사안'을 진지하고 객관적으로 토론했는지 여부가 중요하며 따라서 문제된 보도가 공중의 정보이익을 이행하고 여론형성에 기여했는지 아니면 단순한 독자나 시청자의 호기심만을 만족시켰는지 여부가 판단에 있어서 중요하다고 강조함으로써 초상권 등 인격권과 언론자유의 이익형량 시 기준이 되는 연방대법원의 기존 원칙을 재확인했다. 아울러 사진의 정보가치는 인물의 사진이 게재된 전체적인 맥락에서 판단되어야 하고, 특히 그에 첨부된 기사내용을 참조하여 조사되어야 한다고 밝혔다.[203]

이러한 원칙에 따라 연방대법원은 문제된 사진들은 '시사적 사건'에 해당한다고 보았다. 즉, '시사적 사건'의 개념은 공공의 사회적 이익에 관한 모든 문제들을 포함하고 이에 따라 상류사회의 행사나 알버트 왕자의 대관식, 모나코에서의 로젠볼 행사, 그리고 파리 퐁피두 센터에서 유명한 예술가의 전시회 개막 갈라쇼 역시 이에 속한다고 판단했다.

이어서 사진보도의 정보내용은 샬롯 공주와 그녀의 남자친구와의 연인관계만을 제한적으로 다룬 것이라기보다는 오히려 이브 클레인의 사진과 함께 파리 퐁피두 센터의 전시회 개막 갈라행사가 주를 이루고 있고 거기에 초대받은 많은 유명인들, 그중에 무엇보다 샬롯 공주와 그녀의 남자친구가 대상으로 된 것이라고 보았다. 특히 유명인이 시사적 행사에 등장한 경우에는 그 행사 자체에 관해서 뿐만 아니라 어떠한 인물이 거기에 나타났는지 그리고 누구와 함께 나타났는지도 '시사적인 사회적 사건'에 해당한다고 판단했다.[204]

따라서 샬롯 공주 일가의 지명도를 고려하면 언론에서 '시사적 사건'에 관해 보도하는 과정에서 그들의 사진을 함께 게재하는 것이 거부되지 않으며 함께 동반한 인물의 사진 역시 문제되지 않는다고 판단했다. 또한 공표된 사진이 그 행사에서 생성된 사진이 아니라 이미 6개월 전 2006 모나코 로젠볼 행사에서 촬영되었던 사진이거나 모나코 알버트 왕자 대관식에서 생성된 사진의 경우로서 퐁피두 센터 갈라쇼 행사와는 무관한 맥락 중립적 사진이라 할지라도 그

203 NJW 2010, 3025, 3026f.
204 NJW 2010, 3025, 3027.

러한 공표는 법적으로 문제될 것이 없다고 결론 내렸다.

한편, 앞서 살펴보았던 독일 TV 진행자 자빈네 크리스티안젠의 파리에서 연인과 함께한 모습의 사진공표와는 사정이 전혀 다르다고 보았다. 이번 문제가 된 사진들은 분명한 사적 상황에서 비밀리에 작성된 것이 아니라 상류사회의 공식 행사에서 공개적으로 등장한 모습이 촬영되었다는 점에서 구별된다고 밝혔다.[205]

V. 2010년 9월 12일자 제3차 연방헌법재판소 판결[206]

1. 개관

이제까지 살펴본 바에 따르면, 유럽인권법원의 2004년 판결 이후 지속적으로 연방대법원은 국내법원과 유럽인권협약의 국제기준과의 일치를 위해 노력해왔음을 알 수 있다. 그리고 그 결정체는 반복해서 언급해온 바와 같이, 다름 아닌 예술저작권법 제22조 이하의 '차등화된 보호원칙'의 확립 과정에서 찾을 수 있다. 이러한 상황에서 결국 연방헌법재판소 역시 2008년 2월 26일자 판결[207]을 통해 그간의 연방대법원의 수정된 입장을 승인하는 계기로 삼은 바 있으며 그 구체적 내용은 앞서 살펴본 바와 같다.

이후 연방헌법재판소는 2010년 9월 12일자 3차 결정을 통해 사진 및 영상보도와 관련된 새로운 관점을 제시하게 된다. 이는 전통적인 말이나 글을 통한 보도와는 다른 사진 등의 보도에 적용될 좀 더 세부적인 원칙들을 나타내는 것으로서 보도의 성격에 따라 언론자유권의 보호범위가 어떻게 달라져야 하는지 보여주는 기준들이다. 이러한 법리를 통해 말이나 글을 통한 보도와 사진 등의 보도와의 차이에 익숙지 않은 국내 현실에 많은 도움이 될 수 있을 것이다.

이에 따르면, 일반적 인격권의 보호범위는 원칙적으로 사진 등의 보도와 말이나 글로 된 기사내용에 관해서 서로 달리 적용된다는 것이다. 즉, 한 인물의 사진공표는 예술저작권법 제22조 이하에 따르면, 문제된 사진이 대상인물을 사적인 맥락에서 다루고 있는 것인지 아니면 공익적 목적에서 다루고 있는 것

---

205 NJW 2010, 3025, 3027.
206 NJW 2011, 740.
207 NJW 2008, 1793.

인지 여부와는 원칙적으로 무관하다. 왜냐하면 동법 제22조는 처음부터 당사자의 동의를 요구하고 있기 때문에 일단 당사자의 동의가 없다면 당사자의 인격권 침해가 전제된다. 그리고 그 이후에야 형량이 개시된다. 이는 사진이 유리한 방식으로 촬영 · 공표되었는지 아니면 불리한 방식으로 촬영 · 공표되었는지 여부의 경우에도 마찬가지이다.

이에 반해 인물 관련 기사의 경우에는 기사내용에서 당사자의 동의 없이 실명이 거론되었다는 이유만으로 일단 당사자의 인격권 침해가 전제되는 것은 아니다. 오히려 특별한 관점에서 기사내용이 사적이거나 '내밀영역'을 침해하거나 아니면 명예훼손이나 모욕 등의 요건을 갖춘 경우에만 인격권 침해가 인정된다. 따라서 실무상 보도를 둘러싼 분쟁해결의 경우에는 양 보도의 차이에 따라 적용되는 인격권 보호범위가 달라지고, 이에 따라 한 인물을 둘러싼 사진 등 보도와 기사내용이 혼재되어 있는 경우 언론자유의 허용범위 역시 달라지는 결과에 도달하게 된다.[208]

이전 판결에서는 주로 사진 등의 정보가치의 판단을 위해서는 그에 부속된 기사내용을 함께 살펴봄으로써 가능하다는 법리가 주로 적용된 반면, 이번 연방헌법재판소는 사진 등의 보도와 기사 등의 보도의 차이를 전제로 한 공표의 허용범위를 집중적으로 다루고 있으며 이를 통해 좀 더 엄밀한 판단이 가능해졌다. 물론 이러한 법리는 새롭게 창설된 이론이라기보다는 보도의 성격에 따라 건드려지는 인격권의 차이에 기인하는 당연한 결과를 새롭게 정리한 것으로 이해된다.

한편, 이러한 법리가 형성되는 계기가 된 사건은 캐롤라인 공주의 딸인 샬롯 카시라기 공주를 둘러싼 보도에서 기인하였으므로 직전에 살펴보았던 연방대법원의 샬롯 공주의 사건[209]을 비교해 보면서 '차등화된 보호원칙'에서 한 발자국 더 나아간 이번 연방헌법재판소 판결 및 이후 연방대법원 판결들을 차례로 살펴보자.

우선, 이번 연방헌법재판소 결정의 대상이 되었던 사건은 두 개의 언론사가 캐롤라인 공주의 딸인 샬롯 카시라기가 파리에서 개최된 행사에 참가한 사안들에 관해 사진 및 기사를 보도한 것이 문제되었고, 이에 관한 베를린 상급법

---

208 NJW 2011, 740f.
209 NJW 2010, 3025.

원의 판결이 언론자유를 침해했다며 변호사가 독일연방헌법재판소에 헌법소원을 제기한 사안들이다.

첫 번째 사례는 화보잡지 "Neue Post"지가 제기한 헌법소원 사건이다. "Neue Post"지는 2007년 3월 21일자 보도에서 우선 표지에 샬롯 공주의 대형 인물사진을 게재하면서 그 아래 "충격적 사진 - 캐롤라인의 딸(21) - 달콤한 인생은 얼마나 위험한가?"라는 제목으로 본문 관련 기사를 예고했다. 이어서 작은 글씨로 "파리 에이즈 - 갈라에서 샬롯"이라는 설명 문구를 첨부했다. 그리고 잡지 본문에서는 샬롯 공주는 최고 상류사회에서 반짝이는 미래가 예고되는 모나코의 가장 아름다운 장미로 소개되었다. 이 과정에서 잡지는 그녀가 프랑스 에이즈 갈라쇼 행사에 참석한 여러 장의 사진을 게재하였는데, 그 가운데에는 그녀가 샴페인에 취해 흐트러진 모습을 보여주는 사진도 포함되어 있었다. 아울러 기사내용은 주로 그러한 행사는 허영과 상류사회에 진입하기 위한 유혹이 있는 곳이며, 젊고 아름다운 샬롯 공주가 이 상류사회의 행사에 참석해서 예기치 않은 실수를 저질렀다는 취지의 기사를 함께 게재하였다. 이에 대해 관련 기사내용의 공표금지소송과 표지에서의 인물사진만의 공표금지소송이 별개로 진행되었고 이는 베를린 최고법원에서 인용되었다. 이에 "Neue Post"지는 이러한 판결이 언론자유를 침해한다며 연방헌법재판소에 헌법소원을 제기하였다.

두 번째 사안은 화보잡지 "Bunte"지가 2007년 3월 8일자 보도에서 샬롯 카시라기를 다루었던 사진 및 기사를 상대로 한 헌법소원 사건이다. 우선 해당 잡지는 "샬롯 파리를 점령하다"라는 제목으로 '파리 유행주간(Pariser Modewoche)'을 다루면서 주로 이때 개최된 행사분위기를 보도했다. 기사제목 위에는 작은 활자로 "유행주간 - 젊은 사회는 우아한 날들을 즐긴다. 새로운 중심인물: 캐롤라인의 아름다운 딸"이라는 내용이 첨부되었고 기사내용과 함께 여러 사진들이 함께 게재되었다. 문제된 사진들은 주로 샬롯 공주가 앞선 프랑스 에이즈 갈라 행사에 참석했던 단독사진, 그리고 주로 저명인의 자녀들인 일부 젊은 여성들이 참석했던 모 사진가의 출판기념회에서 모습을 드러낸 샬롯 공주의 대형 사진이었다. 다음 페이지에는 패션쇼에 참석했던 또 다른 유명인들의 사진이 게재되었고, 그 옆 기사에서는 샬롯 공주의 우아함이나 아름다움, 상류사회로의 등장과 비상[예컨대 "샬롯의 유행주간, 남프랑스 코트다쥐르(Côte d'Azur)의 불사조 같은 비상"]을 다루는 내용이 주를 이뤘다. 이에 대해 샬롯 공주는 이러한 보도들의 금지청구을 제기했고, 베를린 최고법원은 이를 인용하였다. 이에 "Bunte"지 역시 언론자유 침해를 이유로 헌법소원을 제기하게 되었다.

2. 판결의 주요 쟁점

(1) 기사내용과 사진공표에 달리 적용되는 인격권의 보호범위

연방헌법재판소는 2010년 9월 12일자 3차 판결을 통해 언론보도에 적용되는 인격권 보호범위는 사진보도의 경우와 기사형식의 보도에 있어서 서로 차이가 있다고 밝혔다. 이에 따르면 초상권이 문제되는 사진공표의 경우는 일반적 인격권의 침해 여부를 결정함에 있어서 한 인물의 초상이 사적인 맥락에서 촬영·공표되었는지 아니면 공적인 맥락에서 촬영·공표되었는지는 상관없다고 보았다. 또한 문제된 사진이 한 인물을 유리한 방식으로 보여주고 있는지 아니면 불리한 방식으로 보여주고 있는지도 문제되지 않는다고 보았다. 왜냐하면 일반적 인격권으로서 초상권은 한 인물의 사진을 촬영·공표할 경우 정당화를 위해서 우선적으로 당사자의 동의를 필요로 하기 때문이다.

그에 반해 보도기사의 경우에는 사정이 다른데, 일반적으로 한 인물의 실명이 공개되었다고 일반적 인격권의 침해가 당연히 인정되는 것이 아니라 특유한 관점에 의해서만 인격권 보호가 인정되는데, 이는 무엇보다 보도내용에 좌우된다고 밝혔다. 즉, 보도기사는 '사적 영역'이나 '내밀영역'을 침해한 경우 인격권 보호기제가 작동하게 되고 나아가 명예를 훼손하는 경우나 당사자가 하지도 않은 발언을 전가하는 경우 등에 보호 여부가 결정되게 된다.

따라서 연방헌법재판소는 언론사의 인물 관련 기사내용 공표는 쉽사리 정보자기결정권(Informationelle Selbstbestimmung)을 침해하지 않는다고 보았다. 그리고 일반적 인격권은 특히 개인이 단지 자신이 원하는 대로, 그가 원하는 경우에만 기사화되거나 공적인 보도의 대상으로 될 수 있는 종류의 권리는 포함하지 않는다고 밝혔다.[210]

---

210 NJW 2011, 740, 742.

(2) 한 인물에 관한 본문 기사의 허용성 여부

이러한 원칙에 따라 연방헌법재판소는 "Neue Post"지가 제기한 2007년 3월 21일자 본문 기사내용에 관해서만 제기된 헌법소원 사건에 대해 판단했다. 본문 기사에 첨부되었던 사진들은 이전 소송에서 원고였던 샬롯 공주가 애초부터 소송대상에서 제외한 상태였기 때문이다. 해당 기사내용은 "달콤한 인생은 얼마나 위험한가?"라는 제목 아래 프랑스 에이즈 갈라행사에 참석한 샬롯 카시라기는 최고 상류사회에서 반짝이는 미래가 예상되는 모나코의 가장 아름다운 장미이며 그녀는 최고의 인사들 가운데 중요한 위치를 차지하게 될 것이라고 기술되었다. 아울러 그러한 행사는 주로 허영과 상류사회에 진입하기 위한 유혹이 있는 파티이며, 젊고 아름다운 샬롯 공주가 그러한 상류사회의 행사에 참석해서 샴페인에 취한 흐트러진 모습을 보이는 등 예기치 않은 실수가 있었다는 등의 기사로 함께 게재되었다.

연방헌법재판소 결정에 앞서 전심법원이었던 베를린 최고법원은 일반적 인격권은 무엇보다 개인은 선택된 익명성 내에 남아 있거나 자신의 인물을 공중에 공개하지 않을 권리를 포함하며, 샬롯 공주는 높은 수준의 공적 정보이익이 존재하는 유명한 행사에 손님으로 참석했다는 이유만으로 그러한 인격권을 감수할 필요가 없다고 보았다. 또한 해당 기사와 사진이 보여준 프랑스 에이즈 갈라행사는 보도상의 계기가 아니라 그저 샬롯 공주의 외모와 개인적 특성에만 집중하기 위한 구실에 불과했다고 판단하였다. 하지만 이에 대해 "Neue Post"지는 연방헌법재판소를 통해 불복한 것이다.[211]

연방헌법재판소는, 문제의 기사는 '사적 영역'을 대상으로 한 것이 아니라 기사에서 표현된 가치평가들은 '사회적 영역', 즉 프랑스 에이즈 갈라행사의 참가에서 생긴 사건들을 기반으로 한 것이며, 문제된 기사내용은 샬롯 공주의 품행을 논평하는 것이었고 무엇보다 그녀가 명백하게 공중을 향해 공개하고 공중을 대상으로 하는 행사에서 보여준 행동방식에 관한 것이었다는 점에 주목했다. 그러한 관점에서 연방헌법재판소는 샬롯 공주가 미디어를 통해 언론보도가 기대될 수 있는 그러한 대중들의 커다란 관심에 부딪힌 에이즈 갈라행사에 참가함으로써 어쨌든 자유로운 결정에 따라 언론보도에 노출되었다는 점을 중요시하였다.[212]

---

211 NJW 2011, 740.
212 NJW 2011, 740, 742.

연방헌법재판소는 구체적으로, 관련 행사는 명백히 눈부신 참가자들로 인해 일정한 청중들의 커다란 관심에 직면했을 뿐만 아니라 어쨌든 부분적으로 에이즈 후원을 위한 자선 갈라쇼로서 외부의 관심효과를 노렸음이 분명하다고 인정했다. 따라서 샬롯 공주가 행사에 참여해서 행사 중에 보여주었던 행동에 관한 공적 토론을 감수해야 한다면 해당 기사내용이 명예나 초상권을 침해하지 않는 한, 논평기사의 출발점에서 자신의 결정권이 부정되었다고 주장할 수는 없다고 판단했다.

따라서 샬롯 공주의 경우처럼 이러한 인물들에게 자신의 인물에 관한 표현이 자신이 원하는 특정 언론매체의 대상으로 되거나 자신이 선택한 특정 언론에게만 공표되도록 하는 등의 권리를 인정할 수 없으며, 일반적 인격권은 자신의 인물의 표현에 관한 포괄적 처분권을 그가 공개적으로 포기한 공중에서의 발언이나 행동방식에 관해 보호하지 않는다고 결론 내렸다.[213] 결국 "Neue Post"지의 헌법소원은 이유 있다고 인정했다.

(3) 한 인물의 외모에 관한 사진 보도의 허용성 여부

이어서 연방헌법재판소는 두 번째 사건이었던 "Bunte"지의 2007년 3월 8일자 보도를 관해 판단했다. 문제된 보도는 "샬롯이 파리를 점령하다"라는 제목 아래 샬롯 카시라기 공주가 파리 유행주간에 새로운 중심인물이 되었다는 내용과 함께 프랑스 에이즈 자선행사에서 생성된 사진들 가운데 그녀의 외모를 보여주는 단독사진 두 장을 기사에 첨부하였다. 그밖에 또 다른 하나의 대형사진에는 프랑스 모 사진가의 출판기념회에 참석한 저명인의 딸들로 소개된 일부 젊은 여성들 가운데 손님으로서 참석한 샬롯 공주의 모습을 보여주고 있었다. 물론 다음 페이지에서는 파리 패션쇼에 참석한 다른 유명인들의 사진도 게재하였고 아울러 기사에는 샬롯 주변의 새로운 최상위 부유층을 소개한다는 내용과 작은 모나코 공주가 코트다쥐르(Côte d'Azur)의 불사조 같은 비상처럼 최고 상류사회로 가고 있으며 그녀를 보는 것은 어릴 때의 캐롤라인 공주를 연상시키고 그녀의 어머니와 동일한 아름다움, 우아함, 매혹과 마주치게 될 것이라는 등의 내용도 게재되었다. 앞선 베를린 최고법원은 이러한 기사들과 사진들 모두에 대

---

213 NJW 2011, 740, 742.

한 금지청구를 인용하였다.

연방헌법재판소는 우선 관련 보도내용은 명예훼손적 보도로 인정될 수는 없다고 전제한 뒤, 이어서 한 인물의 외모는 통상적으로 대중들이 공적 토론에 관해 인정할 만한 어떠한 이익도 가지지 못한다는 점에서 하나의 사적 사안에 불과하다고 전제했다. 하지만 문제된 기사에서 주로 다뤄졌던 샬롯 카시라기 같이 공개적으로 등장한 인물의 외모는 이와 달리 공중 속으로 영향을 미치게 되고 따라서 항상 '사적 영역'의 한 부분으로 평가될 수는 없다고 보았다.

이에 따라 베를린 최고법원이 인정했던 샬롯 공주에게 자기 모습의 묘사에 관한 수신범위를 스스로 결정할 수 있는 그런 자기결정권은 인정될 수 없다고 판단했다. 따라서 파리 유행주간 동안 행사에 참석한 샬롯 공주는 자신의 외모 공개가 행사에 참가했던 사람들에게만 제한되고 따라서 공적인 언론매체에 의해서는 감지되지 않은 채 언론에서 자신의 외모에 관해 보도되지 않을 것을 기대할 권리는 존재하지 않는다고 보았다. 왜냐하면 샬롯 공주는 행사에 참가한 매력적인 모습의 참가자들로 인해 일부 대중의 관심을 기대하게 했던 행사에, 더군다나 바로 언론을 통한 확대재생산 효과를 지향하는 그런 출판기념회 행사에 등장했을 뿐만 아니라 이미 이때 사진기자들에게 촬영을 허락할 용의가 있는 것으로 밝혀졌기 때문이다.[214]

또한 문제된 보도는 주로 샬롯 공주가 중심을 이룬 것은 사실이지만 결코 근거 없이 그녀의 외모를 주제로 삼은 것이 아니라 오히려 전체적으로 파리 유행주간의 방문객에 관해서 그리고 개최된 행사의 범위 내에서 이뤄졌다고 보았다. 아울러 "Bunte"지는 개최된 파티에 참석한, 특히 부모의 혈통 덕분에 편하게 근심 없이 향락 지향적 인생을 살아가는 일부 부유한 젊은 여성그룹의 등장에 관해 비판을 제기하였고, 샬롯 공주 역시 이러한 특수계층에 포함된다는 점을 부각시켰다는 점이 함께 고려되어야 한다고 보았다. 따라서 이러한 젊은 여성그룹은 사회에서 하나의 지도자상을 가지지는 않지만 분명한 대조기능이 따라오며, 무엇보다 해당 보도들은 샬롯이라는 인물만을 기사의 대상으로 삼기 위한 단순한 구실에 머무른 것은 아니었다고 판단했다. 결국 "Bunte"지의 헌법소원은 이유 있다고 결정했다.[215]

214 NJW 2011, 740, 743.
215 NJW 2011, 740, 743.

(4) 인물사진 공표의 허용성 여부

한편, 연방헌법재판소는 샬롯 공주의 대형 인물사진의 공표를 둘러싸고 "Neue Post"지가 제기한 헌법소원 사건에 관해 판단했다. "Neue Post"지는 2007년 3월 21일자 표지에 샬롯 공주의 대형 인물사진을 게재했고 그 아래 "충격적 사진 – 캐롤라인의 딸(21) – 달콤한 인생은 얼마나 위험한가?"라는 제목, 그리고 작은 글씨로 "파리 에이즈 갈라에서 샬롯"이라는 설명 문구를 첨부했다. 이에 대해 샬롯 공주는 금지청구소송을 제기하였으며, 전심법원인 베를린 최고법원은 이를 인용한 바 있다.

연방헌법재판소는 이미 2008년 2월 26일자 제2차 결정[216]에서 유명인에 관해서는 일상생활에서 비롯한 사진공표가 가능한데 이를 위해서는 의견형성을 위한 공적 관심의 문제에 기여할 수 있다는 전제가 필요하다고 밝힌 바 있다.

하지만 이번 결정에서 연방헌법재판소는 이러한 입장을 거부했다. 우선, 이번 사안에서 문제된 표지사진 및 첨부설명은 에이즈 갈라행사에 관한 보도로 인정할 수 없기에 보도내용에서 언급된 에이즈 갈라행사가 '시사적 사건'으로 분류될 수 있는지의 문제는 사건 해결의 쟁점이 될 수 없다고 보았다. 더욱이 행사를 안내하는 설명문의 글씨보다 훨씬 더 큰 활자로 인쇄된 "충격적인 사진"이라는 텍스트는 "Neue Post"지가 프랑스 에이즈 행사에 관한 정보를 보도하려는 것이 아니라, 단지 전반적으로 샬롯 공주의 품행을 다루려는 보도의 단순한 외부적 계기에 불과한 것이었음을 말해준다고 보았다. 아울러 표지사진에서 예고했음에도, 샬롯이라는 개인에게만 집중하고 사춘기의 일반적 문제에 대해서는 전혀 다루지 않은 그 보도가 얼마나 청소년기의 방탕에 관한 사회적 이슈에 기여했을지 알 수 없고, 보도내용에서 에이즈라는 질병이나 그것의 사회적 관계에 대한 그 어떤 자세한 정보도 포함하고 있지 않다는 점에서 더욱 그러하다고 주장했다.

또한 이번 사안은 지난 2008년 2월 26일자 2차 연방헌법재판소 판결사례[217]와 현저한 차이가 있어 단순비교는 불가능하다고 보았는데, 거기에서는 모나코 지배영주의 병환이 캐롤라인 공주 등의 사진공표를 정당화할 수 있는 '시사적 사건'으로 인정될 수 있었고 또한 국가지도자의 삶에 관한 관심사와 비

---

[216] NJW 2008, 1793.
[217] NJW 2008, 1793.

교할 수 있는 공적 정보수요가 존재했지만 이번 사안에서는 그렇지 않다고 밝혔다.[218]

한편 연방헌법재판소는 샬롯 공주가 과거에 그녀의 인물사진 촬영을 공개적으로 허락했다는 사정을 고려함에 있어서, 이전에 초상공표를 동의했다는 사실만으로 자신의 인물에 관한 공적 관심을 위해 일반적으로 초상을 공개할 수 있다는 근거로 삼을 수는 없다고 결정했다. 결국, 표지사진의 공표금지는 언론자유를 침해한다는 "Neue Post"지의 헌법소원은 거부되었다.[219]

3. 정리

이와 같이 연방헌법재판소의 2010년 9월 12일자 3차 판결에 따르면, 초상을 기반으로 하는 사진이나 영상보도에는 기사형식의 보도에 적용되는 인격권 법리와는 다른 법리가 적용된다는 것으로 정리할 수 있다. 즉, 기사형식의 보도자유권 및 그에 따른 자유로운 사실적 주장의 전파권 영역에는 언론 스스로 자신의 기준에 따라 무엇을 보도가치 있는 사항으로 인정할지 자유롭게 결정할 수 있는 미디어의 자기결정권 보장원칙이 우선적으로 적용된다. 반면에 초상보도의 경우는 일반적으로 예술저작권법 제22조에 따라 보도대상자의 동의를 우선적으로 필요로 하고, 단지 예술저작권법 제23조 제1항의 범주에서만 예외적으로 허용되는 법리가 적용된다.[220] 따라서 샬롯 공주를 둘러싼 "Neue Post"지 2007년 3월 21일자 보도관련 헌법소원 사건은 동일 발행호에서 표지사진을 상대로 한 경우와 기사내용을 상대로 한 경우 서로 다른 결론에 도달하게 되었다.

이는 진실한 사실주장의 전파에 있어서는 '원칙-예외관계'에 따라 보도자유의 제한에 해당하는 일반적 인격권의 보호를 위해서 특별한 정당화를 필요로하지만, 초상권의 경우는 동의 받지 않은 사진을 전파함으로써 곧바로 인격권을 침해하는 결과로 이어지게 된다는 법리를 잘 설명해 준다.[221]

이에 따라 독일 법원이 적절한 법익형량을 위해 몰두하는 주요 문제들은 기사형식의 보도영역에서보다는 사진보도에서 훨씬 빈번하게 발생하게 된다고 학자들은 분석한다. 실제로 사진보도와 이에 수반된 보도내용을 상대로 소송을

---

218 NJW 2011, 740, 741.
219 NJW 2011, 740, 741f.
220 Soehring·Hoene, §19 Rn.2c.
221 NJW 2011, 740; NJW 2012, 756; NJW 2010, 3025; NJW 2011, 744; NJW 2011, 746.

제기하는 경우에 종종 사진공표만을 문제 삼는 경우가 많다는 사실이 이를 뒷받침한다.[222] 예컨대 당시의 독일 축구국가대표 골키퍼였던 올리버 칸은 휴가 중의-그의 새로운 여자친구를 보여주는-사진의 전파에 대해서는 소송상으로 공격했지만, "그녀와 교환했던 사랑에 빠진 시선"이라는 기사텍스트에 대해서는 공격하지 않았다.[223] 또한 캐롤라인 공주의 남편인 에른스트 아우구스트 폰 하노버 역시 장인의 심각한 병중 시점에 부인 캐롤라인과 함께 생모리츠 스키 휴양지에 있는 모습을 보여주었던 사진공표에 대해서는 이의를 제기했다.[224] 하지만 그가 장인의 병중에 부인인 캐롤라인과 함께 스키휴가를 갔다는 부수기사에 대해서는 소송을 제기하지 않았다.[225]

　　마찬가지로 유럽인권법원이 결정한 바 있는 중요한 미디어 자유의 제한사례 역시 무엇보다 사진보도의 경우였다는 사실이 특별히 부각될 수 있다.[226] 다만, 이러한 판결내용이 진실한 사실주장 전파로 인한 모든 일반적 인격권의 제한 경우에 대해 도식적으로 인용되어서는 안 된다. 마찬가지로 기사형식의 보도는 동일한 주제에 있어서 사진보도에 비해 항상 넓은 범위에서 허용된다는 일반적인 결론에 도달해서도 안 된다.[227] 왜냐하면 기사내용이 사진을 통해 전달되는 내용과 동일한 수준에 이르거나 심지어 그러한 수준을 넘어서는 세세한 정보를 제공하는 경우에는 더욱 심각한 인격권 침해에 이를 수 있기 때문이다.[228]

　　한편 연방헌법재판소는 유명인의 외모에 관한 표현이 주를 이루는 보도의 경우에도, 우선 개인의 외모는 통상 공적 토론에 관한 공중의 정당한 이익을 인정할 수 없는 경우에는 단순한 하나의 사적 사항에 불과해 관련 보도가 허용되지 않는다고 밝혔다. 하지만, 만약 한 인물이 공적 행사 등에 공개적으로 등장한 경우에는 이러한 인물의 외모는 공중 속으로 영향을 미치게 되므로 계속해서 '사적 영역'의 한 부분이라는 이유로 사진 등의 공표를 거부할 수는 없다고 판단했다. 따라서 유명인의 경우 공적 행사에 스스로 공개적으로 등장한 때에는

---

222 Soehring·Hoene, §19 Rn.2d.
223 NJW 2007, 749.
224 NJW 2007, 1981.
225 Soehring·Hoene, §19 Rn.2d.
226 NJW 2004, 2647.
227 Soehring·Hoene, §19 Rn.2e.
228 NJW 2000, 2194; NJW 2010, 3025.

언론을 통한 자기 모습의 공개적 표현과 관련해서 그 수신범위를 스스로 결정할 수 있는 종류의 자기결정권은 헌법상 보장되지 않는다고 밝혔다.[229]

4. 이후 독일 법원의 입장

(1) 2010년 10월 26일자 연방대법원 판결[230] - 보도기사 대상 사건

연방헌법재판소가 2010년 9월 12일자 판결에서 보도기사와 사진보도 사이의 차이점에 기초한 해결기준을 제시한 이후 곧 연방대법원은 바로 유사한 사례의 판단에 직면하게 된다. 이에 관한 연방대법원의 판결들을 살펴봄으로써 연방헌법재판소의 판시사항과 적용범위를 다시 한 번 확인해 보자.

우선 "Bunte"지는 2007년 3월 29일자 14/7호에서 표지에 "샬롯, 파티 - 여왕"이라는 제목과 "모나코에서의 로젠볼(Rosenball) 스타는 캐롤라인 공주의 딸: 불타는 아름다움"이라는 하단제목과 함께 관련기사를 게재했는데, 이와 더불어 표지 및 기사본문에서 샬롯 공주가 모나코 로젠볼에 참석한 모습의 여러 사진들이 함께 게재되었다. 샬롯 공주는 각각 별개의 소송을 통해 기사내용의 보도금지와 사진공표의 금지를 청구하였다. 이번 연방대법원 판결은 기사내용을 상대로 한 소송사건이다.

보도기사는 주로 샬롯은 새로운 파티의 공주이고 그녀의 모습은 캐롤라인이 젊은 시절 클럽에서 있었던 모습을 연상시키며, 그녀는 수줍어하고 겸손한 젊은 여성의 모습을 하고 있었지만 현재는 샬롯 공주가 상류사회로 진입해 그 중심으로서 새로운 역할을 하고 있다는 내용을 싣고 있었다. 그밖에 샬롯 공주가 파티에서 명품 샤넬을 입고 새로운 친구들과 수다를 떨고 있다는 내용, 그녀는 믿기지 않는 고상함으로 혈통증명을 나타냈으며 모나코 로젠볼에서 춤추는 모습을 보여주었다는 내용, 기타 샬롯 공주가 참을 수 없는 가벼운 존재가 되지 않기 위해서는 그녀의 어머니를 의지할 수 있을 것이라는 내용 등이 주를 이뤘다. 이에 샬롯 공주는 기사의 전파를 금지하도록 소송을 제기했는데, 전심법원인 베를린 최고법원은 사진보도가 허용되는 동일한 원칙을 원용하여 이번 보도기사에 대해서도 금지청구를 인용하였다.[231]

---

229 NJW 2011, 740, 743.
230 NJW 2011, 744.
231 NJW 2011, 744.

사건을 다루기에 앞서 연방대법원은 지금까지 독일 법원들은 기사형 보도의 경우와 예술저작권법 제22조, 제23조에 의한 사진전파가 한 인물의 사생활 혹은 일상생활을 건드리는 경우 두 경우 모두 동일한 법리와 기준에 따라 판단하는 것은 문제가 있다고만 표현했을 뿐, 구체적 이유에 관해서는 불분명한 입장을 취해왔으며, 이제부터는 각각 상이한 기준들이 적용되어야 한다는 자기반성의 입장에서 출발하였다.

지금까지 연방헌법재판소에 따르면, 예술저작권법 제22조, 제23조에서 규정된 초상권은 처음부터 제3자에게 비춰지는 한 인물의 외적 모습의 표현 및 복제에 관한 정형화된 독점권을 보장하므로 당사자의 동의 없는 초상사진의 전파는 오로지 예술저작권법 제22조, 제23조의 '차등화된 보호원칙'에 따라 '시사적 영역'에 해당할 경우에만 예술저작권법 제23조 제2항의 당사자의 '정당한 이익'을 조건으로 허용된다.[232]

하지만 연방대법원은 더 나아가 이러한 예술저작권법 제22조 및 제23조의 '원칙—예외' 원리에 따라 특징지어진 일반적 인격권의 전형으로서 초상권은 언론을 통한 자신에 관한 의견표명의 전파에 관한 보호권과는 구별되어야 한다는 연방헌법재판소 제3차 판결의 입장을 적극적으로 확인하였다. 즉, 초상권의 경우에는 당사자의 '사적 영역'의 보호필요성이 더욱 중요하고 그에 따라 인격권 보호가 중요하면 할수록 공중을 위한 보도의 정보가치는 더욱 더 낮아지게 되지만, 그 밖의 기사는 공중을 위해 특별히 중요하지 않은 주제를 다룰지라도 헌법상 언론자유권에 근거한 자유로운 보도의 원칙에서 시작할 수 있다는 것이다. 따라서 예술저작권법 제22조, 제23조의 적용과는 달리 허위도 아니고 명예훼손도 아닌 보도는 유명인에 관해 본질적으로 여론형성에 기여함 없이 단순히 사소한 것을 다룰지라도 항상 인격권 침해가 문제되는 것은 아니라고 밝혔다.[233]

결국 한 인물의 외양을 사진이나 영상을 통해 공중에게 공표한 것은 말이나 글을 통한 기사형 보도에 비해서 일반적으로 보다 강한 인격권 침해를 의미하게 된다. 특히 사진촬영 과정에서 무엇보다 유명인은 실제로 비밀리에 혹은 심각한 괴롭힘 속에서 집요한 추적을 통해 촬영된 사진이 언론에서 공표되는 결과에 이르게 된다는 점에서 증가된 보호필요성이 따라 나온다고 강조하였다.

---

[232] NJW 2011, 744.
[233] NJW 2011, 744, 745.

물론 기사형 보도가 항상 사진보도보다 넓게 허용되는 것은 아니지만, 예외적으로 사진보도가 표현하지 못하는 개별정보를 오히려 보도기사가 포함함으로써 보다 강하게 인격권을 침해하는 경우가 있을 수도 있다고 보았다.[234]

이러한 점은 연방헌법재판소가 이미 제3차 연방헌법재판소 판결[235]에서 상론한 부분으로서 이를 연방대법원이 이번 판결에서 재차 확증한 것이다. 이러한 원칙에 따라 연방대법원은 다음과 같이 사건을 판단하였다.

우선, 연방대법원은 샬롯 공주의 경우 다툼의 여지없이 다양한 공적 행사에 등장하였고 특별한 정도로 공중의 관심을 끄는 대중적인 유명인물이며, 이번 사안에서도 하나의 공적인 사회적 사건에 해당하는 모나코 로젠볼(Rosenball) 행사에 참석을 계기로 보도되었음은 부인될 수 없는 점이라고 보았다. 따라서 전심법원이 원용했던 것처럼 샬롯 공주가 어떠한 공직도 차지하지 않았고, 공적 생활에서 어떠한 부각된 지위도 차지하지 않았으며, 어떠한 작위도 지닌 바가 없어서 정치적 혹은 경제적 영향력을 행사하지도 않았다는 관점은 중요하지 않다고 비판했다.[236]

또한 연방대법원은 사진보도의 허용성과 관련해 여러 차례 강조한 것처럼, 시사적 사건을 계기로 작성·공표된 사진게재가 여론형성에 기여하는 바 없이 단지 한 인물의 묘사의 빌미로만 이용되거나 기사내용 역시 유명인의 사진게재를 위한 구실로만 이용되었는지가 중요하다는 기준은 단순한 보도기사의 허용성 판단문제에 적용될 수는 없다고 보았다. 즉, 기사형 보도나 기사내용은 그 자체로 기본법 제5조를 통한 자유로운 보도의 원칙이 우선 적용된다는 것이다. 따라서 허위나 명예훼손적 기사가 아닌 이상 여론형성에 기여하는 바 없이 단지 유명인의 단순하고 사소한 측면을 보도대상으로 삼았다는 이유만으로 인격권 보호가 항상 우선적으로 인정될 수는 없다는 것이다. 따라서 언론사가 모나코 로젠볼(Rosenball)에 관한 기사를 작성함에 있어 거기에 나타난 샬롯 공주를 우선적으로 다룰 계기로 삼았다는 사실은 문제될 수 없다고 보았다.[237]

아울러 언론은 원칙적으로 자신의 저널리즘적 기준에 따라 무엇을 공적 이익의 가치가 있는 것으로 간주할지 여부를 스스로 결정할 수 있다는 점이 언론

---

234 NJW 2011, 744, 745.
235 NJW 2011, 740.
236 NJW 2011, 744, 746.
237 NJW 2011, 744, 746.

자유의 핵심범위에 속하기 때문에, 오락적 차원에서 유명인의 외모와 행동 그리고 그의 사회적 맥락을 평가하면서 과장된 표현형식과 함께 그를 묘사하고 그의 개인적·사회적 배경을 추측하는 것 역시 이러한 자유에 속한다고 밝혔다. 따라서 기사는 그 자체로 아니면 사진보도와의 맥락에서 그 금지를 정당화할 수 있는 하나의 독자적인 침해를 가져올 때, 가령 당사자의 '사적 영역'의 핵심범위로 개입하거나 애초부터 공공성에 속하지 않는 주제와 관련될 경우 비로소 침해 여부의 판단이 작동하게 된다고 보았다. 더욱이 샬롯 공주는 분명하게 일부 대중들로부터의 커다란 관심과 마주한 행사에 어떤 이유에서든 자유로운 결정으로 참석함으로써 언론보도를 기대해야 한다는 상황에 있었으므로 자신의 의사에 반해 특정 언론의 보도대상으로 되지 않을 권리가 고려될 수 없다고 보았다.

결국 연방대법원은 기사내용이 흔히 사소하거나 샬롯 공주의 개인적 인생상황에 관한 깊은 관찰을 전달하는 것이 아니라 단지 피상적으로 그녀의 인물묘사에만 몰두했을지라도 보도대상자가 자신의 가치와 취향에 적합한 언론기사의 형식을 결정하는 것이 인격권 보호의 과제는 아니라고 판단했다. 이에 따라 베를린 최고법원의 인용결정은 파기되었다.[238]

(2) 2010년 10월 26일자 연방대법원 판결[239] - 사진보도 대상 사건

이번 연방대법원 판결은 2007년 3월 29일자 14/7호 "Bunte"지의 표지 "샬롯, 파티-여왕" 및 하단제목 "모나코 로젠볼과 스타 캐롤라인 공주의 딸: 불타는 아름다움"이라는 보도에 게재된 사진을 대상으로 하였다. 샬롯 공주는 이 사건에서 표지사진, 30-31쪽 "밤의 여왕"이라는 제목의 대형사진, 31쪽 위의 "순수한"이란 제목의 사진, 31쪽 오른쪽 아래 "열정과 함께"라는 제목의 사진, 34쪽 왼편의 "젊은 모나코 사회"라는 제목의 사진 등을 상대로 금지소송을 제기했다.

여기에서 연방대법원은 사진보도의 허용성 문제를 결정하기 위해 여러 차례 밝혔던 원칙들을 다시 한 번 확증하였는데, 이해를 돕기 위해 다시 한 번 정리해 보기로 한다.

---

238 NJW 2011, 744, 745.
239 NJW 2011, 746.

첫째, 사진보도의 허용성은 예술저작권법 제22조, 제23조의 "차별화된 보호원칙"에 따라 판단되어야 하고, 이 기준은 헌법적 원칙뿐만 아니라 유럽인권법원의 판결과도 일치해야 한다. 이에 따라 한 인물의 초상은 원칙적으로 동의에 의해서만 전파될 수 있고(예술저작권법 제22조 제1문), '시사적 영역'의 초상일 경우(예술저작권법 제23조 제1항)에는 예외가 존재하며, 이러한 예외 역시 당사자의 정당한 이익을 침해하는 경우에는 해당되지 않는다(예술저작권법 제23조 제2항)는 원칙을 반복해서 적용하였다.

둘째, 하나의 사진이 예술저작권법 제23조 제1항 제1호의 '시사적 영역'으로 편입될 수 있는지 여부의 판단을 위해서는 이익형량이 필수적으로 요구되며, 이때 언론자유와 인격권 및 '사적 영역' 보호가 충분히 고려될 수 있는 규범적 기준이 바탕이 되어야 하는데, 이는 '시사적 사건의 완전한 정보에 관한 공중의 이익'이 결정적이다. 또한 여기에서 '시사적 사건'의 개념은 언론자유를 위해 넓은 의미로 이해되어야 한다.

셋째, 충돌하는 인격권과 정보이익 사이의 형량에서는 보도대상에 결정적인 중요성이 따라오는데, 특히 언론이 구체적 사안에서 공중의 정보수요를 충족시키고 여론형성에 기여하기 위해 공적 관심 사안을 진지하고 객관적으로 토론하는지 그렇지 않으면 '시사적 사건'과는 무관하게 단지 독자의 호기심만을 충족시키는지가 중요하다.

넷째, 이때 사진보도의 정보내용은 초상이 제공된 전체적인 맥락에서, 그리고 그에 첨부된 보도기사를 고려하여 조사되어야 하며, 그밖에 인격권 보호이익의 결정을 위한 판단에 있어서는 사진보도의 계기와 그 사진이 생겨나게 된 사정이 함께 편입되어야 한다. 아울러 어떠한 상황에서 당사자가 포착되었고, 어떻게 묘사되었는지도 중요하다.

다섯째, 그에 따라 언론보도에서 '시사적 사건'을 계기로 작성된 한 인물의 사진게재가 단지 한 인물에 관한 부연설명의 기회로 이용되었는지 그렇지 않으면 보도가 '여론형성에의 기여'를 나타내는 바 없이 단지 유명인의 사진게재를 위한 구실로 이용되었는지가 고려되어야 하며, 후자의 경우에 정보이익의 우위를 인정하는 것은 적절치 않다.[240]

240 NJW 2011, 746, 747.

이러한 확고한 원칙에 따라 연방대법원은 참석한 유명인들 중의 한 인물인 샬롯 공주의 사진이 첨부된 사진은 '시사적 사건'에 관한 보도를 계기로 샬롯 공주를 전면에 내세웠고 아울러 기사내용은 인물의 가치 평가적 비판과 그녀의 생활스타일을 포함하고 있다고 보았다. 그리고 언론은 저널리즘적 기준에 따라 무엇을 그리고 어떻게 공적 사건에 관해 보도해야 하는지를 결정할 수 있어야 한다고 보았다. 이러한 점에서 문제된 상세한 보도들이 오로지 사건 그 자체와 관련이 있어야 한다는 베를린 최고법원의 입장은 언론자유 기본권의 사정거리를 오해한 것이라고 판단했다.

사건에 관해 판단하자면, 연방대법원은 문제된 사진이 모나코 로젠볼(Rosenball)에서 작성된 것으로서 하나의 '시사적 사건'에 해당하므로 원칙적으로 보도가 허용되며 사진에는 다른 많은 유명인들도 함께 등장하였다는 점이 고려된다고 하였다. 여기에서 비록 보도가 표지 및 기사제목에서 원고인 인물에 집중한 것은 사실이지만, 기사내용뿐만 아니라 사진 역시 '시사적 사건'으로서 로젠볼(Rosenball) 행사와 충분한 관련성을 가지고 있다고 보았다.[241]

또한 사진에는 로젠볼(Rosenball)에 참석한 많은 사람들의 모습이 보이고, 다른 사진에서는 12명의 젊은 모나코 사회의 주요 인물들의 모습이 보이며, 기사내용과의 맥락에서는 샬롯 카시라기가 속한 상류사회가 비판적으로 묘사되었고, 모나코 로젠볼(Rosenball) 행사에서는 그러한 상류사회 인사들이 샤넬이라는 고위 관복을 입은 채 잡담을 나누고 있다고 기재되었다. 그리고 패션쇼에서 제일 앞줄에 앉아 있는 샬롯 공주는 로젠볼에 참석해서 쇼비즈 거물들 사이에서 존재의 가벼움을 즐기고 있다고 기재되었다.

연방대법원에 따르면 이러한 전체적 상황을 판단함에 있어, 넓은 청중의 관심과 공중 속에 등장한 유명인에게 언론보도를 저지하거나 자신이 원하는 방향으로만 이용할 인격권을 보장하지는 않으며, 이때 정보이익의 개념이 정치적·경제적 의제에 주로 관심을 가지는 독자층의 수요에 일방적으로 맞춰져서는 안 된다고 밝혔다. 따라서 전체 국민들이 가지는 우상이나 고상한 상류사회 내의 행사에서 일어나는 사건에 관한 관심을 성급하게 단순한 호기심으로 매도해서는 안 되며 이 또한 합법적인 정보이익일 수 있다고 보았다. 또한 유명인이 공

241 NJW 2011, 746, 748

적으로 등장한 시사적 사건에 관한 보도는 그의 사생활의 확산이 문제되는 것이 아닌 한, 보도범위 내에서 국민 대다수에게 지도적 기능 및 대조적 기능을 보여주므로 사회비판적 숙고에 대한 계기를 제공할 수 있는 한 인물의 생활방식이나 태도에 관한 묘사 역시 기사전면에 배치될 수 있고 그러한 보도 역시 허용된다고 밝혔다.[242]

연방대법원은 바로 이러한 점에서 보도내용은 로젠볼(Rosenball)에 참석한 샬롯 공주의 등장과 연결되고 대중에게 이미 알려진 정보 내에서 가치평가와 추측이 행해졌기에 비록 진지한 독자들에게는 사소한 것일지 몰라도 샬롯 공주의 '사적 영역'을 침해한 것은 아니므로 인격권 침해는 인정되지 않는다고 판단했다.[243]

5. 2011년 12월 8일자 제4차 연방헌법재판소 판결[244]

마지막으로 연방헌법재판소는 2011년 12월 8일에 보도기사와 사진보도 사이에 적용되는 법리의 차이점에 관해 또 다시 이를 확인하는 판결을 내놓았다. 이 사건에서는 "Bunte"지 2007년 2월 8일자 7/2007호 보도가 문제되었는데, 해당 기사에서는 오스트리아 알베르크(Alberg) 스키지역을 보도하면서 그 지역의 풍광, 근처 호텔들과 호텔 소유주, 그리고 여기서 정기적으로 휴가를 보내는 유명인들에 관해 보도하였다. 그 과정에서 스키를 메고 있는 스키복 차림의 캐롤라인 공주 사진이 함께 게재되었다. 그리고 거기에는 장기투숙객 캐롤라인 공주는 매년 가족들과 함께 취르스(Zürs)로 스키를 타러 간다는 내용의 기사와 Lorunser 호텔의 테라스에는 맛좋은 점심 샐러드 뷔페가 제공되는데 캐롤라인 공주도 그곳에서 볼 수 있다는 내용의 기사가 포함되었다. 이에 대해 캐롤라인 공주는 사진을 제외한 두 기사내용에 대해 보도금지 청구소송을 제기했다.[245]

사건을 판단함에 있어서 연방헌법재판소는 이번 사안에서 기사는 전체적으로 유명인을 사로잡는 지역의 매력에 관해 보도하는 과정에서 유명인이 그 지역에서 휴가를 보내고 있다는 내용이 함께 보도되었고, 따라서 어떠한 유명인들이 그 지역을 방문했는지에 관한 정보이익이 쉽게 부정될 수는 없다고 보았다. 더욱이 전심법원은 2004년 6월 24일자 유럽인권법원의 판결취지에 근거해

---

[242] NJW 2011, 746, 748.
[243] NJW 2011, 746, 748.
[244] NJW 2012, 756.
[245] NJW 2012, 756.

캐롤라인 공주가 휴가를 보내는 기사내용은 어떠한 공적 이익의 우위도 시사적 사건에도 해당되지 않는다고 판단했으나, 이러한 기준들은 예술저작권법 제22조 이하의 초상권과의 맥락에서 '시사적 사건'의 개념에 맞춰진 사진보도에 해당하는 것이고 이번 사안은 사진보도가 아닌 기사내용에 관한 것이라는 점이 간과되었으며, 해당 기사는 명예훼손에 해당하는 것도 아니라고 보았다.[246]

아울러 유럽인권법원의 판결 역시 사고와 생각의 전달이 문제가 된 기사와 개인의 인물에 관한 은밀한 사진의 전파가 문제가 된 사진보도의 특수성 사이에는 다른 판단이 필요하다는 점을 2004년 6월 24일자 판결에서 언급한 바 있다고 밝혔다.[247]

6. 정리

앞에서 차례로 살펴본 연방헌법재판소 및 연방대법원 판결의 의미는 사진보도의 금지가 반드시 기사형 보도의 금지와 동일한 이유에 따라 판단되지 않는다는 점을 구별했다는 것에 그 중요성이 인정된다. 왜냐하면 사진보도는 대부분 기사형 보도에 비해 인격권 침해가능성이 더 높다고 볼 수 있기 때문이다. 따라서 연방헌법재판소 역시 캐롤라인 공주, 샬롯 카시라기 공주의 사례에서, 그들의 갈라행사 참여는 유명인의 품행에 관해 보도할 계기로서 인정되므로 사진보도의 허용성과 무관하게 보도형 기사는 별도로 허용된다고 보았다. 일반적 인격권은 선택된 익명성 내에 머물 어떠한 청구권도 보호하지 않기 때문이다. 따라서 어쨌든 스스로 자유로운 결정으로 미디어가 운집한 장소에 등장한 사람은, 예컨대 공중으로 작용하는 행사에 방문한 사람은 보도대상이 될 것이라는 점을 기대해야 한다는 사실 역시 고려해야 한다.[248]

한편, 기사형 보도와 사진보도가 서로 조합된다면 항상 서로 결합된 맥락 내에서 평가되어야 한다. 따라서 그 자체로는 허용되지 않는 사진보도가 첨부된 기사를 통해서 허용될 수 있다. 연방대법원 역시 그렇게 판단했는데, 캐롤라인 공주와 그녀의 남편이 생모리츠(St.Moritz)에서 스키휴가를 보내는 모습의 사진 게재는 원칙적으로 허용되지 않을 것이다. 왜냐하면 휴가는 원칙적으로 유명인

---

246 NJW 2012, 756, 757.
247 NJW 2004, 2647.
248 Frank Fechner, 4.Kapitel Rn.41.

의 경우에도 보호되어야 하는 '사적 영역'의 핵심범위에 해당하기 때문이다. 하지만 연방대법원은 앞서 본 바와 같이 이러한 사진의 공표를 허용되는 것으로 인정하기도 했는데,[249] 이는 당시 모나코 영주의 심각한 건강상태에 관한 기사에 사진으로 첨부되었고, 모나코 지도자의 건강상태는 공중의 정보이익을 위해 중요한 정보가치를 가지는 사안이었기 때문이다.

다만, 사진을 동반하는 기사가 단지 유명인의 사진을 게재하기 위한 구실로만 인용되어서는 안 되고 여론형성에 기여하는 바가 나타나야 한다. 게다가 사진촬영의 계기와 사정이 고려되어야 하며, 가령 비밀리에 촬영되거나 혹은 지속적인 추적으로 생겨난 사진이나 당사자의 사생활에 관해 예상하지 못하는 상황에서 촬영한 경우, 특히 자기 자신으로 복귀나 긴장완화의 순간에 촬영한 경우 허용되지 않는다.[250]

결국 사진게재를 위한 합법적인 기사첨부의 경우도 어쨌든 그 스스로 시사적 사건에 관한 논쟁에 기여하는 것 없이 단지 사진게재를 위한 구실로만 이용되었다면 이는 금지된다.

Ⅵ. 제2차 유럽인권법원의 판결[251]과 최근의 독일 법원 입장

1. 개관

지금까지 독일 각급 법원이 취해왔던 초상보도에 관한 법리형성과정은 2012년 2월 7일자 새로운 유럽인권법원의 판결에 따라 완성 단계에 이르게 된다. 이 판결에서 유럽인권법원은 새로운 법리를 전개하기보다는 지금까지의 법리를 최종적으로 정리함으로써 유럽 인권법원이 초상보도와 관련해 정립한 원칙들을 일목요연하게 제시하였다.

이 판결의 대상이 되었던 연방헌법재판소의 사건은 이전 캐롤라인 공주와 그녀의 남편이 제기했던 2007년 3월 7일자 해당 판결들[252]을 대상으로 한 것이다. 사건요지는 다음과 같다.

---

249 NJW 2007, 1977.
250 Frank Fechner, 4.Kapitel Rn.41f.
251 NJW 2012, 1053.
252 NJW 2007, 1977; NJW 2007, 1981.

"Frau im Spiegel"지 2002년 2월 20일자 2002/9호 및 "FRAU AKTUELL"지 2002년 2월 20일자 2002/9호는 모나코 영주는 병환 중이라는 기사내용과 함께 캐롤라인 공주가 생모리츠에서 스키휴가를 보내고 있는 중에 한 도로에서 그녀의 남편과 함께 있는 모습을 보여주는 사진을 게재하였는데, 캐롤라인 공주 및 에른스트 아우구스트 공은 이에 대해 이의를 제기한 바 있다. 이에 최종적으로 연방헌법재판소는 동 사진공표에 대해 모나코 지배영주의 병환 중에는 공적 관심이 존재하고 이러한 상황에서 그의 자녀들이 어떻게 지내고 있는지에 관한 사진 역시 공적 관심의 사건으로 인정한 연방대법원 판결은 헌법상 이의가 있을 수 없다고 확증한 바 있다. 이는 그 자체로는 '사적 영역'에 해당하기 때문에 허용되지 않는 유명인의 사진보도라 할지라도 함께 첨부된 기사가 모나코 국가지도자의 건강상태라는 공중의 정보이익을 위한 중요한 정보가치를 가지는 경우에는 전체적으로 허용될 수 있다는 법리를 보여주는 판결이었다.

바로 이러한 연방헌법재판소 판결에 대해 두 사람은 다시 유럽인권법원에 유럽인권협약 제8조에 보장된 사생활 존중권이 침해되었다고 청원했다.

2. 판결의 주요 쟁점

(1) 사생활과 의견표현의 자유

유럽인권법원은 유럽인권협약 제8조의 사생활의 개념은 한 인물의 신원사항, 그의 이름, 초상 혹은 신체와 정신적 일치성을 포함한다고 밝혔다. 따라서 협약 제8조는 우선적으로 개인이 그의 인격을 그의 주변과의 관계에서 어떠한 외부간섭 없이 발전시킬 권리를 보장한다고 보았다. 즉, 관계가 공개적 장소로 이어질 경우에도 사생활에 속할 수 있는 개인과 제3자와의 상호관계 영역이 존재한다는 것이다. 이어서 초상은 중요한 인격적 요소 중 하나로서 그의 특별한 속성을 보여주고 그들과 비슷한 사람들로부터 그를 구별해 주기에 인격발전의 본질적 요소에 해당한다고 주장했다. 따라서 초상권은 주로 자기모습의 사용에 관해 결정할 것을 내용으로 하는 권리로서 그 공표를 반대할 권리 역시 포함된다고 보았다. 그러므로 자신이 일정한 상황에서 공중에 알려졌을지라도 그의 사생활 보호와 존중에 대한 정당한 기대를 가진다고 인정했다.[253]

---

[253] NJW 2012, 1053, 1054.

유럽인권법원은 한편, 의견표현의 자유는 유럽인권협약 제10조에 보장된 민주주의 사회의 본질적 토대 중 하나라고 밝혔다. 따라서 의견표현의 자유는 단지 동의하에 작성되었거나 혹은 무해하거나 중요하지 않은 정보 및 생각만 보호하는 것이 아니라 침해적이거나 충격적일 수 있는 그러한 표현에도 적용된다고 인정했다. 따라서 그것 없이는 민주주의 사회가 존재하지 않는 것처럼 다원주의, 관용과 개방의 정신 및 태도를 원한다고 보았다. 또한 민주주의 사회에서 언론은 모든 공적 이익의 문제들에 관한 정보와 생각을 전달할 의무를 지며 공중은 그러한 정보를 받을 권리를 가지게 되므로 '공적 감시견'의 역할 역시 중요하다고 선언했다.[254]

(2) 사진보도의 의미

유럽인권법원은 사진보도의 의미에 대해, 의견표현의 자유는 사진공표 역시 포함하지만 아울러 타인의 명예나 권리보호가 특별한 의미를 가지는 영역임을 강조하였다. 왜냐하면 사진들은 매우 개인적이고, 한 인물이나 그의 가족들에 관한 내밀한 정보를 포함할 수 있기 때문이다. 더군다나 선정적 언론에서 보통 인물의 내밀한 사생활에 관해 공중이 가지는 호기심을 만족시키는 사진들은 종종 당사자에 대한 지속적인 괴롭힘 속에서 만들어지고, 더욱더 그들의 사생활을 심각하게 침해하는 지속적인 추적을 통해 이루어진다고 보았다.[255]

(3) 이익형량의 원칙들

이러한 사진보도의 특징에 따라 유럽인권법원은 사생활 존중권과 의견자유권의 형량을 위한 기준을 다음과 같이 제시하였다.[256]

가. '공적 이익의 토론에의 기여'

유럽인권법원은 사진 혹은 언론기사가 '공적 이익의 문제에 관한 토론에 기여'했는지 여부를 가장 중요한 관점으로 간주한다. 이러한 점은 구체적 사안의 개별적 사정에 달려 있으며, 이를 위한 공적 이익의 현존을 정치적 문제나

---

254 NJW 2012, 1053, 1054f.
255 NJW 2012, 1053, 1055.
256 NJW 2012, 1053, 1055f.

범죄행위의 공표에서뿐만 아니라 스포츠 혹은 예술가에 관한 보도에서도 역시 찾을 수 있다고 보았다.

나. 당사자의 지명도와 보도대상

당사자의 역할이나 지위 혹은 기사나 사진의 대상이 된 활동의 종류 역시 '공적 이익의 토론에의 기여' 관점과 연결되는 또 다른 중요한 관점에 해당한다. 이때 '사적 인물'과 공중에서의 '정치인' 혹은 '공적 생활의 인물' 사이는 구별되어야 한다. 공중에서 알려지지 않은 '사적 인물'은 사생활의 특별한 보호를 요구할 수 있지만, '공적 생활의 인물'은 그렇지 않다. 게다가 원칙적으로 민주주의 사회에서 하나의 토론에 기여할 수 있는 사실에 관한 보도, 예컨대 정치인의 직무수행과 관계되는 보도와 그러한 임무를 전혀 갖지 않는 인물의 세세한 사생활 관련 보도는 구별되어야 한다. 왜냐하면 전자는 언론이 공적 이익의 문제에 관한 정보와 생각을 전달함으로써 그의 본질적 역할에 해당하는 민주주의에서의 '공적 감시견'으로서 활동한 것이고, 후자는 그러한 것이 아니기 때문이다.

마찬가지로 일정한 상황에서 공중의 알 권리는 '공적 생활의 인물', 특히 정치인의 경우 사생활 측면 역시 포함할 수 있다. 하지만 유명인의 경우일지라도 공표된 사진과 기사가 세세한 사생활에 해당하고 단지 공중의 호기심만을 만족시키고자 하는 경우에는 그렇지 않다. 그러한 사례에서는 의견표현의 자유가 비교적 좁게 해석되어야 한다.

다. 당사자의 이전 행위

보도의 공표 전 당사자의 태도가 고려되어야 한다. 마찬가지로 촬영사진과 정보들이 이미 이전에 공표된 적이 있는지 여부가 중요하다. 하지만 당사자가 이전 사안에서는 언론과 사진촬영에 관해 협력했다는 이유만으로 앞으로 모든 사진공표에 관한 당사자 보호가 제거되는 근거가 되어서는 안 된다.

라. 내용과 형식 그리고 공표결과

사진이 어떻게, 그리고 기사가 어떻게 공표되었는지와 당사자가 사진이나 기사에서 어떻게 묘사되었는지 그 종류와 방식 역시 중요할 수 있다. 나아가 기사와 사진의 전파정도, 예컨대 신문이 지역지인지 아니면 전국지인지 그리고 그것의 발행부수가 높은지 아니면 낮은지도 중요하다.

마. 사진이 어떻게 촬영되었는지 문제

마지막으로 사진공표는 맥락과 촬영에 부수된 상황이 반드시 함께 고려되어야 한다. 이때 당사자가 촬영과 공표에 동의했는지 아니면 사진이 그의 인식 없는 상황에서 속임수나 다른 불법적 수단을 통해 촬영되었는지 여부가 중요하다. 나아가 침해의 종류와 비중, 그리고 당사자에게 있어서 공표의 결과가 고려될 수 있다. 공중에 알려지지 않은 사인의 경우에는 사진공표가 신문기사보다 더욱 심각한 침해일 수 있다.[257]

(4) 사안의 적용과 해결

이러한 기준들에 따라 유럽인권법원은 독일 연방대법원과 연방헌법재판소가 사건해결 과정에서 2004년 4월 26일자 자신들의 판결취지를 수용하여 반영해 왔다는 점에 주목했다. 즉, 연방대법원은 무엇보다 보도가 특정 이슈의 토론에 기여하고 단순한 호기심의 만족을 넘어서는 것이 중요하다고 지적하면서 공중의 정보가치가 크면 클수록 당사자의 보호이익은 후퇴해야 하고 아울러 그 반대의 경우도 가능하다고 본 점, 그리고 의견자유는 비록 오락적 언론에 있어서도 해당되지만 오락에 관한 독자의 이익은 원칙적으로 당사자의 '사적 영역'에 비해 덜 중요할 수 있다고 본 점 등이 그것이다. 아울러 연방헌법재판소 역시 이러한 연방대법원의 단초를 확증했고, '차등화된 보호원칙' 역시 합헌으로 인정함으로써 연방대법원 판례를 승인했다고 평가했다.

이에 따라 유럽인권법원은 우선, 청원인인 캐롤라인 공주와 그의 남편은 특별한 근거 없이 커다란 정도로 관심을 끄는 유명한 '공적 생활의 인물'이라는 점과 일정한 범위에서는 모나코 공국에서 공적 직무를 수행했는지와는 무관하게 매우 유명한 인물이라는 점에서 단지 사적 인물이라고 주장될 수는 없다고 보았다.[258]

둘째, 모나코 지배영주였던 레니에 3세의 병환에 관한 사진보도는 '시사적 영역의 사건'이므로 보도에 포함된 정보의 강조와 설명을 위해 비록 어떠한 '시

---

257 NJW 2012, 1053, 1055f.
258 NJW 2012, 1053, 1057.

사적 영역'에서의 사건에서 생겨난 사진이 아닌 스키휴가지에서의 사진이라 할지라도 기사내용에 첨부될 수 있다고 인정했다. 즉, 사진과 신문기사에서 묘사된 사건 사이에는 충분한 관련성이 있다고 보았다. 또한 여기서 문제가 된 신문기사에 동반된 사진들은 일정한 범위 내에서 '공적 이익에의 토론에 기여'한다고 인정했다. 이러한 맥락에서 언론은 공적 이익의 모든 관심사에 관한 정보와 생각을 전달할 임무뿐만 아니라 공중 역시 그러한 정보와 생각을 수용할 권리를 가진다는 점이 상기되어야 한다고 강조했다.[259]

셋째, 해당 사진들이 청원인들을 괴롭히는 상황에서 작성되었는지 여부와 관련해서 문제 사진들이 당사자의 인식 없이 작성되었다는 사실이 곧 비밀리에, 그리고 당사자에게 부담이 되는 상황에서 제작되었다는 사실을 의미하지는 않고, 이전의 연방대법원 심사에서도 역시 취재진이 청원인들을 괴롭히는 상황이 입증되지 않았으며 비밀성을 의미하는 기술적 수단과 함께 제작되었다는 점도 밝혀지지 않았다고 보았다.

결국 독일 법원들이 행한 의견표현의 자유와 사생활 존중권에 관한 이익형량은 사진들 및 이에 동반된 신문기사를 고려하여 공적인 이익의 문제에 관한 토론에 기여했는지에 관한 본질적 중요성을 인정함으로써 유럽인권법원의 견해와 일치된다고 판단했다.[260]

3. 최근의 독일 법원 입장[261]

(1) 사실관계

최근 연방헌법재판소는 2017년 2월 9일자 판결을 통해 지금까지 살펴보았던 독일 법원의 초상권 및 사진보도의 법리에 관하여 그간의 입장을 확인할 수 있는 판결을 내렸다. 이 판결은 최근까지 연방헌법재판소가 관련 법리를 지속적으로 유지하고 있는지를 확인시켜 주는 중요한 사례가 될 것이다. 결론부터 말한다면, 최근의 연방헌법재판소 역시 연방대법원이 이제까지 기준으로 적용해왔던 '차등화된 보호원칙'에 따라 관련 사건을 판단하고 있다는 점이 확인된다. 따라서 이제 독일에서는 초상권 침해분쟁 해결에 있어 '차등화된 보호원칙'이

---

259 NJW 2012, 1053, 1056.
260 NJW 2012, 1053, 1055f.
261 NJW 2017, 1376.

확고한 기준으로 자리 잡았음을 알 수 있다.

독일의 유명한 기상캐스터 카첼만(Kachelmann)은 강간혐의로 미결구속 상태에서 형사재판을 받게 되었다. 피고인 "Bild"지 인터넷 사이트(Bild.de.)는 2011년 5월 18일자 기사에서 "무자비한 검사의 최후논고－카첼만은 감옥으로 탐폰을 가지고 가라?"라는 제목 아래 관련 형사재판을 보도하면서 카첼만이 변호사 사무실 입구 앞 도로에서 모자와 격자무늬셔츠를 입고 손에 자켓을 들고 있는 모습의 사진을 게재하였다. 사진 하단에는 "카첼만 소송－기상 캐스터가 강간으로 기소됨－카첼만 재판 시작 전 수요일"이라는 부제가 달려 있었다. 이에 카첼만은 사진게재를 금지시키는 민사소송에서 승소하였고, "Bild"지 인터넷 사이트는 헌법소원을 제기하게 되었다.[262]

(2) 판결원칙
가. '차등화된 보호원칙'의 확인

연방헌법재판소는 인물사진의 공표에 관한 예술저작권법 제22조 이하의 규정들, 즉 제23조 제1항 제1호에서 언급된 '시사적 영역에서의 초상', 제23조 제2항 '당사자의 정당한 이익' 등의 규정들은 당사자의 보호요청뿐만 아니라 미디어에 의해 대변되는 공중의 정보이익을 고려하는 하나의 '차등화된 보호원칙'을 포함한다고 확인했다.[263]

나. 사진보도의 정보이익 판단

이어서 유명인의 평범한 일상생활의 모습이나 결코 불쾌감을 유발하지 않는 행동방식 역시 이러한 사실들이 '공적 이익의 문제에 관한 여론형성에 기여'할 수 있다면 공중의 관심을 위해 공개해도 된다고 밝혔다. 결국 인격권과의 충돌관계에서 언론자유의 비중은 보도내용이 공공성을 본질적으로 건드리는 사안에 해당하는지 여부에 달려있게 되므로 정보이익의 중요성을 결정함에 있어서 보도대상이 중요하다고 보았다. 그리고 사진들이 하나의 보도기사를 보완하고 진술내용의 확대에 기여하며 묘사된 내용의 신빙성 강조에 도움이 되기에 이 역시 기본법 제5조 제1항에 의해 보호되는 정보과제에 속한다고 판단했다.[264]

---

262 NJW 2017, 1376.
263 NJW 2017, 1376, 1376f.

다. 사진 획득 과정과 표현내용의 중요성

또한 인격권 보호비중을 산정하기 위해서는 몰래카메라나 끈질긴 추적과 같은 사진 획득 사정 외에도 당사자가 어떠한 상황에서 포착되었으며 어떻게 표현되었는지와 같은 사진상의 표현의 과정 역시 중요하다고 인정했다. 따라서 사진상의 표현이 공적 토론에서 벗어나 사생활의 개별적인 상세함을 확산하는 데 주력하거나 다루는 주제가 당사자의 '사적 영역'을 건드리는 경우 인격권 보호필요성이 증가하게 된다고 판단했다. 따라서 가령 당사자가 장소적으로 사생활성이 각인된 상황, 무엇보다 특별히 보호되는 장소에 체류했기 때문에 미디어에 의해 촬영되지 않을 것이라는 정당한 기대를 일반적으로 가질 수 있었다면 인격권 보호가 중요해진다고 보았다.[265]

(3) 사안의 적용과 해결

연방헌법재판소는 결국 전심법원이 출판자유의 비중을 충분히 고려하지 않았으므로 헌법상 용납될 수 없다고 판단했다. 문제된 사진 및 보도는 대중들의 커다란 관심이 뒤따르는 하나의 '시사적 사건'이며, 이때 형량과정에는 카첼만이라는 인물이 이미 유명하다는 점도 함께 편입되어야 한다고 보았다. 그리고 문제의 사진은 공적 장소에서 일상적 상황을 보여주고 있는데, 해당 사진이 공적 이익의 문제에 관한 여론형성에 기여할 수 있을 경우에는, 공개 장소에서 찍힌 유명한 인물의 사진의 경우는 허용될 수 있다는 점을 전심법원이 고려하지 않았다고 비판했다. 즉, 연방헌법재판소는 변호사 사무실 앞 공개도로에서 변호사와 함께 재판을 받으러 출발하려는 모습의 사진은 미디어에 의해 촬영되지 않을 것에 관한 정당한 기대가 허용되는 상황에서 촬영된 것이 아니라고 판단했다. 오히려 공개된 영역에서 재판출석이 임박했다는 사실로 인해 미디어로부터 인지될 것이라는 점을 배제할 수 없다고 인정했다.[266]

---

264 NJW 2017, 1376, 1377.
265 NJW 2017, 1376, 1377.
266 NJW 2017, 1376, 1377.

제 4 장

·

독일 판례의 개별사례

제4장

독일 판례의 개별사례

Ⅰ. '시사적 영역'의 초상 – 인물유형별 판단기준(예술저작권법 제23조 제1항 제1호)

1. '공적 생활의 인물'

(1) 의의

'공적 생활의 인물'이란 직업적인 혹은 사회적인 행동에 관해서는 통상 그의 익명성에 대한 보호이익보다 초상 공표나 전파를 통한 공중의 정보이익이 우월하게 존재하는 그러한 인물을 말한다. 다만, 이러한 인물들의 '사적 영역'은 직업적인 혹은 사회적인 영역에서의 직무관련성이 인정될 수 있는 범위 내에서만 공표가 허용된다.[267]

정치적·사회적 지위에 따라 혹은 공동체 내에서 비상한 개인의 업적에 따라 두드러진 역할을 가진 인물들이 '공적 생활의 인물'군에 속하고, 그러한 업적은 긍정적이든 부정적이든 중요하지 않다. 따라서 이러한 인물들은 지속적인 명망이나 공중의 의식하에 존재하고 있다는 점을 인정해야 하고, 더욱이 이러한

---

[267] Soehring·Hoene, §19 Rn.3.

이유에서 공중의 주목은 공적 활동으로만 제한되는 것이 아니라 '사적 영역'에서도 외부로 영향을 미치는 '시사적 사건'에 해당하는 경우에는 그의 초상보호의 제한을 감수해야 한다.[268] 이에 따라 '시사성(Zeitgeschehen)' 해당 여부는 언론자유를 통해 보호되는 의견형성에 지속적으로 영향을 미치는 객관적인 정보의 경우로서 넓게 해석되어야 하며, 공공의 사회적 이익에 관한 모든 문제를 포함하게 된다.[269]

(2) '공적 생활의 인물'의 해당 여부
가. 정치인

정치적 인물에게는 그에 대한 민주주의적 통제의 관점에서 '공중의 정보이익'이 증가된다. 두드러진 역할을 맡은 정치인이나 국가 지도자가 이러한 인물군에 속하게 된다.[270] 유럽인권법원 역시 정치인의 사생활에 관해서는 사정에 따라 보도를 허용하는데 이는 국가적 지위에 대한 '감시견' 역할과 관련되고 그 전제로서는 공표된 사진과 부수된 기사내용이 정치적 혹은 공적 토론에 기여한다는 점에서 그러하다.[271] 그럼 구체적 사건에서 정치인에 관해서는 어느 범위에서 초상보도가 허용되는지 살펴보자.

원고는 작센-안할트(Sachen-Anhalt) 주의회의 의원이고, 인기가수이자 TV 진행자인 여배우 잉카 바우제(Inka Bause)의 연인이다. "SUPERillu"지는 2009년 3월 12일자 "잉카의 꿈의 해"라는 표지제목의 보도에서 "새로운 사랑은 그녀를 완전히 행복하게 만든다"라고 소개하면서 잉카 바우제에 관한 기사를 게재했다. 여기에서 무엇보다 원고를 잉카의 새로운 연인이며 작센-안할트(Sachen-Anhalt) 출신이라고 보도했다. 나아가 그의 나이, 키, 별자리를 언급하면서 그는 학식 있는 간호사이고 그의 취미는 음악이며 또한 정치가의 욕망을 가지고 있는데, '좌파당(Die Linke)' 소속으로 2007년 이후 막데부르크(Magdeburg)에 있는 주의회에서 일한다고 보도했다. 이러한 기사에는 "잉카의 남자친구는 막데부르크(Magdeburg)의 정치인"이라는 제목이 달린 원고의 초상사진 역시 함께 게재되었다. 이에 원고는 잉카와의 사적 연인관계를 다루는 사

268 NJW 2007, 1977; NJW 2007, 19781.
269 Soehring·Hoene, §19 Rn.3a.
270 Ricker/Weberling, 43.Kapitel Rn.50.
271 NJW 2004, 2650.

진 및 실명이 공개된 기사를 공표금지하도록 소송을 제기했으나 결국은 패소했다.[272]

연방대법원은 2011년 11월 22일자 판결[273]에서 원고는 주의회 의원이고 의정활동의 역할에서 공개적으로 등장했다는 점에 주목했다. 원고가 운영하는 그의 초상사진이 첨부된 웹사이트에서는 자신의 생일, 출생지, 교육 및 경력사항 아울러 정치·사회적 역할과 그가 맡았던 명예직들이 게시되어 있었다. 따라서 연방대법원은 처음부터 그의 출신이나 나이, 별자리, 직업 등은 보호가치 있는 이익이 아니라고 보았다.

아울러 그의 신장이나 취미 그리고 정치에 대한 열정 등은 어떠한 허위사실도 아니며 명예를 훼손하는 사항도 아니라고 판단했다. 따라서 정치가인 원고는 그에 관한 진실보도와 그의 연인이 시청자들에게 널리 알려진 인기가수 겸 여배우라는 점을 고려할 때 '공중의 정당한 이익'이 인정된다고 밝혔다. 왜냐하면 유럽인권법원이 판시한 바와 같이 '공적 생활의 인물', 특히 정치인에게 있어서는 공공의 '감시견'으로서 언론의 중요한 역할이 정당화되며, 이에 그의 사생활 측면에 관한 보도 역시 허용된다는 것이다. 즉, 의회 민주주의에서 정치인에게는 사적인 생활태도나 처신 역시 '공중의 정보이익'에 포함될 수 있게 된다.[274]

또한 해당 보도는 원고의 보호되어야 할 핵심영역을 침해하거나 처음부터 공중에 속하지 않는 그러한 주제를 다룬 것도 아니라고 판단했다. 따라서 예술 저작권법 제22조 이하의 '차등화된 보호원칙'에 따라 판단할 때, 원고에 관한 사진보도 그 자체와 기사 주제는 '시사적 사건'에 관한 것으로 허용되며, 공표된 사진의 획득과정이나 그 내용 역시 원고의 정당한 이익을 침해하지 않는다고 결론 내렸다.[275]

나. 전직 정치인

현재 활동하지는 않지만 그의 활동시기에 국가지도자로서 탁월한 역할을 수행했던 당시 동독(DDR) 정부의 정치지도층의 경우 초상공개 보도가 어디까지

---

272 NJW 2012, 763, 765f.
273 NJW 2012, 763.
274 NJW 2012, 763, 765f.
275 NJW 2012, 763, 767.

허용되는지 문제될 수 있다. 사례를 통해 살펴보자.

연방헌법재판소는 동독의 서기장과 국가평의회 의장을 지냈던 에리히 호네커(Erich Honeker)와 당시의 정치지도자들이 재임 당시 동독 국민들을 학살한 혐의에 관해 소추된 형사재판에서 그들의 얼굴과 이름을 공개하는 영상촬영을 허용되는 것으로 보았다.

우선 연방헌법재판소는 1992년 11월 11일자 판결[276]에서 방송자유의 기본권이 어느 범위까지 법정 내에서 영상촬영을 허용하는지에 관해 다루면서 다음과 같이 분명하게 밝혔다. 즉, 일정한 공동취재단의 형성을 통해서라면 재판장이 지시하는 일정한 제한 내에서 예술저작권법 제22조 제1항 제1호의 '시사적 인물'에 해당하는 에리히 호네커에 대한 영상촬영이 허용된다고 인정했다.

나아가 1994년 7월 14일자 유사한 결정에서도 연방헌법재판소[277]는 에리히 호네커의 형사재판 과정에서 법정질서법에 근거해 TV의 방송촬영을 제한한 재판장의 명령에 대해 위헌결정을 내리면서 관련 문제를 자세히 다루었다. 이에 따르면 동독 정부의의 서기장과 평의회 의장이었던 인물의 형사처벌 가능성은 다른 세간의 주목을 끄는 행위와는 성격이 다른 훨씬 탁월한 역사적·정치적 차원이 존재하기에 해당 형사재판에 등장한 호네커의 초상 등 외부 모습에 관해서는 중요한 '공중의 정보이익'이 인정된다고 밝혔다. 더욱이 방송 카메라를 통해 이러한 시각적 표현을 공중에게 전달하고 후세에도 보존할 필요가 있다고 강조했다.[278]

다음으로 슐레스비히-홀슈타인(Schleswig-Holstein)의 주 수장에서 물러난 인물 역시 공적 생활의 인물로 분류될 수 있다. 연방대법원의 2008년 6월 24일자 판결은 이러한 사례를 보여준다.[279]

슐레스비히-홀슈타인의(Schleswig-Holstein) 주 수상이었던 하이데 지모니스(Heide Simonis)는 오랫동안 주의 수상으로서, 그리고 당시 독일 정치계의 여성 정치인으로서 주요한 지위를 차지했으며 지도적 역할을 수행했다. 하지만 그녀는 2005년 2월 20일 주선거 이후, 그리고 2005년 3월 27일 주의회의 표결에서 4표차로 진 이후 2005년 4월 27일 주 수상에서 사퇴했다. 이후 "Bild"지가

276 NJW 1992, 3228.
277 NJW 1995, 184.
278 NJW 1995, 184, 185.
279 NJW 2008, 3134.

4월 28일자 기사에서 사임 다음날 하이데 전 주 수상이 쇼핑하는 모습의 사진과 함께 "그 후 하이데는 처음으로 쇼핑했다"는 제목의 기사를 게재한 것이 문제되었다. 사진들은 하이데가 사임 이후 샐러드 판매대 앞에 있는 모습, 의류상점이나 구두상점 쇼윈도 앞에 있는 모습, 사람들이 빈번한 쇼핑센터에 있는 모습 등을 담고 있었다. 하이데는 사임한 그날 이후 사진기자들이 지속적으로 그녀를 추적하면서 사진 촬영했다는 사실과 초상공표에 대해 문제 삼았다.[280]

이에 대해 연방대법원은 정치적 인물에게는 '공중의 정보이익'이 증가하게 되고 이는 민주적 투명성과 통제의 관점에서도 항상 정당한 것으로 인정된다고 보았다. 왜냐하면 그들은 특별한 가치관과 생활태도를 대변하고 많은 사람들에게 자신의 인생계획에 있어서 방향설정 기능을 제공하고 지도기능과 대조기능을 수행한다는 점에서 그러하다고 밝혔다. 따라서 공중의 정당화된 정보이익은 정치인에게는 파렴치하고, 도덕적 혹은 법적으로 문제될 수 있는 행동방식에만 제한되는 것이 아니라 오히려 '공적 이익의 문제에 관한 의견형성에 기여'할 수 있는 한, 일상생활의 한 단면 역시 공중의 주목하에 놓이게 되므로 해당 사진공표는 허용된다고 판단했다.[281]

또한 연방대법원은 하이데가 스스로 주 수상으로서 지위 상실을 어떻게 극복하고 정치에서 은퇴 이후 그의 인생을 어떻게 형성할지에 관해 '공중의 정당한 정보이익'이 존재한다고 인정했다. 따라서 2005년 4월 27일 및 4월 28일에 작성된 하이데의 사생활에 관한 스냅사진들 역시 오락적 기능을 수행함에도 불구하고 언론자유의 보호에 기여하는 미디어 보도활동의 본질적 부분에 해당한다고 보았다.[282]

1998년부터 2005년까지 독일연방공화국 외무장관과 부수상을 지냈던 요시카 피셔(Joschka Fischer) 사건 역시 흥미롭다. 요시카 피셔 전 장관은 수년간 연방외무장관 및 부수상으로서 활동했고 그 외에 녹색당의 교섭단체 대표로서, 그리고 녹색당의 평의회 의원으로서 재직했을 뿐만 아니라 독일에서 인기 있는 정치인 중 한 사람이었다. "BUNTE"지는 2006년 6월 29일자 27호에서 요시카 전 장관이 구입한 주택사진을 게재하면서 해당 주택 및 구입가격, 그리고 자금

---

280 NJW 2008, 3134.
281 NJW 2008, 3134, 3135.
282 NJW 2008, 3134, 3136.

의 조달에 관한 문제 제기 등을 포함한 기사를 게재했다. 이에 요시카 전 장관은 해당 보도가 인격권을 침해했다며 금지청구소송을 제기했다.

이에 연방대법원은 2009년 5월 19일자 판결을 통해 전 정치인의 구매주택에 관한 정보와 인격권 보호의 충돌문제에 관해 판단했다.[283] 우선 연방대법원은 일반적으로 접근 가능한 위치에서 단순한 부동산 외관의 사진공표는 인격권 침해에 해당하지 않는다고 전제했다. 왜냐하면 그러한 사진들은 어차피 외부로 향해진 영역에 해당하기 때문이다. 하지만 한 주택모습의 사진이 그의 의사에 반해 거주자 실명이 첨부된 채로 공표됨으로써 익명성이 제거되고 주택 담을 통해 형성된 '사적 영역'으로의 개입이 이뤄지거나 추가적인 정보내용이 함께 공개될 경우에는 개인적인 생활상황에 관한 공개의 자기결정권이 침해되기에 '사적 영역'의 침해가 일어날 수 있다고 밝혔다.[284] 이 사건에서도 일단 요시카 전 장관의 실명 언급 하에 주소사진이 공표됨으로써 익명성이 제거되고 개인적인 생활형성의 후퇴영역으로서 적합한 주택의 '사적 영역'이 침해되는 경우, 가령 제3자에게 해당 주택의 관찰을 유도하거나 구경꾼들을 불러들일 가능성이 있는 경우 개인의 인격권 침해가 존재할 수 있다고 보았다. 왜냐하면 그 집을 아는 이웃 거주민들이나 방문자들에게 요시카 전 장관의 신원이 공개되었고 곧 해당 주택으로 이사할 것이라는 사실이 공표되었기 때문이다.[285]

하지만 이러한 점에서 출발했음에도 불구하고 연방대법원은 결국 해당 사진을 포함한 보도에 공중의 정당한 이익이 존재한다고 결론 내렸다. 왜냐하면 전직 정치인이자 여러 해 동안 인기 있는 정치인으로서 요시카 전 장관은 독일 내에서 두드러진 역할을 차지했고, 이에 따라 하나의 지도적 역할이 따라오며 이러한 지위는 2005년 외무장관 및 부수상으로서 공직의 마무리와 함께 곧바로 상실되지는 않는다고 보았기 때문이다. 즉, 정치에서의 은퇴는 요시카의 인생에서 하나의 전환점을 의미하고 높은 지위의 정치인이 그의 인생을 정계 은퇴 후 어떻게 형성하는지의 문제는 시사적으로 매우 중요한 문제이다.

따라서 연방대법원은 원고의 주택이나 거주관계 역시 정치인이었던 요시카가 어떤 보수를 받고 주택구입가격을 어디에서 조달했으며, 정치인의 수입만

---

283 NJW 2009, 3030.
284 NJW 2004, 766; NJW 2004, 762; NJW 2006, 2836.
285 NJW 2009, 3030f.

으로 어떤 생활 스타일을 누릴 수 있고, 납세로부터 조달된 정치인의 수당과 보수만으로 고급 빌라의 취득이 가능한지 등의 문제들은 독자들에게 사회적 비판 및 숙고를 자극하는 중요한 '공중의 정당한 이익'에 해당한다고 판단했다. 더욱이 낯선 곳에 위치한 해당 주택사진의 경우에는 독자들에게 직접적으로 주택 위치를 가리키지는 않고 사진에서는 단지 한 주택 단면만을 보여주고 있으며 외관은 구조물을 통해 차폐되었다는 점도 함께 고려되었다.[286]

한편, 지도적인 정치인의 가족 역시 이러한 '공적 생활의 인물'에 편입될 수 있는데, 이러한 경우는 주로 연방대통령의 배우자와 같이 공중 속에서 일정한 지위를 대표해야 하거나 자신의 결정에 따라 하나의 독자적 역할을 떠맡은 경우가 그러하다.[287]

다. 유명 TV 진행자, 영화배우, 연기자, 스포츠인

독일의 유명한 TV 진행자의 경우 '공적 생활의 인물'에 속한다. 예컨대, 독일 ARD의 뉴스캐스터이자 TV 기자, 그리고 진행자였던 자빈네 크리스티안젠(Sabine Christiansen)의 경우 연방대법원은 '공적 이익의 인물'로서 관련 기사가 공중에게 관심을 불러일으키는 이슈에 관하여 방향설정 기능과 함께 충분한 보도가치를 가질 때에는 다른 일반인들에 비해 보다 넓은 범위에서의 보도가 허용된다고 보았다.[288]

다만, 연방대법원은 2008년 7월 1일자 판결에서 "Bild der Frau"지 2005년 8월 15일자 33호에 게재되었던 것처럼, 자빈네가 마요르카섬의 프에르토 안드락스 마을에서 산책하거나 쇼핑하는 모습의 사진을 게재한 경우에는 사진공표가 허용되지 않는다고 판단했다. 왜냐하면 해당 사진 및 기사내용은 공중의 관심을 불러일으키는 어떠한 방향설정 기능도 가지지 않았고, 단지 그녀가 현재 마요르카에 체류 중이며 그곳에 그녀의 별장이 있고 이따금 그곳에서 쇼핑을 한다는 정보로만 국한되었기 때문이다. 결국 연방대법원은 일정한 독자의 오락적 관심만을 만족시키는 사진은 순수한 기사형식의 보도가 아닌 이상 사진공표로 인해 그녀의 '사적 영역'에 해당하는 인격권이 침해되었다고 인정했다.[289]

---

286 NJW 2009, 3030, 3031.
287 Soehring·Hoene, §19 Rn.3c.
288 NJW 2008, 3138, 3140.
289 NJW 2008, 3138, 3141.

유명한 영화배우의 경우도 이에 속한다. 연방대법원은 1956년 5월 8일자 판결290에서 유명한 영화배우인 원고가 한 자동차 위에 있는 모습의 사진이 자신의 동의를 벗어나 자동차 광고에 이용되었던 사건에서 이에 관한 문제를 다루었다. 이에 따르면, 배우로서 그의 활동을 광범위한 대중 속으로 내세웠던 원고의 경우에는 여론이 유명한 예능인에 관한 사진보도를 중요한 것으로 인정하는 만큼, '공적 생활의 인물'들에 관한 공중의 정당한 사진정보에 관한 수요를 고려하여야 하고 따라서 예술저작권법 제23조상의 예외규정에 해당한다고 보았다. 하지만 그럼에도 불구하고 공중의 보호이익은 단지 실제로 영업이익만을 추구하고자 하는 소비자광고에 사진이 이용된 경우에는 존재하지 않으므로 동의의 예외규정이 적용되지 않는다고 밝혔다.291

마찬가지로 연방대법원은 1960년 10월 28일자 판결에서 TV 드라마 연기자역시 이러한 인물로 보았다. 다만, 소송사건의 결론에서는 문제된 드라마 영상속의 해당 연기자 사진이 TV 수상기 광고에 이용되었다는 점에서 영업행위 과정에서 상품의 광고 목적에 사진이 이용된 것이므로 연기자의 '정당한 이익'을 침해하게 된다고 판단했다.292

독일 분데스리가에서 활동 중인 축구선수들에 대해서도 연방대법원은 마찬가지로 판단했다. 우선 연방대법원은 1968년 2월 20일자 판결에서 분데스리가 소속의 축구선수들의 개별 초상사진들을 사진첩 제작판매를 위해 상업적으로 이용했던 한 출판사에 대한 소송사건에서 이러한 문제를 다루었다. 이에 따르면, 의심의 여지없이 분데스리가 축구경기는 광범위한 대중의 커다란 관심이 뒤따르고, 이에 축구경기 팬들은 특히 축구선수단 구성과 개최되는 경기에 출전하는 선수들에게도 관심을 갖게 된다. 따라서 선수들은 그의 동의 없이 공중에 사진이나 영상을 통해 표현되는 것을 받아들여야 한다고 판단했다. 다만 사건에서는, 상업적 목적의 이용이 문제되었기 때문에 이때에는 별도의 당사자 동의가 필요하다고 판단했다.293

이어서 한 광고대행업체가 독일 축구 국가대표 선수들이 분데스리가 경기나 국제경기에서 활약하고 있는 시합장면을 담은 달력을 제작·판매하는 과정

---

290 NJW 1956, 1554.
291 NJW 1956, 1555; vgl NJW 1959, 1269.
292 NJW 1961, 558f.
293 NJW 1968, 1091f.

에서 1973년 개최된 스위스와의 국제경기에 뛰었던 한 유명한 국가대표 선수의 모습이 달력사진으로 게재된 것을 둘러싸고 소송이 제기되었다.[294] 이에 연방대법원은 1979년 2월 6일자 판결에서, 우선 공중이 한 시사적 인물이나 사건에 주목할 가치가 있다고 느끼는 경우에는 사정에 따른 사진상의 보도에 관해 공중의 이익이 존재한다고 판단했다. 그리고 예술저작권법 제23조 제1항 제1호의 '시사적 영역'에서의 당사자 동의 없는 초상 공표 허용은 바로 이러한 것을 보호하기 위함이라고 밝혔다. 따라서 그의 활동으로 인해 공적 이익의 주목하에 서 있는 국가대표 축구선수와 같은 인물은 원칙적으로 그 인물에 관한 공적 이익이 인정되고 예술저작권법 제23조 제1항에 따라 사진상의 초상 공표가 허용된다고 보았다. 이 사안에서도 어쨌든 국가대표 경기에서 축구선수로서 활약하는 인물의 경우에는 넓은 공적 이익을 고려할 수 있기 때문에 화보잡지에서 다뤄지는 경우와 마찬가지로 달력 제작의 경우에도 사진공표가 허용되는 것으로 보았다.[295]

그 밖에 TV 광고에서 한 프로축구팀의 골키퍼였던 인물을 골대망을 통해 뒷모습만 보여주는 사진이 이용된 경우 연방대법원은 당사자의 동의 없는 초상 공표를 허용하지 않았다. 왜냐하면 TV 광고에 사용된 사진이 비록 TV의 빛깔이나 선명도를 보여주고자 했으며, 골대 그물망을 통한 뒷모습만을 보여주는 데 그쳤을지라도, 사진의 전체적 인상에서 차지하는 비중을 고려했을 때 단지 상품광고의 이용에만 공표목적이 맞춰졌다는 점에서 예술저작권법 제23조 제1항의 예외규정을 적용할 수 없다고 보았다. 즉, 예술저작권법 제23조 제1항의 규정은 상업적인 이익을 관철시키고자 마련된 규정이 아니라는 것이다.[296]

결국, 대중에게 널리 알려진 TV 앵커나 배우 같은 '공적 생활의 인물'들의 경우에는 어디까지 초상공개가 허용되는지가 일률적으로 결정될 수 없다. 왜냐하면 그들은 스스로 직업상의 인기 상승을 위해 스스로 '공적 생활의 인물'에 속하도록 노력하고 그러한 이슈들을 스스로 제공하는 경우도 많기 때문이다. 다만 외부에서 알 수 있듯이 미디어의 관심 밖에서 '사적 영역'의 생활을 영위하고자 했다면 그러한 경우에는 이러한 인물들 역시 '공적 생활의 인물'로 간주되기는 어렵다고 할 것이다.[297]

294 NJW 1979, 2203.
295 NJW 1979, 2203, 2204.
296 NJW 1979, 2205, 2206.
297 Soehring·Hoene, §19 Rn.3c.

라. 유명배우

유명배우와 관련해서는 일반적으로 '공적 생활의 인물'로 포함시켜야 하는지 여부를 둘러싸고 논란이 있을 수 있다. 이와 관련해서 유럽인권법원은 독일 법원들과는 달리 배우로서 문제된 인물을 '공적 생활의 인물'로 파악하여 언론사의 손을 들어준 판결을 내렸다. 판단과정에서 유명 배우의 인물성격에 관한 유럽인권법원의 중요한 기준이 파악될 수 있어 이를 소개해 보고자 한다.

1998년 이후 독일의 유명한 TV 연속극에서 경찰위원 Y역을 맡았던 남자배우 X는 뮌헨 옥토버페스트 맥줏집에서 소량의 코카인을 소지한 혐의로 체포되었다. 이에 독일 "Bild"지는 2004년 9월 29일자 판에서 "코카인! TV－위원 Y가 옥토버페스트에서 체포되다!"라는 제목으로 X의 사진을 첨부한 상태에서 이에 관해 보도했다. 이에 X는 즉각 해당기사를 또 다시 보도하지 않도록 가처분신청을 제기하게 되었다.[298]

이에 대해 독일 함부르크 지방법원은 2004년 9월 30일 및 10월 6일 재판에서 기사 및 사진의 공표를 금지하도록 가처분을 인용했고, 이후 해당 판결은 확정되었다. "Bild"지는 이에 불복하여 항소 및 헌법재판소 헌법소원을 제기하였지만 결국 패소하자 2008년 8월 18일 유럽인권법원에 불만신청을 제기하게 되었다.

유럽인권법원은 배우 X의 체포와 유죄판결에 관한 보도는 사법상의 중요한 공적 이익의 사실이고 따라서 공중은 통상 소송에 관해 정보를 얻을 권리를 가지며 이때 무죄추정의 원칙이 엄격하게 준수되어야 한다고 보았다. 그럼에도 체포 이후 형사절차의 진행에 따라 공중의 이익은 점점 더 커지는데, 이때에는 당사자의 지명도, 사건의 상황, 소송의 전개상황과 같은 여러 요소들이 함께 고려된다고 판단하였다.[299]

이어서 유럽인권법원은 독일 법원들이 배우 X의 지명도를 판단함에 있어서 상이한 결과를 낸 것을 비판하였다. 즉, 지방법원은 X가 공적 이익의 중심에 서 있지 않고 공중의 관심을 추구하지 않았다고 인정한 반면, 상급법원은 X가 일반적으로 유명하고 인기 있으며, 그는 오랫동안 경찰위원 배역을 맡음으로써 공중의 관심이 증가되었다고 인정했다. 이에 대해 유럽인권법원은 무엇보다 한

---

298 NJW 2012, 1058.
299 NJW 2012, 1058, 1060.

인물이 국내에서 유명한지 아닌지를 확정하는 것은 원칙적으로 국내법원의 과제라고 보면서 결정적인 시기에 X는 인기 있는 TV 범죄시리즈물에서 경찰위원으로서 주연을 맡은 이상 대체로 그의 인기도는 인정되어야 한다고 판단했다. 또한 상급법원이 판단한 바와 같이 팬클럽이 있었던 사실과 X의 약물소비를 어쩌면 일부 대중들이 모방할 수 있다는 점에서 더욱 그러하다고 보았다. 따라서 X는 어쨌든 '공적 생활의 인물'로서 분류될 수 있을 정도로 유명하다고 보아 그의 체포와 형사절차에 관해 공중이 정보를 얻을 이익이 존재한다고 판단했다. 아울러 인권법원은 해당 보도가 X의 사생활에 관한 세세한 사항을 포함하고 있지는 않고, 단지 그의 체포 이유와 그 이후의 상황만을 담고 있다는 점에서 기사내용, 형식, 영향력에서 어떠한 문제도 소지도 없다고 결론 내렸다.[300]

마. 수형생활 중 유명인

사기죄로 유죄판결을 받아 수형생활 중인 배우 겸 방송진행자는 어떠한 인물군에 속하게 되는지에 관하여 의미 있는 중요한 연방대법원 판결이 존재한다. 이 사건에서는 연방대법원이 2004년 6월 24일자 유럽인권법원의 판결을 수용한 이후, 더 이상 우선적인 형량의 잣대로서 인물의 지명도에 초점을 맞춰서는 안 되고 서술된 사건의 보도가치에 맞춰야 한다는 점을 분명히 한 사례로 평가된다. 아울러 '시사적 인물'이라는 용어를 회피하고 유명 배우 겸 방송진행자를 '공적 생활의 인물'에 해당한다고 분명히 밝힌 사례이기도 하다.

해당사건은 사기죄로 인해 유죄판결을 받고 교도소에 입소한 독일 유명배우이자 방송진행자인 카르스텐 스펙(Karsten Speck)에 대한 "Bild"지의 보도가 문제된 사안이다. "Bild"지는 2004년 11월 11자 보도에서 "여기 카르스텐 스펙이 유유히 걸어 나간다"라는 제목으로 원고가 "교도소 입소 2주만에 하루 동안 그의 가족을 만나기 위해 출소했으며, 유명 배우가 2년 10월형의 형기를 중단한 채 2주만에 감옥을 어떻게 떠났는가?"라는 내용의 기사를 게재하였다. 아울러 형집행 심사에 의해 개방형 집행이 적합한 것으로 입증되어 첫 번째 완화조치로서 가택 외박이 허락되었다는 법무부 대변인의 설명이 첨부되었고, 카르스텐 스펙이 교도소 앞 도로에서 여행가방을 들고 자동차에 오르는 모습이 담긴 2장

---

300 NJW 2012, 1058, 1060ff.

의 사진이 함께 공표되었다. 이에 원고는 해당 사진들의 공표를 금지하도록 소송을 제기했다.[301]

여기에서 연방대법원은 원고인 카르스텐 스펙을 오랜 기간 동안의 활동을 이유로 '공적 생활의 인물'로 인정했다. 그리고 이러한 '공적 생활의 인물'은 연방헌법재판소와 유럽인권법원의 선례에 따르면, 그에 관한보도의 정보가 공중의 관심을 불러일으키는 이슈에 관한 방향설정 기능으로 인해 충분한 보도가치를 가지며 형량에 있어서 대립되는 반대 당사자의 심각한 이익을 입증하지 못할 경우 다른 인물에 비해서 보다 폭넓은 범위에서 보도가 허용되는 그러한 인물을 말한다고 밝혔다.[302]

이어서 형량에 있어서는 언론자유의 보장은 단지 언론으로서가 아니라 여론형성과정에 기여한다는 점이 준수되어야 하며, 언론보도가 공적 이슈와의 관련성을 제시할 경우에는 언론자유의 후퇴는 고려될 수 없다고 확인했다. 그리고 이것은 보도가 당사자의 사진을 포함할 경우에도 마찬가지인데, '공적 생활의 인물'이 관계되는 한, 언론은 공적 이익의 모든 문제들에 관한 정보와 생각을 전달할 과제를 가지기 때문이라고 밝혔다.[303]

한편, 범죄행위와 형사절차의 종료 이후 시간이 지남에 따라 범죄자는 자신을 범죄행위로부터 내버려둘 권리를 획득하고 그의 잘못을 재현하는 것에 의해 피해를 입지 않을 권리의 의미가 중요성을 획득하게 되며, 그럼에도 범죄행위에 관한 시사적 보도는 일반적으로 정보가치가 인정된다고 밝혔다. 이에 따라 원고가 여행가방을 들고 도로를 지나 승용차에 올라타는 모습의 사진들은 그 자체로는 어떠한 특별한 정보가치도 요구할 수는 없지만 그가 단지 사적인 휴식기간에 행동하는 것은 아니므로 사진에 수반된 보도기사와 관련하여 평가될 필요가 있다고 판단했다.

따라서 보도기사는 보호관찰 없는 징역형이 내려진 원고가 형집행의 경과 중, 특히 형 개시 이후 2주만에 개방형 형 집행 처분을 받으면서 영외 외박이 허가되었다는 사실은 보도가치 있는 '시사적 사건'에 해당한다고 보았다. 왜냐하면 원고의 인물적 관점을 별개로 하더라도, 개방형 형집행하에서 영외 외박처

---

301 NJW 2009, 757.
302 NJW 2009, 757, 758.
303 NJW 2009, 757, 759.

분은, 형사집행법 제10조의 합법적 형집행이라 할지라도 대중들의 인식 속에서는 실제로 예외적인 상황이므로 이러한 처분이 유명인에게 내려졌다는 사실 자체만으로 '공중의 정보이익'이 존재한다는 것이다. 아울러 형집행의 경과는 공공기관의 업무에 속하는 만큼 언론의 중요한 '공적 감시견 역할'의 대상에 속하고, 중요한 징역형의 유죄판결이 내려진 유명인이 형 개시 이후 곧바로 개방형 형집행 처분하에서 외박이 허용된다면 유명인의 특별대우가 의심된다는 관점에서, 언론의 '공적 감시견'의 측면에서도 보도가치 있는 사건에 해당한다고 보았다. 이러한 점에서 연방대법원은 사진상의 표현들에는 공중의 진정한 정보요청을 통해 생겨난 공중의 이익이 존재한다고 보았는데, 보도 역시 구체적으로 원고의 인물과 함께 형집행 절차에서 원고가 유명인으로서 특별대우를 경험했는지에 대한 문제를 다루었기 때문이다.

따라서 사진과 함께 게재된 보도는 객관적으로 출소와 개방형 형집행 허가의 적법성을 다루는 것이고 이미 유죄판결이 내려진 범죄행위에 관한 정보를 포함하고 있지도 않으며 원고의 세세한 사생활을 들여다보는 것도 아닌 만큼 단순한 호기심의 만족을 위한 오락적 기사가 아니라 개방형 형집행에 관한 공적 토론에 기여하는 보도라고 판단했다. 결국 이러한 언론의 '감시견 역할'로서 충분히 옹호되고, 대중들에게 그러한 경위에 관해 적절하게 정보를 제공해도 되는 시사적 정보이익에 해당하므로 문제의 보도 및 사진공표는 허용된다고 판결했다.[304]

바. 귀족가문의 구성원

앞서 살펴보았던 것처럼, 새로운 '차등화된 보호원칙'에 따라 캐롤라인 폰 모나코 같은 인물은 과거의 판결들이 보여주었던 '절대적 시사적 인물'이라는 미명하에 더 이상 '공적 생활의 인물'에 속하지 않게 되며, 시사적 맥락과의 연관 없이는 그녀의 '사적 영역'에 관해 보도가 허용되지 않는다. 이미 유럽인권법원이 2004년 6월 24일자 판결에서 캐롤라인 공주의 경우 단지 모나코 지배영주의 가족이라는 점 외에 어떠한 공직을 떠맡은 적도 없는 인물에 관한 보도는 단지 높은 지명도만으로 '공적 이익의 토론에 관한 기여'를 인정할 수 없다고 보았

---

304 NJW 2009, 757, 761.

고, 결국 예술저작권법 제23조 제1항의 '시사적 영역'을 적용할 수 없다고 보았기 때문이다.[305] 연방대법원 역시 '차등화된 보호원칙'에 따라 동의 없이 초상 공표가 허용되는 사진게재는 '시사적 의미의 사건'에 관계될 경우에만 고려될 수 있고, 캐롤라인 공주가 지명도가 높은 인물로 간주될 수 있는지 여부와는 상관없이 정보가치 내지 공적인 관심을 불러일으키는 '시사적 사건'의 의미와 결부되어 의견형성의 과제에 정당화될 수 있는지 여부가 중요하다고 밝혔다.[306] 따라서 '공적 생활의 인물들' 역시 제한 없이 사진촬영이나 공표되는 것이 허용될 수 없게 되었고, 넓은 의미의 '시사적 사건'과의 관련성이 요구된다. 그리고 이러한 '시사적 사건'과의 관련성은 사진게재 외에도 동반된 기사내용이 함께 고려되어야 한다.[307]

이러한 근거에서 2003년 2월 20일자 "Frau im Spiegel" 9/2003호에서 공표된 캐롤라인 공주와 그녀의 남편이 생모리츠(St. Moritz) 스키 휴가지의 한 도로 위에 있는 모습의 사진에 대해서 연방대법원은 공표를 불허한 바 있다. 이에 따르면 휴가에 관한 보도기사는 어떠한 '공적 관심의 사건'이나 '시사적 사건'이 아니고, 게재된 사진 역시 어떠한 '공적 이익의 토론에 기여'하거나 '시사적 사건'에 관한 정보를 도출할 수 없기 때문이다. 아울러 휴가 중의 모습은 유명인의 경우라 할지라도 원칙적으로 보호되는 '사적 영역'의 핵심범위에 속한다고 보았다.[308]

반면에, 2002년 2월 20일자 "Frau im Spiegel" 9/2002호에 공표된 캐롤라인 공주가 생모리츠(St. Moritz) 스키 휴가지의 도로 위에 있는 모습이 담긴 유사한 사진에 대해서 연방대법원은 '시사적 사건'에 관한 보도사진으로서 문제 삼지 않았는데, 이는 사진에서는 어떠한 '시사적 사건' 및 '공적 이익의 토론에 기여'하는 정보를 끌어낼 수 없을지라도 그에 동반된 기사내용이 모나코 지배영주의 병환이라는 '시사적 사건' 내지 '공적 관심의 사건'과의 맥락에 있어 정보가치가 인정된다고 보았기 때문이다.[309] 결국, 귀족구성원이 개인적 행동을 통해 '공적인 관심의 대상'이 될 경우 혹은 '시사적 사건'과의 맥락에서 '공중의 정당

NJW 2004, 2647, 2650.
[306] NJW 2007, 1977, 1979.
[307] Soehring·Hoene, §19 Rn.3e.
[308] NJW 2007, 1977, 1979.
[309] NJW 2007, 1977, 1979.

제4장 독일 판례의 개별사례

한 정보이익'이 인정될 경우에만 사진촬영 및 공표가 허용될 것이다.

한편, 모나코 레니에 영주의 손자가 '시사적 사건'의 맥락에 있었을 경우에는 공적 이익이 인정되는 인물로서 허용된 사례가 있다. 연방대법원은 2009년 3월 10일자 판결[310]에서 모나코 레니에 영주의 장례식에 참석한 그의 손자에 관한 TV 방송 관련 소송에서 이와 같이 판결했다. 2005년 4월 17일 민영 방송사인 "RTL"은 사망한 레니에 영주의 장례식에 관해 방송하면서 주로 영주의 손자를 다루었다. 방송은 그의 스타다운 면모를 보여주는 사적 일상생활에서 촬영한 예전의 인물사진들을 보여주면서 방송기사는 그가 향후 새로운 영주로서 중요한 역할을 하게 될지에 관한 내용으로 이루어졌다. 이에 대해 손자는 그의 외모를 다루는 사진들과 영상장면들을 공표금지하도록 소송을 제기했다.[311]

이에 연방대법원은 방송보도의 경우에는 방송의 정보가치를 인물사진이 포함되어 있는 전체적 맥락에 비추어 그에 동반된 보도내용을 고려하여 판단하여야 한다고 밝혔다. 방송보도는 특히 사진과 진술이 밀접하고도 자연스럽게 연결되어 있으며 그 때문에 사진상의 내용과 발언 내용을 전체보도에서 분리시키는 것이 어렵기에 이를 구분해서 별도로 살펴보는 것 역시 어렵다고 보았다.[312]

이에 따라 방송보도의 계기가 된 모나코의 레니에 영주의 사망은 '시사적 사건'에 해당하므로 원칙적으로 영주 손자의 인물사진을 보여주거나 향후 그가 모나코 왕국에서 영주로서 어떠한 역할을 맡게 될지에 관한 보도는 허용된다고 판단했다. 왜냐하면 원고는 영주의 손자이자 현재 모나코 공국 지배와 관련된 직무를 대행하고 있는 인물의 조카이며 잠재적인 왕위 후계자로서 '공적 이익의 대상'이 되는 인물이기 때문이다. 따라서 이러한 보도는 대중들에게 관심을 일으키는 이슈와 관련해 하나의 방향설정 기능이 포함된 충분한 보도가치를 가지며 더군다나 보도내용에서는 당사자의 심각한 이익침해도 존재하지 않는다고 보았다. 즉, 보도는 은거된 장소에서 있었거나 기술적 수단을 통해 비밀리에 촬영되는 등의 어떠한 인격권 침해 없이 일상적 상황에 있는 당사자 모습을 보여주고 있기 때문에 예술저작권법 제23조 제2항에 근거한 당사자의 '정당한 이익'을 인정하기 어렵다고 보았다. 더욱이 당사자가 미성년자로서 전체모습을 보여

---

310 NJW 2009, 1499.
311 NJW 2009, 1499.
312 NJW 2009, 1499, 1501.

주는 사진을 포함하고 있지만 그럼에도 불구하고 무엇보다 이미 장례식이라는 '시사적 사건'에 해당하는 공식적 계기에 근거해서 사진을 게재했기 때문에 문제되지 않는다고 판단했다.[313]

한편, 캐롤라인 공주의 남편으로서 유명한 귀족가문의 구성원인 에른스트 아우구스트 폰 하노버 공의 사건 역시 흥미롭다. 특히 이 사건은 범죄사건 보도에서의 신원공개 혹은 초상사진 공표문제와 결부되어 있어 여러 가지 법적 관점들을 제시해 준다. 에른스트 아우구스트 공은 프랑스 고속도로에서 제한속도인 130킬로를 위반하여 211킬로로 운전했고 한 달간 운전금지의 처분을 받게 되었다. 이에 "Saarbrueker Zeitung"은 2003년 8월 14일자 기사에서 에른스트 아우구스트 공의 사진을 함께 게재하면서 과거에서 에른스트 아우구스트 공은 술이 취하면 난폭운전을 하는 경향이 있으며, 이번에도 프랑스 고속도로에서의 교통위반으로 한 달간 운전면허가 정지되었다고 보도하였다.

이에 대해 연방대법원은 2005년 11월 15일자 판결[314]에서 우선 범죄행위 보도의 허용문제를 다루었다. 이에 따르면, 통상 범죄행위자의 실명공개 혹은 사진게재를 포함한 범죄보도는 그의 잘못된 행위가 공개되고 그의 인격상이 대중의 눈에 부정적으로 비춰지기 때문에 중대한 인격권의 침해를 의미한다고 전제했다. 그럼에도 불구하고 형사범죄는 중요한 '공중의 정보이익'에 해당하기 때문에 형사범죄의 보도 역시 언론의 과제인 '시사성'의 중요한 부분을 차지한다고 보았다. 따라서 무엇보다 일반적 법질서 침해나 공동체의 법익침해는 행위 및 행위자에 관한 자세한 정보공개를 정당화하게 된다. 왜냐하면 범죄행위를 통해 법적 평온을 깨트리거나 공동체의 법익을 공격, 침해하는 사람은 단지 법질서 내의 형사법적 제재에 굴복하는 것에 그치는 것이 아니라 원칙적으로 자신에 의해 자극된 '공중의 정보이익'이 함께 생활하고 있는 공동체 내에서 통상적인 방법으로 공개되는 것을 수인할 의무 역시 있기 때문이다. 이로부터 연방헌법재판소는 이미 중대한 범죄행위의 경우에는 통상 행위자의 인물을 포함하는 완전한 범죄행위에 관한 정보이익이 존재한다는 원칙을 도출한 바 있다. 다만, 이러한 정보이익은 무제한으로 인정되는 것은 아니고 비례원칙에 따라 제한되므로 행위자의 실명공개나 사진공표는 경미한 범죄나 청소년 범죄에는 허용되

---

313 NJW 2009, 1499, 1501.
314 NJW 2006, 599.

지 않는다.315 그러나 공공성을 특별한 정도로 건드리는 범죄행위의 경우에는 중대한 범죄라는 조건과 함께 피의자의 인물상 지위 그리고 범죄행위의 종류에 따라 실명공개 혹은 초상 공표가 허용될 수도 있다. 즉, 신원공개 보도의 허용성을 위해서는 범죄행위의 종류와 범죄행위자의 지위라는 요소가 중요하다.316

이에 따라 범죄행위의 중대성이 경미하거나 중간정도인 경우에도 행위자인 인물에 특별한 정보이익이 존재한다면 이에 관해서는 신원공개가 허용된다. 이러한 기준에 따라 에른스트 아우구스트 공의 고속도로 속도위반 사건에 관한 실명 및 초상공개보도는 허용되는 것으로 보았다.

연방대법원에 따르면, 이 사건은 현저한 속도위반 사건으로서 현행법의 무모한 위반이고 이러한 종류의 운전방식은 다른 운전자에게 심각한 위험을 노출하는 고의행위로 인정되었다. 나아가 에른스트 아우구스트 공은 인물을 통해서 하나의 특별한 정보이익이 인정될 수 있는데, 본인은 이미 현재 사건 외에도 예전에 지속적으로 대중으로부터 자신에 관한 커다란 관심을 끌어낸 인물이라는 점에서 현저한 '공적 이익'이 존재한다고 간주되었다. 이에 연방대법원은 대중에 알려진 인물이 이웃국가의 교통법규를 무모하게 경시했다는 사실은 가령 불법주차나 낮은 속도위반과 같은 일상행위와는 구별되는 '시사적 사건'이라고 인정했다. 따라서 이번 사안의 초상 공표를 포함한 신원공개보도는 분명히 '공적 관심사의 문제'에 대한 생각과 정보를 전달하기에 적합하고 나아가 사회 내에서 토론을 자극하거나 활성화하기에 적합한 보도라고 결론지었다.317

이 사건은 계속해서 연방헌법재판소의 판단대상이 되었는데, 결국 에른스트 아우구스트 공의 헌법소원은 기각되었다.318 여기에서도 연방헌법재판소는 경미한 범죄행위로 인한 낮은 수준의 공중의 정보이익 역시 범죄자의 인물이나 범행과정의 특수성으로 인해 '정당한 공중의 정보이익'이 인정될 수 있으며, 다만 당사자의 명성이나 대중적 지명도의 요소만으로는 공중의 포괄적인 정보이익이 인정되지는 않는다고 밝혔다.319 이에 따라 에른스트 아우구스트 공이 이미 이전에 여러 차례의 교통위반으로 인해 언론의 주목을 끈 적이 있으며, 그는

---

315 NJW 1993, 1463, 1464.
316 NJW 2006, 599, 600.
317 NJW 2006, 599, 601.
318 NJW 2006, 2835.
319 NJW 2006, 2835.

중요한 귀족 가문에 소속되어 있는 인물로서 사회적 생활상에서 부각된 지위를 차지하고 있다는 사정 역시 고려되어야 한다고 판단했다. 결국 해당 보도는 '공중에게 본질적인 문제에 관한 토론에의 기여'를 인정할 수 있으며, 교통안전 혹은 도로교통의 문제에 관한 이슈는 공중에서 유명한 인물의 심각한 교통위반을 통해 자극될 수 있다는 점이 인정된다며 연방대법원 판단을 존중했다.[320]

사. 극우 정치활동가의 경우

국가나 권력주체상의 지도적 인물이 아닌 극우 정치활동가 역시 '공적 생활의 인물'로 간주할 수 있는지 판단이 필요하다. 이와 관련해서 브라운쉬바이크 상급법원은 2000년 10월 18일자 판결[321]에서 극우주의적 활동을 했던 정치활동가의 초상공개는 인격권 침해에 해당하지 않는다고 판단했다. 이에 관해 구체적으로 살펴보자.

소송상 피고였던 신문사 "Die T"는 2000년 8월 20일자 19일 판에서 "얼굴을 공개한다"라는 제목으로 극우 급진주의자 22명의 얼굴을 그들의 정치적 활동과 함께 지명수배 형식으로 공개했다. 그 가운데 원고에 관해서는 "L, '피와 영광'–네트워크 활동주의자이자 지도부, CD 판매에서도 활동적"이라는 내용이 보도되었고, 이에 원고는 금지청구소송을 제기하였다.

이에 재판부는 우선, 초상공개를 위해 필수적인 예술저작권법 제22조의 동의가 없더라도 제23조 제1항에 따라 '시사적 영역'에서의 초상에 해당하는 경우에는 공표가 허용되는데, 이러한 '시사적 영역에서의 초상' 개념에는 의식적으로 '시사적 사건' 속으로 들어간 인물의 경우가 전제되기도 하며, 경우에 따라서는 부정적으로 평가될 수 있는 행동방식을 통해서 '시사적 사건' 속으로 들어간 사람 역시 포함된다고 밝혔다.[322] 이에 따르면 '상대적 시사적 인물'(구 판결의 기준)은 단지 특정한 사건과 관련해 공중의 시야 속으로 들어간 사람으로, 단지 그러한 사건과 관련해서만 정보이익을 야기하는 그러한 사람으로 이해된다고 전제했다.

사건과 관련해서 재판부는, 제목을 통해 해당 인물을 지명수배의 형식으로

---

320 NJW 2006, 2835, 2836.
321 NJW 2001, 160.
322 NJW 2001, 160.

우익급진주의 무대의 주연으로서 표시하거나 내용에서 폭력의 원인이 되고 있는 것처럼 보도한 것은 인격권 침해에 해당한다고 보았다. 하지만 원고는 그의 정치적 영향력을 스스로가 지속적으로 공중 속에서 나타냈기에 자신의 인물에 관한 다른 사람들의 논쟁을 감수해야 한다고 보았다. 즉, 그는 스킨헤드와 네오나치 사이의 접촉점으로 활동했고 지역 단체를 지휘했으며 여러 번 행진에도 참여했다. 또한 부다페스트의 극우주의자 활동에 참여해서 SS친위대에 충성을 맹세했다는 점 등이 고려되었다.

따라서 재판부는 이와 같은 정치적 생활의 인물에게는 민주주의적 투명성과 통제의 관점에 따라 초상공표가 정당한 것으로서 인정된다고 보았다. 왜냐하면 그가 공공성에 관한 본질적인 정치적 종류의 문제를 공개적으로 표현했다면, 이때에는 그의 인물에 관한 관심에 있어서 중요한 영향력이 그에게 따라오게 되기 때문이다.[323]

2. '공적인 관심의 대상 인물' 또는 '공적 관심사의 인물'

(1) 의의

유럽인권법원의 2006년 판결 이후 '절대적 시사적 인물' 개념이 폐기된 이후 '공적 생활의 인물'과 '공적인 관심의 대상 인물' 사례의 경계획정은 초상권 분야의 실무상 더 이상 중요하지 않다. 왜냐하면 이제부터는 '공적 생활의 인물'의 경우에도 초상공개를 위해서는 해당인물과 '시사적 사건'에 관한 주제와의 연결이 결정적으로 중요하며 예전처럼 어떠한 상황에서도 그의 초상권 보호를 거부당하는 그러한 인물은 더 이상 존재하지 않기 때문이다. 그럼에도 '공적 주목하에 있는 공적 관심의 대상 인물'은 실무상 여전히 중요한 방향제시 기능을 제공한다.[324]

'공적 관심의 대상 인물'이란 통상 이전부터 단지 그와 관련되어 있는 '시사적 사건'과의 시간적 · 공간적 맥락에서만 촬영되거나 초상이 공표될 수 있는 그러한 인물을 말한다. 이러한 유형의 인물군에는 사회에서 자신의 지위를 통해 혹은 정치적이나 기타 직업상의 업적을 통해 대중들 속에 부각되지는 않은 그러한 인물들이 이에 속한다. 오히려 발생된 '시사적 사건'과의 연관성으로 인해

---

323 NJW 2001, 160, 161.
324 Soehring · Hoene, §19 Rn.5.

혹은 '공적 생활의 인물'과의 관계로 인해 비로소 공적 주목하에 놓이게 되거나 이러한 방식으로 공중의 정보이익의 대상에 서게 된 인물들이 이에 속한다. 물론 관련된 '시사적 사건'은 부정적일 수도 긍정적일 수도 있으며, 무엇보다도 현재의 '공적 생활의 인물'과 마찬가지로 '시사적 사건'에의 개인적 연결의 관점이 중요하다. 다만, 이러한 인물군의 특징은 공적 생활의 인물과는 달리 상황에 결부된 상황에서 시간적 제한에 따라 초상에 관한 '공중의 정보이익'이 인정된다.[325]

(2) '공적인 관심의 대상 인물' 해당 여부
가. 법관, 검사, 경찰관 등의 경우

통상의 소송에서 원고, 증인, 그리고 희생자 및 판사, 검사, 변호사 등은 공중의 관심 대상이 아니므로 그에 관한 초상보도는 원칙적으로 금지된다. 하지만, 가령 언론사와 정치인 사이의 분쟁을 다루거나 환경이나 건강상의 위험이라는 재벌기업이나 언론사 사이의 민사소송에 관한 하나의 시사적 관점이 존재하는 경우에는 이러한 관심이 소송관계자에게도 미치게 되고 따라서 이를 수임한 변호사나 증인 등에 대한 초상공개가 허용될 수도 있다.[326]

그렇다면 일반적인 직무수행을 하고 있는 검사나 경찰관의 초상은 '공적 관심의 대상'에 해당할까? 이에 관해서 독일 첼레(Celle) 상급법원은 부정적으로 판단했다. 해당 사건은 프리랜서로 활동하는 예술가이자 예술품을 인터넷을 통해 판매해서 수익을 내는 인물과 관련된 사안이다. 이 사람은 예술품 위조혐의로 경찰관 4명과 검사 L의 압수수색을 받게 되었고 이 과정에서 여러 작품들이 압수되었다. 이러한 압수수색에 화가 난 예술가는 압수수색 조치를 행하는 경찰관들의 모습을 촬영한 30분가량의 영상물을 압수수색 방식에 관한 자신의 입장 표명과 함께 인터넷 구글 사이트에 게시하였고. 이에 대해 경찰관들은 예술가를 고소하였다.

이에 재판부는 2010년 8월 25일자 판결에서 비록 형사소송절차는 '시사적 사건'을 의미할 수 있지만 통상 법관, 검사 혹은 변호사의 정상적인 직업수행과정에 있는 활동은 그 자체로 공중이 공감할 수 있는 공적 이익에 해당하지는 않는다고 판단했다. 따라서 재판과정이 특별한 '공적 관심의 대상'이 될 때 해당

---

325 Soehring·Hoene, §19 Rn.5.
326 Soehring·Hoene, §19 Rn.6.

재판 관련자들의 공적 이익이 고려될 수 있다고 보았다. 아울러 경찰관 역시 그들의 출동 자체만으로 '상대적 시사적 인물'이 되는 것은 아니고, 경우에 따라서 특별한 사건 혹은 범죄자의 체포와 같은 행위에서 스스로 '시사적 인물'이 되었을 경우에만 고려될 수 있다고 판단했다.[327]

검사의 경우도 마찬가지이다. 비록 검사의 경우 진행 중인 수사절차에서 책임 있는 인물로서 통상 수사의 진행을 위해 투입된 경찰관보다 더 공중의 주목하에 서 있게 되는 것은 사실이지만, 그럼에도 직업수행 그 자체만으로 '상대적 시사적 인물'에 곧바로 편입되는 것은 아니고 '정당한 공중의 정보이익'을 근거로 해서만 초상 공표가 허용된다고 판단했다. 따라서 검사일지라도 공간상, 주제상, 시간상 사건을 통해 당사자와 관계된 '시사적 사건'과의 맥락에 따라서만 초상 공표가 가능하게 된다.[328]

나. 형사범죄자

'공적인 관심의 대상 인물' 가운데에는 형사범죄인에 관한 초상이 공개되어도 되는지의 문제가 아주 중요한 쟁점으로 부상하게 된다. 왜냐하면 형사범죄인의 초상공개 문제는 범죄보도상의 심각한 문제를 불러일으키기 때문이다. 더구나 초상공개 하의 범죄보도는 항상 인격권을 중대하게 침해하게 되는데, 그러한 보도는 범죄자의 잘못을 공개적으로 알려지게 하고 해당 인물을 대중들의 시각에 처음부터 부정적으로 낙인찍기 때문이다. 따라서 범죄보도에 있어서 초상 등 신상공개의 문제에 대해서는 매우 신중한 접근이 필요하다.[329] 이와 관련해 독일 법원들은 많은 사건들을 통해 범죄보도 원칙들을 제시해 왔는데, 이를 통해 범죄자의 초상공개 허용 문제들을 살펴보자.

우선 독일연방헌법재판소는 1973년 6월 5일자 판결에서 아주 중요한 범죄보도의 원칙 판결을 내린 바 있다. 소위 '레바하(Lebach) 판결'이라고 불리는 이 판결에 따르면, 범죄자의 초상 등 신상을 포함하는 범죄발생에 관한 완전한 정보에 관한 공중의 정보이익을 인정하였다. 즉, 범죄사건 역시 언론의 전달과제에 속하는 중요한 '시사적 사건'에 해당하고 나아가 일반적 법질서의 침해, 국민

---

327 ZUM 2011, 341, 343.
328 ZUM 2011, 341, 345.
329 NJW 1973, 1226.

이나 공동체의 법익침해, 희생자 및 그의 가족의 동정심, 범죄행위의 재범우려, 예방노력 등의 관점에서 상세한 정보에 관한 '공중의 정보이익'이 정당화된다고 밝혔다. 이에 범죄행위가 침해대상, 범행방식 혹은 통상의 범죄성을 넘어서는 심각한 결과를 야기하면 할수록 이러한 정보이익이 더욱 증가하게 되는데, 그것은 바로 누가 범죄자이고 어떤 동기에서 범죄가 저질러졌으며, 그를 수사하여 처벌하고 예방하기 위해 어떠한 조치가 취해졌는가에 관한 정보이익이 존재하게 된다고 밝혔다.[330]

하지만 이러한 정보이익은 무제한으로 인정될 수는 없고 행위의 심각성이나 공중에 있어서의 중요성과 적절한 비례관계에 서 있어야 한다고 밝혔다. 따라서 실명공개, 초상 등 신상정보는 경범죄나 청소년 범죄에 있어서는 허용되어서는 안 되는 것이며, 확정판결이 내려지기 전까지는 피고인의 이익을 위해 적용되는 '무죄추정의 원칙'이 고려되어야 하고, 이에 상응해서 범죄자에게 유리한 사실이나 주장도 반영되어야 한다고 판단했다. 이에 따라 원칙적으로 허용되는 범죄시사보도와 허용되지 않는 보도 사이의 경계는 최종심의 유죄판결의 선고 혹은 확정판결의 시점 등 획일적인 시기를 기준으로 그 한계가 정해지는 것은 아니고 형사소송의 종결 이후 즉시 혹은 시기상의 직접적 관련성이 인정되는 한에서 가능할 것이라고 밝혔다.[331]

나아가 시기적인 한계의 세부적인 결정을 위한 방향키로서 범죄자의 사회로의 복귀이익, 즉 그의 재사회화 이익이 매우 중요하다는 관점을 제시하였다. 따라서 더 이상의 시사적 정보이익을 제공하지 않는 초상공개 보도는 범죄자의 재사회화를 위험하게 할 경우에는 허용되지 않게 되고, 특히 행위자의 석방이나 석방에 임박했을 시기에는 재사회화에 해가 될 위험이 더욱 증가되게 되므로 초상공개 보도는 허용되지 않는다는 원칙을 제시하였다.[332]

한편, 함부르크 상급법원은 1994년 2월 10일자 판결에서 범죄자는 '상대적 시사적 인물'에 해당한다는 판결을 제시한 바 있다. 사실관계를 살펴보면, 원고는 네 명의 여인들을 자신의 집으로 유인해 술을 먹이고 성폭행한 뒤 만취된 상태에서 그녀들을 모두 살해하고, 사체를 모두 토막 낸 뒤 자루에 담아 자신의

---

[330] NJW 1973, 1226, 1230.
[331] NJW 1973, 1226, 1231.
[332] NJW 1973, 1226, 1232.

집 벽 뒤에 숨겼던 범죄행위로 인해 1976년 12월 20일 함부르크 지방법원에서 총 15년 징역형의 유죄판결을 받게 되었다. 이후 재판과정에서 정신병원의 치료감호가 내려졌고, 1993년에 제한부 석방 및 집행완화신청이 인정되었다. 이러한 과정에서 피고 신문은 1992년 12월 22일자 기사에서 "염산살인"이라는 제목으로 원고는 인간의 모습을 한 짐승이고 그는 공포와 불안을 보증한다는 내용과 함께 범죄경위를 보도하였다. 여기에 "백정"이라는 하단제목과 함께 원고의 초상이 게재되었다. 이에 원고는 자신의 사진을 공표하지 말라며 소송을 제기하였다.

사건과 관련해, 재판부는 범죄자 개인의 초상이나 실명을 언급하는 범죄행위에 관한 공개 보도는 통상 그의 잘못을 재차 공표하고 해당 인물을 대중들의 눈앞에 부정적으로 규정짓기 때문에 현저한 인격권의 침해를 의미한다고 보았다. 아울러 재판부는 기존의 판단기준인 '절대적 시사적 인물'과 '상대적 시사적 인물'의 구별기준을 언급하면서 범죄자의 경우에는 그와 관련이 있는 모든 사안이 아닌, 단지 사건에 해당하는 사안에만 '공중의 정보이익'이 인정되는 '상대적 시사적 인물'이라고 보았다. 이에 따르면 범죄인은 그의 모든 행위들이 공적 생활을 형성하는 그러한 인물이 아니라 단지 사건으로만 제한되어서 그를 '시사적 인물'로 만드는 '상대적 시사적 인물'이고 따라서 범죄자가 누구인지는 그의 범죄행위와 불가분적으로 연결해서만 중요하다고 밝혔다.[333]

이에 따라 재판부는 언론사로서는 원고를 오로지 당시 행위에 관해서 보도해도 되지만, 그것은 원고가 가지는 공중의 영향력 등 모든 차원에서의 인물에 관한 정보가 아니라 당시의 범죄행위의 맥락에서만 원고의 생활사정을 보도해도 된다고 판단했다. 따라서 위에서 언급된 '레바하 판결'에 따라 심각한 범죄행위의 경우일지라도 마찬가지로 범죄행위와 형사소송과의 시간적 간격에 따라 범죄자를 홀로 내버려둘 권리가 의미를 가지게 되는데, 이와 같이 허용되는 시사적 보도와 불허되는 나중의 표현들 사이의 시기적 경계는 일반적으로 고정될 수는 없지만 석방과 함께 결정적인 단계가 개시된다고 판단했다. 따라서 원고의 당시 행위에 관한 보도는 정당화되지 않는다고 판결했다. 왜냐하면 해당 보도는 비록 범죄의 방식과 심각성 그리고 그것의 규명에 있어서 현저한 관심을 불러일으키는 자극적인 범행이었지만, 다른 한편으로는 그동안 경과된 17년이라는

---

333 NJW 1994, 1439, 1441.

시간적 간격에 따르면 공중의 정보이익이 그만큼 적어졌다는 점이 고려되어야 하기 때문이다. 더욱이 보도의 목적을 위해서는 원고의 이름이나 사진을 게재하는 것이 반드시 필요한 것은 아니었다고 판단했다.[334]

나아가 연방대법원은 1심 재판 진행 중인 사건과 관련한 형사범죄자의 초상공개에 관해서도 판결을 내린 바 있다. 여기에서는 이른바 범죄보도에 있어서 중요한 원칙인 '홀쯔클로츠(Holzklotz)' 원칙이 제시되었다.[335]

사건 내용을 살펴보면, 피고인은 2008년 3월 23일 올덴부르크(Oldenburg)의 한 고속도로 횡단 다리 위에서 차도를 향해 통나무를 던져서 지나가던 차량 앞 유리창을 관통하여 동승자를 사망케 한 사건의 가해자였다. 검찰은 이 사건에 대해 피의자를 기소했다. 범행에 의해 차량에 타고 있던 두 아이의 어머니가 사망에 이르렀고 남겨진 두 아이로 인해 피고는 독일 사회의 공분을 일으킴에 따라 언론에서는 이 사건을 대대적으로 보도하였다.

본안심리는 2008년 11월 4일 시작되었고 2008년 11월 14일 담당 형사재판부의 재판장은 피의자의 얼굴이 픽셀처리를 포함해 익명 처리된 상태에서만 재판정의 모습을 담은 사진을 제공할 수 있다는 명령을 발효했다. 이에 원고인 독일 한 민영 방송사는 이를 거부하며 연방헌법재판소에 헌법소원을 제기하게 되었다.[336] 연방헌법재판소는 이러한 민영방송사의 신청을 최종적으로 거부하였다.

연방헌법재판소는 우선, 소송이 계류 중인 범죄행위의 특별한 사정은 하나의 중요한 '공중의 정보이익'에 해당하고 중대한 범죄행위의 경우에는 통상의 범죄행위와 달리 특별한 범행방식 및 결과의 심각성으로 인해 더욱 더 정보이익이 증가하게 된다고 보았다. 하지만 다른 한편으로 피고인은 자신의 행위를 통해 유발된 '공중의 정보이익'이 통상의 방식으로 공개되는 것을 감수해야 하는 반면에 확정판결이 내려지기 전까지는 피고인의 이익을 위해 보장된 '무죄추정의 원칙'이 지켜져야 하고 이에 따라 균형 잡힌 보도가 행해져야 한다고 밝혔다.

연방헌법재판소는 여기에서 '홀쯔클로츠 원칙'을 제시하는데 그에 따르면, 기소된 행위의 특별한 중대성과 비난받아야 할 범행방식의 심각성은 피고에게

---

334 NJW 1994, 1439, 1441.
335 NJW 2009, 350.
336 NJW 2009, 350.

는 오히려 무죄판결을 통해서도 제거될 수 없는 낙인찍기의 위험이 함께 도사리고 있다는 것이다. 즉, 피고를 법정 내에서 보여주는 영상보도는 시각적 표현의 특수성으로 인해 많은 시청자들에게 지속적으로 해당 범죄행위의 경악성과 피고의 얼굴을 결부시키는 효과를 가져오게 된다. 따라서 범죄행위의 비난가능성이 크면 클수록 재판의 무죄선고 이후에도 피고인은 지속적으로 대중들에게 그러한 범죄자로 비춰지게 될 위험에 부딪히게 된다. 아울러 재판과정에서의 세세하고 구체적인 경위와는 무관하게 대중들에게 해당 범죄행위를 실제로 행했다는 단정적 인상을 불러일으키고 특히 재판에 관한 영상보도에서 공개된 얼굴사진과 함께 연결됨으로써 나중의 무죄선고에도 불구하고 그러한 오명으로부터 벗어나기 힘든 지속적인 인격권 침해에 이르게 된다고 판단했다.[337]

아울러 재판부는 피고가 그의 활동분야에서 혹은 그의 인물성이 특별한 방식으로 공중에 서 있는 그러한 인물이 아니라는 점을 강조했다.[338]

이를 근거로 연방헌법재판소는 이 사건의 형사재판부가 법정에서의 모든 사진촬영 및 공개를 금지하는 법정경찰권을 발효한 것이 아니라 피고의 인물에 관해서만 제한했다는 점에서 '공중의 정보이익'과 언론자유를 광범위하게 고려했으며, 나중에 혹시 무죄판결이 내려질지도 모르는 상태를 염두에 둔다면 피고의 얼굴을 공개한 정보이익을 인정할 수는 없다고 판단했다.[339]

다. 1심재판 이후 형사범죄자

또한 1심 유죄선고 이후 확정판결 선고일 다음날의 초상공개 보도에 관한 연방대법원 판결도 흥미롭다.

원고는 이슬람 테러조직 안자르 알―이슬람의 이라크 수상 암살계획에 가담한 죄로 슈투트가르트 상급법원에 의해 2008년 7월 15일 7년 6개월의 징역형을 선고받았다. 이때 당시 본안재판 과정에서 재판장은 2006년 5월 24일자로 영상 및 방송촬영은 공동취재단 대표에 의해 각 20분씩 첫 번째 본안심리일과 확정판결 선고일에만 소송관계자의 동의하에서만 영상촬영이나 사진촬영이 허용된다는 법정경찰처분을 내렸다. 이어서 확정판결을 앞두고 2008년 7월 8일에

---

337 NJW 2009, 350, 352.
338 NJW 2009, 350, 352.
339 NJW 2009, 350, 352.

원고의 요청에 따라 판결선고일 당일 재판장에서 원고의 얼굴을 픽셀처리하지 않고서는 당사자에 관한 사진을 공표, 전파할 수 없다고 명령하였다. 하지만 "Bild"지는 재판 선고일 다음날인 2008년 7월 16일에 "이라크-테러리스트는 암살계획으로 감옥에 가야 한다"라는 제목과 함께 그의 얼굴을 픽셀처리하지 않은 상태에서 판결선고에 관한 기사를 내보냈다. 문제의 사진은 판결선고 전 법정에서 촬영된 원고의 사진을 통신사로부터 입수한 것이었다. 원고는 "Bild" 지를 상대로 초상 사진의 공개금지소송을 제기하였으나, 연방대법원은 "Bild" 지의 손을 들어 주었다.[340]

연방대법원은 우선, 사진공표의 바탕이 된 사건은 '차등화된 보호원칙'에 따라 예술저작권법 제23조 제1항의 '시사적 영역에서의 사건'에 해당하고, 바탕이 되었던 소송사건은 최근 수년간 공중의 커다란 주목을 끌었던 테러리스트 소송사건 중의 하나였다고 보았다. 이어서 법정 내에서의 판결선고 전에 촬영된 사진이 판결선고에 관한 보도과정에서 공표되었기에 공중의 현저한 공적 이익이 존재하는 '시사적 사건'에 관한 최신보도였다는 점을 인정했다.[341]

나아가 이 사건에서 익명화되지 않은 사진의 전파는 원칙적으로 원고의 어떠한 '정당한 이익'도 침해하지 않는다고 보았다. 테러리즘적 위협과 그와 결부된 공포로 인해, 특히 행위자의 정보에 관해 가지게 되는 현저한 이익이 정당화되는 그런 주목을 끄는 중대한 범죄행위로 인해 1심에서 유죄선고를 받은 이후에는 원고의 사진과 관련해서도 역시 중요한 공중의 정보이익이 존재한다고 밝혔다. 왜냐하면 범죄행위에 있어서는 범죄자라는 인물을 통해 그 행위가 특징지어지고 사진들이 행위자의 인물에 관한 명확하고 직접적 정보를 제공하기 때문이다. 계획된 테러리즘적 공격과의 맥락에서 유죄판결을 받은 형사범죄인에게는 특히나 그러한데, 그러한 범죄자는 일상 속에서 눈에 띄지 않게 생활하고 있고 그 때문에 신원확인이 가능한 사진보도에 관한 공중의 이익이 존재하게 된다고 판단했다. 아울러 문제의 사진은 신원확인을 넘어서서 그를 경멸적 방식으로 보여주거나 또 다른 인격권 침해를 포함하는 그 어떠한 내용도 포함하고 있지 않다는 점이 고려되었다.[342]

---

[340] NJW 2011, 3153.
[341] NJW 2011, 3153, 3154.
[342] NJW 2011, 3155.

한편, 1심 유죄선고까지는 종종 당사자의 인격권과 사생활 존중권이 신원 공개 보도에 관한 이익보다 우월할 수 있지만, 이 사건에서 사진공표 당시에는 이미 1심 유죄선고가 존재했고 그 결과 정보이익이 우위를 점할 정도로 범죄자의 혐의 정도가 짙어졌다고 판단했다. 만약 언론의 범죄행위에 관한 보도가 유죄판결이 확정될 때까지 범죄자의 신원사항을 공개하지 못한다면, 공중에 대한 언론의 자유 및 정보 및 통제기능이 제한될 수 있기 때문이다. 따라서 중요한 범죄행위에 관한 1심의 유죄선고 이후에는 범죄자의 신원에 관한 중요한 공적 이익이 인정되는데, 그 이유는 보통 사실심을 통해 유죄선고를 받은 범죄자는 공적 주목을 받기 때문이라고 밝혔다.[343] 결국 "Bild"지의 초상공개를 포함한 보도는 원고의 정당한 이익을 침해하지 않는다고 결론 내렸다.

라. 복역 이후 범죄자의 초상보도 문제 – '레바하(Lebach) 판결' I, II

나아가 확정판결 이후 복역을 마친 범죄자의 초상공개 보도에는 어떠한 기준이 적용될 수 있을까? 이러한 문제는 일명 '레바하(Lebach) 판결'을 통해 적용기준을 파악해 볼 수 있다. 앞서 간단히 범죄보도의 헌법적 의의에 관한 서술에서 '레바하 판결'[344] 내용을 살펴본 바가 있지만, 이후 연방헌법재판소는 1999년 11월 25일자 결정을 통해 '제2차 레바하 판결'[345]을 내놓았다.

'레바하 판결'들은 1969년 레바하에 있는 연방방위군 탄약고 습격사건에 관한 판결들이다. 당시 2명의 주범과 1명의 공범으로 이뤄진 피고들은 서로 동성애 관계에 있었고, 자신들을 거부한 사회에서 벗어나 남태평양의 한 바다에서 요트 생활을 꿈꾸며 자신들만의 공동체를 실현하고자 하는 목표를 세웠다. 이 계획에 따라 자금을 마련하기 위해 연방방위군 무기고를 탈취하는 과정에서 4명의 군인을 살해하였다. 이때 '제1차 레바하 판결'의 당사자는 살해과정에는 직접 가담하지 않은 단순가담자로서, 법원으로부터 종범이라는 이유로 총 6년의 징역형에 처해졌고, 이와 달리 주범들은 종신형에 처해졌다.

'제1차 레바하 판결'은 1973년 독일 방송국 "ZDF"가 종범의 출옥을 앞둔 1972년에 그의 인물을 포함한 레바하 사건을 다루는 다큐멘터리극 방송에 관해

---

[343] NJW 2011, 3155.
[344] NJW 1973, 1226.
[345] NJW 2000, 1859.

서 재판부가 시사적 보도를 넘어선 다큐멘터리극의 형태로 시기상 제한 없이 범죄자의 인물 및 '사적 영역'을 방송하는 것은 특히 그의 사회로의 복귀, 이른바 재사회화(Resozialisierung)를 어렵게 할 위험이 있는 경우에는 허용되지 않는다고 판시한 기념비적 판결을 말한다. 하지만 '제2차 레바하 판결'은 사건 발생 이후 27년이 지난 1996년 TV방송사 "Sat1"이 9부작 방송시리즈물 "범죄, 역사를 만든다"라는 프로그램에서 레바하 사건을 다루게 되면서 문제가 되었다. 해당 보도는 당시 사건을 다루는 과정에서 살해과정의 모습은 묘사하였지만 당사자들의 보호를 위해 가명을 사용하였고, 그들의 모습도 보여주지 않았다. 이에 당시 사건 주범이었고 일정기간 복역 이후 감형을 통해 사회로 복귀해서 살고 있는 사건당사자는 이러한 보도를 금지해 줄 것을 요청하는 과정에서 연방헌법재판소의 판단을 구하게 되었다.[346]

연방헌법재판소는 일반적 인격권에는 범죄자가 공중 속에서 향후 더 이상 자신의 범죄행위와 대조되지 않을 것을 절대적으로 요구할 수 있는 권리나 형의 복역 이후 범죄자를 더 이상 그 행위와 결부시키지 않을 권리 등은 포함되지 않는다고 선언했다. 오히려 복역 이후에 전과자의 사회 내 인격 전개가 어떠한 범위 내에서 침해될 수 있는지를 판단하는 것이 중요하다고 보았다.[347]

그리고 사건과 관련해서, 범죄자의 복역 이후 사회로의 재복귀를 어렵게 하는 표현은 인격권 침해에 해당하는 보도라는 점을 인정하면서도, 이 사건에서는 '제1차 레바하 판결'과는 사정이 다르다고 보았다. 즉, 1973년 '레바하 판결'에서는 당시 다큐멘터리극이 행위자들의 실명이나 초상공개라는 상태에서 높은 시청률을 자랑하는 상황과 함께 석방과 밀접한 시기적 맥락에서 방송됨에 따라 당사자의 '재사회화'를 어렵게 하였고, 이로써 중대한 인격권 침해의 위험이 있다는 사실이 강조되었다. 하지만 이미 27년이 지난 시점에서 가명을 사용한 이번 방송물은 최초의 방송이나 당사자의 낙인찍기 방송과는 달리 신청인을 사회 속에서 고립이나 배제상태에 이르게 할 개연성은 없다고 보았다. 왜냐하면 해당 방송물은 신청인을 행위 주범으로 알지 못하는 사람들에게는 이 방송을 통해 어떠한 신원확인의 가능성도 제공하지 않으며, 행위와 방송과의 시간간격을 고려하면 범죄행위와 행위자를 동일시함으로써 행위자에 대한 비난가능성은 점점

---

346 NJW 2000, 1859.
347 NJW 2000, 1859.

줄어들기 때문에 당사자의 '재사회화'에 대한 어떠한 침해 작용도 인정하기 어렵기 때문이다.[348] 이러한 근거에서 연방헌법재판소는 해당 방송물의 보도가 허용된다고 인정했다.

마. 복역 중 새로운 공적 관심의 대상이 된 범죄자

위 레바하 판결 Ⅱ 사건과 유사한 맥락에서 구속 중에 있는 범죄자의 '재사회화' 이익과 해당 인물의 초상에 관한 '공중의 정당한 이익' 사이의 형량에 관한 중요한 판결을 살펴보자.

1954년생 신청인은 여성으로서 소위, 독일 적군파 소속원이었다. 그녀는 1984년 나토국제학교 폭탄공격의 사건으로 1986년 8월 체포된 이후 1988년에 15년형을 선고받았고, 이어서 1985년에 행했던 프랑크푸르트 미국 공군기지 공격과정에서의 살인으로 인해 1994년 결국 종신형을 선고받고 복역 중이었다. 그녀는 복역과정 중에 사진가 교육과정을 이수했고, 2004년 베를린 여자교도소로 이송된 후 숙소가 지정된 반자유 집행처분을 받아 베를린에 있는 사진학교를 다녔다. 이에 일간신문 "D"는 2007년 만일의 석방 가능성에 관해 "적군파ー여자 테러리스트는 평범한 살인자"라는 제목의 기사를 보도했다. 그리고 해당 기사에는 두 장의 소형사이즈 기록사진이 게재되었는데, 왼쪽 사진은 신청인의 앞모습 사진으로서 독일 내에 퍼졌던 1985년 수배전단 상의 사진이었고, 또 다른 오른쪽 사진은 연방 치안청이 신청인의 체포 이후 작성한 사진으로서 그녀의 머리와 어깨 위부분의 왼쪽 옆모습을 보여주고 있었다.[349]

이에 신청인은 가처분신청을 통해 해당 사진들의 공표금지를 얻어냈지만 결국 1심 및 2심에서는 패소했고, 이어서 베를린 최고법원에서도 패소하였다.

베를린 최고법원은 2007년 7월 2일자 판결에서 소송대상이 된 사진들의 게재는 예술저작권법 제23조 제1항의 '시사적 영역'에 해당하며 수배와 체포 과정에서 생성된 신청인의 사진들이 포함된 기사는 혹시 있을지 모르는 신청인의 석방과의 관련하에 적군파와 그 활동의 역사 및 특히 그 조직을 위해 활동했던 신청인의 역할을 다루는 것이었고 객관적으로 작성된 이상 예술저작권법 제23조 제1항에 근거해 공표가 허용된다고 판결했다.[350]

---

348 NJW 2000, 1859, 1860.
349 NJW-RR 2008, 492.

베를린 최고법원은 우선 1992년 선언된 적군파의 무력사용의 포기 및 1998년 자체해산 및 그 이후의 시간경과에도 불구하고 신청인에 의해서 행해진 중대한 범죄행위에 관한 '공중의 정보이익'을 넘어서서 적군파 구성원의 개인적·정치적 형성과정, 형사절차, 형집행과 새로이 대두되고 있는 석방에 관한 계속적으로 증가하고 있는 '공중의 정보이익'을 중시하였다. 왜냐하면 2007년 이전 몇 년 동안 언론이나 대중들의 관심 없이 적군파 구성원들이 반복해서 석방되고 있었으며, 적군파의 암살행위들과 희생자 가족들에 관한 소식을 접하게 된 2007년 초반 독일 사회 내 모든 국민들은 하나의 집중적 토론에 직면하게 되었기 때문이다. 독일연방공화국은 적군파의 공격들과 같은 몇몇 사건들을 통해서 매우 강력하게 각인되었다. 따라서 베를린 최고법원이 주목했던 점은 당시 신청인 역시 책임을 부담해야 하는 적군파 관련사건들의 의미는 자신의 범죄행위와 행위자의 형집행을 넘어서서 독일 사회질서의 한 부분에만 머무르는 것이 아니라 무엇보다 독일공화국의 법질서에 영향을 미치게 되었다는 점이었다. 이러한 특별한 적군파 구성원의 행위와 다양한 사후작용의 배경에 관해서는 대중들의 의식 속에 오늘날까지 특별한 인상을 주고 있다는 사실은 부인될 수 없으며, 신청인이 비록 단지 적군파의 공격들 중의 일부분에서만 책임이 인정될지라도 마찬가지이다.

이러한 상황을 고려해서 베를린 최고법원은 복역 중인 적군파 구성원의 향후 운명에 대해 2007년 초반 독일 전역에서 논쟁이 촉발되고 집중적으로 토론됨으로써 매우 강력하게 공중의 시야로 들어가게 되었다는 점을 고려해 볼 때, 적군파 구성원이었던 신청인은 이를 감수해야만 한다고 보았다.

따라서 어쩌면 가능할 그녀의 석방을 계기로 한 보도에서는 그녀의 이름뿐만 아니라 문제된 아카이브사진의 사용 역시 허용되며, 이 사진들은 단지 수배와 체포 당시의 모습을 담은 것에 불과하다는 점에서 더욱 그렇다고 판단했다. 결국 베를린 최고법원은 문제의 사진들은 이미 당시에 널리 공표되고 알려진 것이며, 신청인의 이력의 표현을 위해서는 기록자료로서 당시의 그녀 모습을 담은 사진들을 통해 묘사하는 것이 허용된다고 인정했다. 왜냐하면 그녀의 이력은 적군파의 역사 및 사회를 통한 그들의 청산의 한 부분으로서 중요한 '시사적 사건'에 해당하며, 이때 적군파의 기록 사진물들은 하나의 양상을 제공하고, 단지 추상적으로만 테러리스트 단체를 알려주는 것에 그치지 않는 그러한 시각적 공개는 적군파 역사의 두드러진 중요성을 고려할 때 하나의 지속적인 정보이익이 존재하기 때문이다.[351]

아울러 베를린 최고법원은 괴롭히지 않고 내버려 둘 범죄자의 이익은 범죄와의 시간적 간격의 증가에 따라 중요성을 획득하게 되고, 결정적으로 석방이 임박함에 따라 통상 범죄자의 '재사회화'와 사회로의 복귀이익이 허용되는 보도 한계를 규정짓게 된다(레바하 판결Ⅰ)고 밝혔다. 그럼에도 불구하고 임박한 석방시점에 예외 없이 어떠한 보도도 허용되지 않는다는 절대적 기준은 인정될 수 없고, 그것은 항상 개별적 사례에서 형량을 요구하게 된다. 이에 베를린 최고법원은 범죄자의 '재사회화' 측면에서도 문제된 사진들은 식별가능성이 제한되는 자료들이고 신청인을 아는 학교친구들이나 지인들에게 이 사진들을 통해 알게 되었다는 점을 신청인이 증명할 수 없는 한, 초상권의 침해를 쉽사리 정당화할 수 없다고 판단했다. 이 사진들은 이미 그녀에 관해 알고 있는 사람들에게는 비록 그녀에 관한 정보를 강화시켰을지 몰라도, 기록물로서 사진들의 공표와 전파가 이제까지 존재하지 않았던 그녀에 관한 거부감을 새로이 불러일으키지는 않았을 것이기 때문이다. 또한 작은 앞모습의 사진을 통해서도 제3자가 신청인을 발견하기를 기대하기는 어려울 것이라는 점을 고려한다면 해당 사진들은 당시 적군파 구성원의 석방에 관한 하나의 객관적이고 유익한 보도이자 공중 속에서의 공적 토론의 일환이었다는 점이 중요하게 고려되었다.[352]

바. 범죄피해자 및 가족

그렇다면 범죄행위자가 아닌 범죄피해자의 초상공개는 어떠한 상황에서 가능할까? 범죄보도에서 초상공개 문제를 다루면서 이러한 문제 역시 살펴보지 않을 수 없다. 함부르크 상급법원에서 이 문제를 판단한 바 있는데 자세히 살펴보기로 한다.

원고는 남편에 의해 고용된 청부살인업자로부터 살해당할 위기에 처한 사건의 주인공이다. 더군다나 원고는 당시 만삭이었고, 충격으로 살해될 뻔 했으

---

351 NJW-RR 2008, 492, 493.
352 NJW-RR 2008, 492, 493.

나 다행히 심각한 중상만 입었고, 태아는 결국 총상으로 인해 사망하였다. 원고의 남편은 14년의 징역형을 선고받았으며, 원고는 남편과 이혼했다. 원고가 총상에도 불구하고 살아남게 된 원인은 외과 수술 조치 덕분이었다.

피고는 독일 방송사 "ARD"인데 해당 방송사는 "사소한 계기에서?-살인사건에 관한 보도"라는 방송프로그램을 내보낼 계획이었다. 방송은 위의 사건에 관해 행위과정, 범죄자의 조사, 소송 및 관련자 다수의 인터뷰, 가령 원고의 부모와 그녀의 이전 남편, 직장동료와의 인터뷰를 포함하고 있었고, 전체적으로 관련자는 대역배우를 통해 표현되었다. 원고 역시 그녀의 남편의 범행동기에 관한 질문을 받는 장면에서 대역배우가 등장하였다. 시청자들은 방송이 함부르크에서 촬영되었지만, 범행은 다른 도시에서 발생했다는 점을 알 수 있었다.

해당 프로그램은 죄와 용서, 인간 본성의 모순과 본성의 충돌 및 불안 등에 관해서 다루려고 한다는 예고방송을 내보냈고, 누구든 겪을 수 있는 놀라운 가능성에 관해 대중들의 시선이 쏠리게 되었다. 이에 언론에서는 프로그램 상영과 그 내용이 자세하게 보도되었다. 이에 원고는 해당 방송프로그램의 방송 및 전파를 금지하는 소송을 제기했고, 1심에서 원고가 승소했으며, 이에 대해 해당 방송사는 항소했지만 결국 패소했다.[353]

원고는 범죄의 피해자로서 범죄자의 살해 동기라는 이슈의 중심에 서 있었는데, 미수에 그친 살해 동기는 남편의 질투심에 뿌리를 두고 있었다. 따라서 방송은 원고의 '내밀영역'이나 '사적 영역'을 다루는 것이 불가피했다.

우선 함부르크 상급법원은 해당 사건이 일반적 인격권의 특별한 권리 중 하나인 예술저작권법 제22조 이하의 초상권이 침해된 사건이라고 보았다. 그리고 한 인물의 초상은 원래 의미의 자신의 모사뿐만 아니라 무대, 영화 혹은 TV에서 대역을 통한 묘사도 포함한다고 밝혔다. 따라서 그 방송프로그램이 대역배우를 통해 표현될지라도 원칙적으로 동의를 구해야 한다고 판단했다.

이어서 해당 방송내용은 원고의 '내밀영역'과 '사적 영역'을 저촉한다고 보았다. 기본법 제1조 제1항과 제2조 제1항을 통해 모든 인간에게는 사적 생활 형성을 위한 자율적 영역이 보호되며, 외부의 시선이 그의 '사적 영역' 내의 어디까지 개입할 수 있는지에 관해 스스로 결정한 권한이 속하며, 특히 '내밀영역'은

353 NJW 1975, 649.

부부간의 내적 관계에서 발생한 어떠한 행위도 묘사되지 않도록 보호된다고 밝혔다. 그런데 해당 방송내용은 대부분 원고의 가장 사적인 생활영역에서 기인한 사정들, 가령 결혼의 과정, 외국에서 생겼던 사건들, 부부 사이의 다양한 다툼들, 특히 원고의 행위로 인한 남편의 질투심 등이 언급되었다. 아울러 임신한 아기가 현 남편의 아이인지 아니면 다른 남자의 아이인지에 관한 언급, 아울러 남편이 있을 때 원고가 직장동료와 인사키스를 나누었다는 내용 및 남편이 익명의 통화내용을 어떻게 밝혀냈는지 등과 같은 내용을 포함하고 있었다. 물론 원고의 '사적 영역'이 무제한으로 보호되는 것은 아니지만, 형량에 따르면 원고의 인격권이 당연히 우위를 점한다고 판단했다.[354] 왜냐하면 예술저작권법 제23조 제2항에 따르면 초상의 전파는 촬영대상자의 '정당한 이익'이 침해될 경우에는 허용되지 않기 때문이다.

이 사건에서 원고는 범죄로 인해 엄청난 정신적·육체적 외상을 입었으며, 운 좋게도 외과수술 덕분에 살아남았지만, 그녀의 태아는 자궁에서 제거되었다. 이처럼 범죄행위가 발생한 이후 추후에 범죄행위의 동기나 배경에 관해 방송을 할 경우에는 범죄피해자의 이익이 매우 중요하게 고려되어야 한다고 법원은 판단했다. 인격권의 침해를 넓은 범위에서 감수해야 하는 범죄가해자와는 달리, 범죄피해자는 그의 행위를 통해 스스로 대중에게 향한 것이 아니라 자신의 어떠한 관여도 없이 '공중의 정보이익'의 대상이 되었기 때문이다. 이러한 이유에서 범죄피해자에게는 그의 인격권 보호가 상당한 정도로 필요하게 되며, 방송사는 원고의 인물을 문제된 프로그램에서 동의 없이 방송해서는 안 된다고 결론지었다.[355]

한편, 쾰른지방법원은 1991년 6월 5일자 판결에서 범죄피해자나 희생자의 가족 역시 예술저작권법 제23조 제1항 제1호의 의미상 '상대적 시사적 인물'로 볼 수 없다고 판단했다.

해당 사안은 "X"라는 잡지가 20세의 한 남성에 의해 살해된 7살에 불과한 아이(원고의 아들)의 살인사건을 보도한 것이 문제되었다. 해당 잡지는 1990년 7월 5일자 보도에서 "아이는 그의 아버지를 찾았다. 아이는 그 살인자를 만났다"라는 머리기사를 게재하였다. 기사에는 반쪽에 걸쳐 살해된 아이의 아버지와 어

---

354 NJW 1975, 649, 650f.
355 NJW 1975, 649, 651.

머니가 장례를 위해 또 다른 아이들과 함께 살해된 소년의 무덤 앞에 있는 모습의 사진이 공표되었다. 그 이하에서는 '장례식에 있는 어머니와 아버지, 아이들의 얼굴은 비통에 젖어 있었다'는 기사가 게재되었다. 이에 원고는 동의를 받지 않고 촬영·공표한 해당 사진의 게재금지청구와 손해배상청구를 요구하였다.

재판부는 우선 범죄희생자의 가족은 예술저작권법 제23조 제1항 제1호의 의미상 '상대적 시사적 인물'에 해당하지 않는다고 밝혔다. 이어서 원칙적으로 이 사건에서 문제된 살인사건은 전적으로 공감할 수 있는 공적 이익을 가지지만, 그렇다고 해서 어떠한 추가적인 '공중의 정보이익'도 제공하지 않는 가족 및 친지들의 범위로 참석이 제한된 장례식장에 관한 가족들의 인물사진 보도는 정당화될 수 없다고 보았다.[356]

사. 방송리포터의 경우

뒤셀도르프 상급법원은 2001년 3월 13일자 판결에서 방송리포터의 초상공개 허용 여부를 판단한 바 있다.[357]

해당 판결은 "R" 방송사 리포터인 원고가 유명한 배우의 집 앞에서 새벽에 술에 취해 귀가하는 배우를 취재하는 과정에서 따귀를 얻어맞은 사건과 관련된다. 1996년 1월 6일 새벽에 "R" 방송사 리포터는 배우이자 엔터테이너인 X를 취재하기 위해 집 문 앞에서 대기 중이었다. 배우 X는 심각한 알콜 중독자인 인기배우였다. 그날에도 X는 한 술집에서 7잔의 위스키를 마신 뒤 아침 7시경 술에 약간 취한 상태로 귀가 중이었고, 대기 중이었던 원고 리포터는 그에게 다가가 "무슨 일 있어요? X씨?"라는 질문을 던졌다. 물론 그녀의 뒤에는 취재팀이 포진하고 있었다. 이때 곧바로 집으로 들어가고자 했던 X는 갑자기 그녀의 뺨을 가격했다. 이 장면은 고스란히 "R" 방송사 취재팀에 의해 촬영되었고, 나중에 방송되었으며 이 사건은 1999년 내내 시청자들의 관심을 끌었다.

이후 한 잡지 "B"는 1999년 5월 12일자 기사에서 "기이한 X의 결혼"이라는 제목의 기사에 X의 70회 생일에 즈음해 그의 삶을 다루면서 그의 바람기와 폭음을 견디어낸 부인의 결혼생활의 어려움과 X의 스캔들을 다루었다. 그리고 이 과정에서 원고인 "R" 방송사의 리포터가 1996년 1월 6일에 취재과정에서 X

---

356 NJW 1992, 443.
357 NJW-RR 2001, 1623.

로부터 뺨을 얻어맞는 모습의 사진과 실명을 공개했다. 이에 대해 원고는 해당 사진의 공표를 금지하는 소송을 제기했고, 상급법원은 이 사건에 대해 원고의 청구를 기각했다.[358]

판결에서 뒤셀도르프 상급법원은 결론적으로 원고인 리포터는 이 사건에서 '상대적 시사적 인물'(구 판결 기준)에 해당하므로, 예술저작권법 제23조 제1항에 따라 당사자 동의 없이도 해당 사진의 공표가 허용된다고 보았다.

뒤셀도르프 상급법원은 해당 사건은 비록 3년 이상 지난 과거의 사진이 문제되었지만, 특별한 계기를 통해, 즉 인기배우 X의 70회 생일에 즈음하여 다시 그의 삶에 관한 시사성이 부활할 수 있으며 이에 따라 '공중의 정보이익'이 존재하게 되므로, 관련 사진을 게재할 계기가 인정된다고 보았다. 이어서 리포터인 원고 역시 1996년 1월 해당 사건으로 인해 그녀의 직업과 이름이 알려졌으며, 어쨌든 가장 중요한 관점인 해당 사건에 연루된 방식이나 종류라는 측면에서 원고는 아무런 계기도 없이 순진하게 우연히 그냥 지나가던 일반인이 아니라, 아침부터 당사자의 집 앞에서 많은 촬영팀을 대동한 채, 귀가 중인 배우 X의 자제력을 잃게 했던 인물로서 정보이익이 존재한다고 보았다.[359] 즉, 원고는 미디어를 통해 효과적으로 방송되도록 X와 접촉하기 위해 의식적으로 촬영 중인 카메라 앞에서 움직였으며, 이러한 접촉과정에서 비록 뺨을 맞는 장면은 특히 원고를 모욕적으로 보이게 할 수 있을지는 모르지만, 해당 사진공표는 어떠한 다른 맥락에서가 아니라 X의 알콜중독으로 인한 스캔들을 묘사하는 과정에서 상황 당시의 사진이 공표된 것이라는 점이 고려되었다.[360]

아. 귀족가문의 구성원의 공식행사 참가

캐롤라인 공주와 같은 인물은 과거의 판결들이 보여주었던 '절대적 시사적 인물'이라는 미명하에 더 이상 '공적 생활의 인물'에 속하지 않게 되며, 새로운 '차등화된 보호원칙'에 따라 시사적 맥락과의 연관 없이는 그녀의 '사적 영역'에 관해 보도가 허용되지 않는다는 점은 앞서 살펴본 바와 같다. 즉, 지배영주 가문이 아닌 한, 귀족가문의 구성원은 단지 특정 귀족가문의 소속원이라는 이유만

---

358 NJW-RR 2001, 1623.
359 NJW-RR 2001, 1623.
360 NJW-RR 2001, 1623, 1624.

으로 더 이상 '공적 생활의 인물'에 해당하지 않는다. 그들은 다만 공중 속으로의 반복된 등장과 자신의 행동으로 인해 제한적으로 '시사적 사건'에 연루됨으로써 공적 관심의 대상이나 공적 주목을 받는 인물에 해당될 수는 있다.[361]

이러한 판단을 위해 캐롤라인 공주의 딸인 샬롯 공주의 몇 가지 사례를 살펴보자. 앞서 본 바와 같이 샬롯 공주는 그녀의 미모와 구찌 모델 등의 활동을 통해 대중의 관심을 지속적으로 받아온 인물이다. 우선 "Revue"지 2006년 10월 12일자 42/6호는 파리 퐁피두(Pompidou) 센터에서 프랑스 화가 겸 사진가인 이브 클레인(Yves Klein)의 사진전시회 개최를 보도하는 과정에서 개막 갈라쇼에 참석했던 샬롯 공주의 사진들을 함께 게재하였다. 해당 사진들은 6개월 전에 모나코 로젠볼(Rosenball) 행사에 참석했던 샬롯 공주의 사진과 함께 20세의 눈부신 샬롯 공주가 그녀의 남자친구와 함께 상류사회를 매혹시켰다는 등의 내용 등이 포함되었다. 이어서 샬롯 공주의 퐁피두 갈라쇼 참석 사진도 함께 게재되었다.[362]

이에 샬롯 공주는 해당 사진들의 금지청구소송을 제기하였고 이에 연방대법원은 유명인의 경우에도 대중들에게 자신의 인생설계에 있어서 방향설정을 제공하고 모범기능 및 대조기능을 수행함으로써 공적 관심의 문제에 관한 여론형성에 기여할 수 있다고 선언했다. 이어서 이러한 원칙에 따라 상류사회의 행사나 대관식, 모나코에서의 로젠볼 갈라쇼, 파리 퐁피두 센터에서 유명한 예술가의 전시회 개막 갈라쇼 등 역시 '시사적 사건'에 해당하고, 아울러 문제된 사진들이 단지 샬롯 공주의 연애사실만을 제한적으로 다룬 보도라기보다는 개막 갈라쇼 등 행사가 주를 이루고 있고 거기에 초대된 많은 유명인들 가운데 두 사람이 그 대상이 된 것이라고 보았다. 따라서 특히 유명인이 시사적 행사에 등장한 경우에는 그 행사 자체에 관한 것뿐만 아니라 어떠한 인물이 거기에 등장했는지, 누구와 함께 등장했는지도 '시사적 사건'에 해당한다고 판단했다.[363]

이러한 입장에 대해서는 추후 연방헌법재판소 역시 동의하였다. 연방헌법재판소는 2010년 9월 12일자 판결을 통해 유사한 사건에 대한 연방대법원의 입장을 심사할 기회를 가지게 된다. 화보잡지 "Bunte"지는 2007년 3월 8일자 보도에서 "샬롯 파리를 점령하다"라는 제목의 기사로 파리 유행주간을 다루면서

361 Soehring·Hoene, §19 Rn.6c.
362 NJW 2010, 2025.
363 NJW 2010, 2025, 3027.

프랑스 에이즈 갈라행사에 참석했던 샬롯 공주의 단독 사진, 그리고 저명인사의 자녀들이 참석했던 모 사진가의 출판기념회에서의 샬롯 공주의 대형사진 등을 게재하였다. 아울러 샬롯의 우아함이나 아름다움, 상류사회로의 진입 등을 다루는 "샬롯의 유행주간, 남프랑스 코트다쥐르의 불사조 같은 비상"이라는 내용을 함께 게재했다. 이에 샬롯 공주는 해당 사진들의 게재금지를 청구했고, 결국 연방헌법재판소에 이르게 되었다.[364]

연방헌법재판소는 문제된 사진이 포함된 보도는 샬롯 공주가 중심을 이룬 것은 사실이지만 아무런 계기도 없이 그녀의 외모를 주제로 삼은 것이 아니라 전체적으로 파리 유행주간에서의 방문객, 그리고 개최된 행사의 범위 내에서 보도되었다고 보았다. 나아가 잡지는 개최된 파티에서 부모의 신분 덕분에 근심 없이 향락적으로 인생을 향유하고 있는 일부 부유 여성층에 대한 비판을 제기하였고, 샬롯 공주 역시 특수계층에 속한다는 점을 부각시켰다는 사실이 함께 고려되어야 한다고 판단했다. 따라서 이러한 사진 등의 보도는 샬롯 카시라기라는 인물만을 대상으로 삼기 위한 단순한 구실에 머문 것이 아니라, 비록 지도자상을 가지지는 않지만 하나의 부모 혈통에 따른 특수 여성계층의 사회 내 대조기능을 가진다는 점에서 행사에 참가한 모습이 담긴 샬롯 공주의 사진공표는 허용된다고 결론 내렸다.[365]

하지만 귀족가문의 구성원이 공식 행사나 갈라쇼에 참석했다는 사실만으로 초상 공표가 허용되는 것은 아니다. 연방헌법재판소는 2010년 9월 12일자 동일한 판결에서 "Neue Post"지 대상 사건을 다루면서 앞선 결정과는 달리 판단하였다.

"Neue Post"지는 2007년 3월 21일자 표지에 샬롯 공주의 대형 사진을 게재하면서 그 아래 "충격적 사진 – 캐롤라인의 딸(21) – 달콤한 인생은 얼마나 위험한가"라는 제목 및 작은 글씨의 "파리 에이즈 갈라에서 샬롯"이라는 설명문구를 첨부하였다.

이에 대해 연방헌법재판소는 문제된 표지사진 및 첨부기사는 에이즈 갈라행사에 관한 보도로 인정할 수 없고, 더욱이 행사를 안내하는 설명문구의 활자체보다 "충격적인 사진"이라는 제목의 활자체가 훨씬 더 크게 인쇄되었다는 점을 고려할 때 해당 기사가 샬롯 공주의 품행을 다루려는 내용은 단지 그녀의 외

---

364 NJW 2011, 740.
365 NJW 2011, 740, 743.

모를 다루기 위한 단순한 계기에 불과하다고 판단했다. 아울러 표지사진의 예고와는 달리 잡지 본문내용은 샬롯이라는 개인 인물에게로만 치중됐고 사춘기의 일반적 문제나 청소년기의 방탕에 관한 어떠한 사회적 이슈에도 기여하지 못했으며 또한 에이즈라는 질병이나 그것의 사회적 이슈에 관한 어떠한 정보도 포함되지 않았다고 보았다. 결국 표지사진은 언론자유의 일환이라고 보기 어렵다고 결론 내렸다.366 이처럼 관련 기사내용이 어떠한 '시사적 사건'과의 관련 없이 그의 인물초상을 공표하기 위한 단순한 계기에만 머물 경우에는 사진공표를 정당화할 수 있는 '시사적 사건성'이 인정되지 않는다.

그렇다면 연방대법원은 연방헌법재판소 판결 취지를 이후에도 여전히 유지하고 있는지 살펴보자. 우선 화보잡지 "Bunte"지는 2007년 3월 29일자 14/7호에서 표지에 "샬롯, 파티 여왕", "모나코 로젠볼과 스타 캐롤라인 공주의 딸: 불타는 아름다움"이라는 제목과 함께 표지 및 기사본문에 대형 인물사진을 공표했다. 이에 샬롯 공주는 사진 등의 공표금지소송을 제기했다.367

이 사건에 관하여 연방대법원은 2010년 10월 26일자 판결에서 우선 사진보도의 정보내용은 초상이 제공된 전체적인 맥락에서 그리고 그에 첨부된 보도기사 내용을 고려하여 조사되어야 하며, 그밖에 인격권 보호이익의 결정을 위한 판단에 있어서는 사진보도의 계기와 그 사진이 생겨나게 된 사정이 함께 포함되어야 하며 어떠한 상황에서 당사자가 포착되었고 어떻게 묘사되었는지도 고려되어야 한다는 그간의 원칙을 다시 한 번 확인하였다. 그에 따라 언론보도에서 '시사적 사건'을 계기로 작성된 한 인물의 사진게재가 단지 해당 인물의 설명의 기회로 이용되었는지 아니면 보도가 여론형성에의 기여 없이 유명인의 사진게재를 위한 단순한 구실로 이용되었는지 여부가 구별되어야 하며, 후자의 경우에는 정보이익이 인정될 수 없다고 밝혔다.368 이러한 확고한 원칙에 따라 연방대법원은 이 사건에서 샬롯 공주의 사진은 모나코 로젠볼이라고 하는 '시사적 사건'을 계기로 전면에 내세운 것으로서 아울러 기사내용은 샬롯 공주에 관한 가치평가적 비판과 그녀의 생활스타일을 포함하는 것이라고 보았다. 비록 해당 보도가 표지 및 기사제목에서 샬롯 공주의 인물에 집중한 것은 사실이지만 기

366 NJW 2011, 740, 743.
367 NJW 2011, 746.
368 NJW 2011, 746, 747.

사내용뿐만 아니라 문제된 사진 역시 로젠볼 행사와 충분한 관련성을 가지고 있다고 인정했다. 왜냐하면 사진에는 로젠볼에 참석한 많은 사람들과 12명의 모나코 사회의 주요 인물들이 함께 보이며, 기사내용은 그러한 맥락에서 샬롯이 속한 상류사회가 비판적으로 묘사되었고, 샬롯 공주 역시 로젠볼 행사에서 샤넬이라는 명품의 귀족 관복을 입은 채 잡담을 즐기고 있다고 비판되었기 때문이다. 따라서 국민들에게 널리 알려진 우상이나 고상한 상류사회 내의 행사에서 일어나는 일들에 관한 관심은 성급하게 단순한 호기심으로 매도되어서는 안 되며 합법적인 정보이익이 인정된다고 판단했다.[369]

연방대법원은 또 다른 판결에서도 동일한 입장을 유지한다. 마찬가지로 화보잡지 "Bunte"지는 2008년 4월 10일자 기사에서 "골든 키즈들(kids)의 긴 밤"이라는 제목으로 샬롯 공주의 초상을 보여주는 사진 및 "전시회 개막의 혼잡 속에서: 화랑주인과 대부호 상속자인 알렉스 D는 젊은 예술 칼럼리스트인 샬롯 카시라기와 앤디 워홀 제자의 작품에 관해 토론한다. 그 갤러리는 롤링스톤스 론 우드(Ron wood)의 소유이다."라고 보도하면서 소위 젊은 상류계층의 런던 밤 생활을 다루었다. 이에 샬롯 공주는 자신의 초상사진 및 해당 기사의 공표금지 소송을 제기했고, 결국 연방대법원에서 패소했다.[370]

연방대법원은 2011년 10월 18일자 판결에서 우선 공직을 차지하거나 공적 생활에서 특별한 직을 수행하지 않는 인물일지라도 부유하거나 귀족가문의 자손으로서 젊은 사람들이 런던의 밤에 그들의 자유를 어떻게 형성하고 있는지는 광범위한 대중들에게 그것을 알기 위한 관심을 불러일으키는 것이고, 따라서 사진이 첨부된 전시회 개막에 관해서는 보도가 가능하다고 보았다. 비록 개막식은 초대된 손님들만을 위한 폐쇄된 행사이지만, 유명한 통신사의 사진기자들이 참석한 상태이므로, 공표된 사진은 일반적으로 입수 가능한 것들이었다고 판단함으로써 더 이상 공표된 사진이 행사의 폐쇄적 성격을 가진다고 주장할 수는 없다고 밝혔다. 특히나 갤러리는 롤링스톤스 론 우드 소유의 갤러리에서 앤디워홀 제자의 작품을 공개했기 때문에 그러한 개막행사는 대중에게 많은 영향을 미치는 것이라고 보았다.

나아가 보도내용은 샬롯 공주의 사생활로 제한되는 '사적 영역'에서의 것이

---

369 NJW 2011, 746, 748.
370 NJW 2012, 762.

아니라 행사의 참가를 통한 '사회적 생활영역'에 속한다고 판단했다. 더군다나 "골든 키즈들의 밤 생활"이라는 제목의 사진 및 기사들 속에서 젊은 예술 칼럼니스트로서 샬롯 공주를 묘사하면서, 그녀의 저널리즘적 활동 및 그러한 개막행사 참가 사이의 관계를 주로 다루었고, 동시에 어떠한 사회적 지위가 젊은 상류층의 귀족이고 이들과 다른 저명인의 자손들이 어떤 행사에 방문하는지를 다룸으로써 기사는 공중의 관심을 일으킬 수 있고 젊은 층에게 사회적 차이를 분명하게 알리는 저명인이나 부유층 자손들의 사진을 보여주었다고 인정했다. 이에 해당 사진 등의 보도는 허용된다고 판결했다.[371]

자. '공적 생활의 인물' 및 유명인의 주변인

'공적 생활의 인물'이나 유명인의 주변인, 가령 친밀한 인물, 애인, 가족 등은 단지 그들과의 주변관계에 있다는 이유만으로 공적 주목이나 관심의 대상이 되어서는 안 되고 대중의 의식 속에서 독자적인 지위를 차지할 경우에만 '공적 관심의 대상 인물'이 될 수 있다. 즉, 이러한 주변 인물들은 스스로 하나의 독자적인 공중의 정보관심을 끌지 않는 한 초상권 제한을 감수할 필요가 없다.[372]

2000년 초반만 하더라도 연방헌법재판소는 2001년 4월 26일자 판결('동반인' 판결)에서 '절대적 시사적 인물'이 '상대적 시사적 인물'을 동반해서 나타난 상황에서는 동반인 역시 '절대적 시사적 인물'처럼 다뤄질 수 있다는 원칙을 제시하였다. 이 사건에서는 캐롤라인 공주와 당시에는 아직 연인에 불과했던 에른스트 아우구스트 폰 하노버 공이 캐롤라인 공주와의 동반상황에서 촬영된 사진 등에 대해 공표를 금지한 사건이 발단이 되었다.[373]

연방헌법재판소는 이 사건에서 캐롤라인 공주는 이제까지의 지속적인 판결에서 나타난 바와 같이 '절대적 시사적 인물'에 해당하며, 이러한 인물과 공중에 함께 등장한 경우에는 에른스트 아우구스트 공 역시 '상대적 시사적 인물'로서 인정될 수 있고, 따라서 예술저작권법 제23조 제1항의 '시사적 사건'에 해당하게 되므로 당사자 동의 없이 사진의 촬영 및 공표가 허용된다고 보았다. 즉, '상대적 시사적 인물'은 일반적으로 초상공개가 허용되지는 않지만 하나의 특정

---

371 NJW 2012, 762, 763.
372 Soehring·Hoene, §19 Rn.7c.
373 NJW 2001, 1921.

한 사건과의 연관 속에서 시사성이 인정되게 되고, 이에 따라 대중 속에서 '절대적 시사적 인물'과의 친밀한 동반 역시 '시사적 사건'으로 인정된다는 것이다. 결국 동반인의 초상은 동반인이 '절대적 시사적 인물'과 함께 혹은 그를 대신해서 공개적으로 나타날 경우 원래는 '절대적 시사적 인물'에게 향한 '공중의 정보이익'이 촬영된 동반인에게도 미치게 된다고 간주했다. 이외에도 동반인의 행동을 근거로 동반인에게서 독자적으로 생겨나는 '공중의 정보이익' 역시 인정될 여지가 있다고 판시하였다.[374]

또한 2004년 3월 9일자 판결에서도 유명인의 동반인에 관한 판결을 내린 바 있다. 해당 사건은 캐롤라인 공주의 딸인 샬롯 공주가 15살이었을 때 캐롤라인 공주와 함께 파리 근처에서 경마에 참가한 이후 저녁 갈라행사에 참여한 사진을 모 잡지가 게재하면서 문제되었다.[375]

해당 사건에서 연방대법원은 우선 캐롤라인 공주는 그녀의 지위나 중요성으로 인해 특정한 '시사적 사건'과는 무관하게 일반적으로 공적 관심을 받게 되는 '절대적 시사적 인물'이라는 점에서 출발해서 그녀의 자녀들도 마찬가지로 가족으로서 공중에 등장하거나 그녀의 공적 역할을 대변할 경우에는 마찬가지로 취급될 수 있다고 보았다. 즉, 유명인의 부부와 자녀들이 문제된 갈라행사와 같은 공적 행사에 함께 참가한다면 캐롤라인 공주와 같은 '절대적 시사적 인물'과 동반한 동반인의 모습 혹은 그녀를 대신해서 공개적으로 나타난 경우 역시 동의 없이 공표될 수 있고 이를 위한 전제는 구체적인 '시사적 사건'과의 관련에 따라 '공중의 정보이익'이 존재하는 '상대적 시사적 인물'로서 가능하다는 것이다.[376]

다만, 이 사건에 있어서는 해당 보도가 장소 혹은 배경 없이 거의 전적으로 샬롯 카시라기 공주의 외모만을 다루고 있고, 갈라행사에 관해 상세한 보도는 없으며 이에 관한 어떠한 다른 정보도 없다는 점이 고려되었다. 즉, 문제의 보도는 어떠한 '시사적 사건'에 관한 보도가 아니라 거기에서 촬영된 샬롯 공주의 인물의 설명을 위한 계기로 이용되었으며, 특히 샬롯 공주가 당시에는 청소년으로서 보다 더 강화된 보호필요성이 요구된다는 점에서 허용되지 않는다고 판단했다.[377]

---

374 NJW 2001, 1921, 1922f.
375 NJW 2004, 1795.
376 NJW 2004, 1795f.
377 NJW 2004, 1795, 1976.

하지만 앞서 살펴본 바와 같이 유럽인권법원의 2004년 6월 24일자 판결을 통해 독일 법원이 취하고 있는 절대적 또는 상대적 시사적 인물의 구별 및 캐롤라인 공주가 '절대적 시사적 인물'에 해당한다는 판단이 거부된 이후에는 캐롤라인 공주를 '절대적 시사적 인물'이라고 보는 관점에서 출발하는 이러한 기준을 따를 수 없게 되었다.

　　그렇다면 연방대법원 및 연방헌법재판소의 이후 입장을 확인하기 위해 우쉬 글라스(Uschi Glas) 사건 속 동반인 초상권 법리에 관한 판결을 살펴보자.

　　연방대법원은 2004년 10월 19일자 판결을 통해 이에 관해 판단한 바 있는데, 해당 사건은 2001년 이후 유명한 여배우인 우쉬 글라스(Uschi Glas)의 남편 브렌트 테바그(Brend Tewaag)가 새로운 애인을 사귀게 된 것과 관련된 사건이다. 당시 유명여배우 우쉬 글라스의 남편은 간이식당을 운영했던 평범한 작센 출신의 앙케(Anke)라는 한 여인과 연인관계를 유지하였다. 이 과정에서 "Super illu"지는 2002년 11호에서 이들의 관계를 보도하면서 여러 사진들을 게재하였는데 이 중에서 2002년 2월경에 촬영, 공표되었던 브렌트가 앙케와 함께 외딴 장소에서 산책하는 모습을 보여주는 사진이 특히 문제되었다. "Superillu"지는 문제 사진을 자신의 기사에 게재하면서, 이 사진이 공표되었을 때 두 사람의 로맨스가 알려졌고 결국 우쉬 글라스는 파경을 맞이하였다고 보도하였다. 이후 2003년 1월 두 사람이 독일 비디오상 시상식에 함께 등장하였고 이때 브렌트는 앙케가 자신의 애인이라고 직접 기자들에게 소개하면서 그들의 관계를 인정하였다. 이후 앙케는 사적 상황에 있는 자신의 모습을 위법하게 촬영한 사진들을 언론이 계속해서 공표하는 것을 금지하는 소송을 제기하게 되었다.[378]

　　해당 사건에서 연방대법원은 우쉬 글라스와 브렌트 테바그의 결혼 위기는 공중의 관심이 존재하는 '시사적 사건'에 해당한다는 점에서 출발했다. 그리고 글라스와 테바그 사이의 결혼 위기에 이은 파경과 관련하여 공중의 관심이 존재하는 한, 앙케는 당사자로서 자신에 관한 사진보도를 감수해야 한다고 밝혔다. 하지만 브렌트의 애인이었던 앙케가 공중에 등장하기 이전의 시기 동안은 자신의 사생활에 관한 보호가 우선한다고 판단했다.

　　이에 따라 2003년 1월 독일 비디오상 시상식에 브렌트와 함께 동반한 이상

---

[378] NJW 2005, 594.

앙케는 자신의 사적·사회적 영역을 스스로 공개했고 따라서 이후에는 자신의 익명성을 더 이상 주장할 수 없다고 밝혔다. 즉, 어느 누구도 자신의 사생활을 공중에 넘기거나 통상 사적인 것으로 간주되는 사안들이 공개되는 것에 동의한 것으로 인정되는 한, 그러한 부분에서 공개된 내용에 관해서는 '사적 영역'의 보호를 주장할 수 없게 된다고 보았다. 그리고 주변에 자신의 행동이나 관련 사항들을 제한하거나 공개하지 않겠다는 기대는 전반적으로 일관되게 표현되어야 한다고 강조했다.[379]

한편, 앙케가 브렌트 테바그와 바이허 호숫가에서 산책하는 모습의 사진은 사정이 다를 수 있는데, 이 사진은 외부에서 알 수 있듯이 전형적으로 사적인 상황에 있다고 보여질 뿐만 아니라 자신의 '사적 영역'을 여전히 포기하지 않은 시기에 촬영·공표된 것으로서 이 사진에 관한 '공중의 정당한 정보이익'은 인정되지 않는다고 판단했다.[380]

이러한 연방대법원의 입장에 대해, 앙케는 대체로 그녀에 관해 촬영되었던 여러 사진들은 2003년 1월 앙케와 테바그가 독일 비디오상 시상식에 참석한 이후에도 공표되어서는 안 된다는 금지청구소송을 연이어 연방헌법재판소에 제기하였다. 문제된 사진들은 주로 앙케와 테바그의 연인관계 및 우쉬 글라스와 테바그의 파경을 다루는 기사에 첨부된 앙케의 여러 초상사진들이었고, 그중에는 2002년 1월에 테바그와 호숫가에서 산책하던 사진도 포함되어 있었다. 이에 연방헌법재판소는 전반적으로 연방대법원의 입장을 그대로 수용하였다.

연방헌법재판소는 2006년 8월 21일자 결정에서 연방대법원이 청구인인 앙케가 자발적으로 그녀의 '사적 영역'을 공개한 것이라는 바탕 위에서 사진보도에 우월한 정보이익을 인정한 것은 헌법상 비판되지 않는다고 판단했다. 즉, 어떤 범위 내에서 개인이 대중들의 시선에 노출되지 않고 그의 행동이 언론보도의 대상으로 되지 않는지의 문제는 구체적 사정을 고려하여 당사자의 행동을 통해서 판단되어야 한다고 밝혔다. 이에 따라 당사자가 보통 사적인 것으로 간주될 수 있는 특정한 사안들이 공개된다는 것에 스스로 동의한 것으로 보일 경우에는 그의 대중적 공개에 대한 '사적 영역'의 보호는 탈락하게 된다고 보았다. 어느 누구도 그의 '사적 영역'의 공개를 방해받지 않으며, 오히려 그의 공중으로

---

379 NJW 2005, 594, 595.
380 NJW 2005, 594, 596.

부터 배제된 '사적 영역'의 보호를 주장하기 위해서는 주변에서 그의 행동방식이나 사적 상황들이 제한되어 있다거나 공개를 원하지 않는다는 의사가 일관되고 상황 전반에 걸쳐 표현되어야 한다고 강조했다.[381]

아울러 연방헌법재판소는 유럽인권법원이 자신의 판결을 통해 이미 사전에 공표되었던 정보가 단지 유사한 방식으로 새로이 전파될 경우에는 유럽인권협약 제10조 제1항의 표현의 자유에 의해 보장된 중요한 정보전달의 자유가 커다란 비중을 가지게 된다고 판시했던 내용을 그대로 인용했다. 따라서 청구인인 앙케가 2003년 1월 그녀의 애인과 함께 시상식에 등장해서 그녀의 협조하에 그녀 자신의 신상이 공개된 이상 문제된 사진들이 이후 새로이 공표되는 것은 문제되지 않는다고 인정했다. 또한 그녀는 그 당시 그녀의 애인인 테바그의 언론에 대한 입장표명에 반대하지 않았고, 공개행사에서 그녀의 애인과 함께 있음으로써 그녀의 인물에 관한 언론의 관심을 기대할 수 있다고 보았다. 따라서 연방대법원이 그러한 사정을 '사적 영역'의 자기결정으로서 원용한 것은 헌법상 이의를 제기할 수 없다고 확정했다.[382]

다만, 2002년 호숫가에서 두 사람이 산책하는 모습의 사진이 제공하는 정보는 하나의 연인관계가 존재한다는 단순한 고백을 넘어서서 무엇보다 연인관계의 존재를 보여주는 초상사진과는 구별되는 촬영 당시 상황의 사적 성격을 나타낸다고 지적하면서 이러한 사진공표를 금지한 연방대법원의 입장에 동조했다.[383]

이처럼 유명인의 동반인이 스스로 대중 속에 등장하거나 그러한 상황을 동의한다면 이에 따라 그의 초상권은 제한되는 결과에 이른다. 하지만 단지 한 번 혹은 몇 번 정도 유명인과 함께 대중에 등장하거나 그의 모습을 보여준 동반인은 그러한 이유만으로 '시사적 인물'로 인정될 수는 없고, 그의 초상권 제한을 감수할 필요는 없다. 즉, '공적 생활의 인물'의 가족, 연인, 반려자 등 동반자는 스스로 공중 속에서 하나의 독자적 정보이익을 야기하지 않는 이상, 초상권 제한을 감수할 필요는 없는 것이다.[384]

이어서 독일 유명뮤지션 허버트 그뢰네마이어(Herbert Grönemeyer)의 연인사건을 살펴보자.

---

381 NJW 2006, 3406, 3408.
382 NJW 2006, 3406, 3408.
383 NJW 2006, 3406, 3408.
384 Soehring·Hoene, §19 Rn.7c.

독일의 유명한 뮤지션인 그뢰네마이어는 1998년 그의 부인과 형이 암에 걸려 사망하는 불운을 겪은 이후 잠시 영국에서 고립생활을 하기도 하였다. 이후 2004년 "B" 화보잡지는 5월 6일자 보도에서 그뢰네마이어가 32살의 어린 연인과 함께 간편한 휴가복장으로 로마의 한 카페에서 그의 연인을 주시하고 있는 모습의 사진과 거리에서 산책하는 모습의 사진을 공개하면서 그들의 관계에 관한 기사를 게재하였다. 이에 그뢰네마이어의 연인은 이러한 사진의 공표를 금지하는 소송을 제기했다. 그녀는 2003년 가을 한 공식행사에서 그뢰네마이어의 곁에 함께 등장한 바 있으나, 그녀는 항상 자신의 사생활에 관한 공개보도에 적극적으로 반대의사를 내면서 법적 조치를 한 바 있다.[385]

연방대법원은 2007년 6월 19일자 판결에서 문제된 사진들은 그뢰네마이어의 연인인 원고의 인격권을 침해한다고 인정했다. 이의제기된 사진에서 그녀는 휴가기간 동안 그뢰네마이어와 함께 로마의 한 지역에서 자유롭게 옷을 입고 카페에 앉아 있거나 거리를 산책하는 모습을 보여주고 있는데 이러한 활동은 원칙적으로 그녀의 '사적 영역'에 편입될 수 있는 일상생활로서 어떠한 공적 토론에의 기여나 시사적 사건에 관한 정보를 끌어낼 수 없다고 보았다. 더욱이 그뢰네마이어가 어떠한 지명도를 가지고 있는 인물일지라도 해당 사진들은 외부에서 알 수 있듯이 '시사적 사건'과는 아무런 관련도 없는 사적 상황의 모습을 담은 사진이라고 판단했다.[386]

나아가 이제까지의 판결원칙에 따르면, 언론이 여론형성을 위해 공적 이익을 가지는 최신의 진실한 정보를 전달하는지 아니면 본질적인 사회적 중요성 없는 단지 오락성에만 매진하는 그러한 보도인지 여부가 기본권 형량에서 결정적인 역할을 한다는 점에서 후자의 경우는 초상권을 제한할 수 있는 어떠한 공중의 정보이익도 존재하지 않는다고 밝혔다. 더군다나 원고의 경우에는 항상 그의 사생활 공개에 반대했으며, 이를 법적으로 다퉈왔다는 점 역시 인격권 보호에 더욱더 우위를 인정하게 된다고 판결했다.[387]

유명인의 주변인이나 연인이 그의 파트너의 지위와는 무관하게 대중 속에서 독자적인 지위를 차지한 사례도 살펴보자.

---

385 NJW 2007, 3440.
386 NJW 2007, 3440, 3443.
387 NJW 2007, 3440, 3443.

원고는 2007년 독일 영화시상식에서 유명한 여배우의 새로운 연인으로서 소개된 인물이다. 그는 원래 조각가이지만 모두 8편의 포르노 영화에서 배우로 활동했고, 해당 포르노 영화들에서는 얼굴이 그대로 노출되었다. 이에 "Auf einen Blick"이라는 잡지는 2007년 6월 21일자 판에서 "여인이 너무 사랑할 때"라는 제목으로 해당 여배우의 실명을 공개한 상태에서 "그녀는 그녀의 새로운 연인이 얼마 전까지만 해도 포르노 배우로서 빛을 발했을 때 — 콘돔도 없이 자연 상태로 — 어떠한 느낌이 들었을까? 그러한 신뢰상실 이후에는 이별 외에는 다른 해결은 없을까?"라는 내용의 기사를 게재했다. 이에 유명 여배우의 연인인 원고는 이러한 기사의 공표 및 전파금지소송을 제기했다.[388]

이에 연방대법원은 2011년 10월 25일자 판결에서 통상 당사자가 사회적 영역에서 일어나는 진실보도에 관해서는 이를 감수해야 하고 인격권 보호에 대해 표현의 자유나 '공중의 정보이익'이 우선하게 되는데, 원고가 포르노 영화에 참여했고 여기에서 콘돔을 사용하지 않았다는 보도는 원고의 '사회적 영역'에 속한 것이고 진실한 것이라고 전제했다. 이어 문제된 보도가 그의 포르노 영화에서의 활약을 공개한 것은 보통의 대중들에게 특별한 원고의 낙인찍기나 심각한 부정적 평가를 수반했다는 사실을 입증하지 못하는데, 그의 활동 공개는 그가 상업적으로 이용될 수 있는 포르노 영화에의 참여를 통해 이러한 공개를 각오한 이상 문제되는 것으로 볼 수 없다고 판단했다. 의견자유는 공적 이익의 유보조건 아래 보호될 뿐만 아니라 개별적 기본권 주체가 다른 사람과의 소통과정에서 그의 인격의 전개에 관해 내린 자기결정권을 우선적으로 보장하기 때문이다.[389]

결국 연방대법원은 독일에서 매우 유명하고 공적 관심을 받는 여배우가 독일 영화시상식에서 원고를 자신의 새로운 인생파트너로 소개한 이상, 원고 관련 보도에 관한 공중의 사소하지 않은 정보이익이 존재한다고 밝혔다. 아울러 포르노물과 사회에서 안전한 섹스에 관한 이슈라는 찬반이 갈리는 문제는 토론의 대상이 될 수 있으며 이에 관해 문제된 보도는 여론형성에 기여하는 데 적합하다는 점이 인정된다고 보았다.[390]

---

388 NJW 2012, 767.
389 NJW 2012, 767, 769.
390 NJW 2012, 767, 770.

차. 유명인의 옛 연인의 사진공표

원고는 가수인 C와 1979년 사귀게 되었고 얼마동안 그리스의 한 섬에서 시간을 함께 보냈다. 이때 원고는 가수 C와 함께 여러 사진들을 촬영했는데, 그중에는 방 안에서 원고가 가슴을 드러낸 채 침대에 누워있는 모습의 사진도 있었다. 이러한 사진들을 피고인 화보잡지사 "S"는 1979년 광고대행사를 통해 구입했고, 우선 가수 C의 독일 순회공연에 맞추어서 "그의 가장 최근의 여자친구와 함께 있는 C"라는 사진캡션과 함께 공표하였다. 이어서 피고는 1984년 C의 임박한 독일 순회공연을 앞두고 이 사진을 재차 공표하였는데, 이번에는 "그는 이제는 헤어진 예전의 여자친구와 함께 그리스의 섬에서 휴가를 보냈었다"라는 사진제목이 달려 있었다. 이에 전 여자친구인 원고는 1984년 피고 잡지사 및 편집부를 상대로 손해배상청구소송을 제기하였다. 최종적으로 프랑크푸르트 상급법원은 손해배상청구를 인용하였다.[391]

프랑크푸르트 상급법원은 우선 두 번째 1984년의 보도에 있어서 사진에 첨부된 설명 "헤어진 여자친구와 함께 그는 그리스의 섬에서 휴가를 보냈었다"라는 내용은 무엇보다 중대한 멸시에 해당한다고 보았다. 반나체로 침대에 누워있는 모습의 사진에 헤어진 "여자친구"라는 문구는 독자들에게 이미 가수 C와의 밀접한 관계가 아닌 성적 심심풀이 대상자라는 의미를 암시하는 것이므로 원고의 명예를 악의적으로 훼손하는 것이기에 해당 보도는 통속잡지 수준으로 변명의 여지없이 저널리즘적 일탈을 행한 것이라고 판단했다. 이러한 점에서 원고는 그녀의 인격에 대한 훼손을 감수할 필요는 없다고 판결했다.

나아가 피고는 1979년 명백히 개인적 연인관계를 유지했던 상황에서 그 사진이 촬영되었고, 이후 1984년에 그러한 관계가 계속 유지되고 있었다고 가정할 수 없다는 점을 잘 알고 있었으며, 1979년 원고의 추정적 동의하에 공표된 그 사진이 5년이 지난 1984년의 새로운 공표에까지 그 효력이 유지될 수 없다는 점에서 원고의 동의 없이 해당 사진이 1984년에 공표되어서는 안 된다고 판결했다.[392]

---

391 NJW 1987, 1433.
392 NJW 1987, 1433, 1434.

카. '공적 생활의 인물' 혹은 유명인의 미성년자 자녀

'공적 생활의 인물'이나 유명인의 자녀들의 경우는 어떠한 기준에 따라 초 상 공표가 허용될까? 이러한 문제에 관해 연방헌법재판소는 시기적으로 1999년 에 이르러서 자세한 기준을 제시한 바 있다. 일명 '캐롤라인 판결'[393]에서 연방 헌법재판소는 비록 유명인의 자녀일지라도 그들이 미성년인 경우에는 보도에 커다란 자제가 요청된다고 선언하였다.

해당 사건은 화보잡지 "Bunte"지가 캐롤라인 공주의 여가생활에 관한 여 러 사진들을 게재한 것이 다툼의 원인이 되었는데 이 가운데 1993년 8월 5일자 기사에서 캐롤라인의 자녀들인 안드레아(Andrea), 피에르(Pierre)와 함께 승용차 앞에 서있는 모습의 사진과 1993년 8월 19일자 "소박한 행복으로부터"라는 제 목 아래 캐롤라인 공주가 그녀의 딸인 샬롯 카시라기와 프랑스 프로방스 지역 의 작은 하천에서 카누를 타고 있는 모습의 사진이 문제되었다.

연방헌법재판소는 해당 판결에서 유명인 자녀의 초상공개 및 '사적 영역'의 보호문제를 다루었는데, 우선 어린이를 포함한 미성년자는 독자적인 책임하에 설 수 있는 인물로 성장해야 하기 때문에 특별한 보호를 필요로 한다고 보았다. 그리고 이러한 보호요청은 미디어나 미디어의 이용자가 유명인의 자녀에 관해 가지는 관심으로부터 위험이 시작될 수 있다고 보면서 미디어나 이용자의 관심 으로 인해 자녀들의 인격전개는 성인보다 더 예민하게 방해받을 수 있고 따라 서 어린이들은 공중의 관찰로부터 자유롭게 느끼고 발전할 영역이 성인들보다 더 포괄적으로 보호되어야 한다고 밝혔다. 따라서 자녀들을 향한 부모의 관심이 나 후견은 일반적 인격권의 보호범위 내로 포섭될 수 있고 더욱이 그러한 생활 조건을 확보할 책임을 부모에게 지우는 부모의 자녀양육 및 보호권(기본법 제6조 제1항 및 제2항)을 통해 강화된다고 보았다. 또한 부모와 자녀의 관계를 보호하는 특별한 인격권의 보호범위는 장소적으로 차단된 은거성의 조건을 갖추지 않은 장소에서도 가능할 수 있다고 보았다.

하지만 부모가 자녀들과 함께 의식적으로 공중을 지향했을 경우, 가령 함 께 공적 행사에 참여하거나 그러한 행사의 중심인물로 섰을 경우에는 통상 이 러한 보호필요성이 상실되는데 이는 공적인 등장의 조건을 스스로 제공했기 때

---

[393] NJW 2000, 1021.

문이라고 판단했다.[394]

　이어서 연방헌법재판소는 2000년 3월 31일자 판결에서 '시사적 인물'의 미성년자 자녀의 경우 '사적 영역'이 어디까지 보호되는지 밝혔다. 여기에서 연방헌법재판소는 시사적 중요성을 가진 부모의 미성년자 자녀들 역시 방해받지 않는 아동의 발전권에 근거한 인격전개권을 가지며, 공중 속에서 일상적으로 행동한 경우가 아니라 의식적으로 공중에 향했을 경우에는 이러한 인격권의 보호필요성이 상실되지만, 그럼에도 통상적으로 공중에서 일어나는 어린이에 적합한 행동들은 보호필요성이 바로 상실되는 것은 아니라고 판단했다.[395]

　해당 사건은 캐롤라인 공주가 그녀의 미성년자 아들과 함께 촬영된 사진공표가 문제되었다. 연방헌법재판소는 어린이는 미디어나 미디어 이용자의 유명인 자녀의 사진에 관한 관심에서 시작될 수 있는 위험을 고려하면 이들에 대한 특별한 보호가 요청된다고 보았다. 이어서 인격발전을 위한, 인격형성을 위한 아동의 권리는 그들의 '사적 영역'에서뿐만 아니라 공적 공간에서 어린이에 적합한 발전 역시 포함하며, 공중 속에서 적합하게 행동하는 것을 배우는 것 역시 이러한 인격발전에 속하게 되므로 시사적으로 중요한 부모의 자녀라고 해서 이러한 점이 달라지지는 않는다고 밝혔다.

　따라서 미성년자 자녀가 공중 속의 일상적인 흐름에 따라 움직이는 것이 아니라 홀로 혹은 부모와 함께 의식적으로 공중을 향했을 경우에는, 가령 공적 행사의 중심에 서 있을 경우 등에는 그것을 통해 공개적 등장의 조건을 제공한 것인 만큼 보호필요성이 상실되지만, 통상적인 방식으로 공중 속에서 행해진 어린이에 적합한 행동의 경우에는 바로 보호필요성이 상실되는 것은 아니라고 판결했다. 특히 어린이가 그의 부모와 함께 쇼핑이나 산책과 같은 일상적인 행동에 동반된 경우 보호필요성은 상실되지 않는다고 밝혔다. 마찬가지로 시사적으로 중요한 인물의 자녀 역시 다른 자녀들처럼 그의 부모와 함께 공개적 공간에서 동반될 권리를 가지며, 단지 부모와 함께 있다는 이유만으로 언론보도의 대상이 되지는 않을 권리를 가진다고 인정했다.[396]

　결국 캐롤라인 공주의 아들이 자신의 어머니와 함께 완전히 일상적인 상황

---

394 NJW 2000, 1021, 1023.
395 NJW 2000, 2191.
396 NJW 2000, 2191.

에서 보이는 문제 사진은 좁게 제한된 가정 내 영역 밖에서 그녀의 어머니와 함께 일상적 일과를 수행하는 경우이므로 이러한 행동에 관한 사진촬영 및 공표를 감수할 필요는 없다고 밝혔다. 아울러 이러한 사진의 제작이 반드시 촬영과정에서 파파라치처럼 괴롭히는 방식으로 수행되거나 그 내용이 명예훼손적 사진이라는 조건을 전제할 필요는 없다고 보았다.[397]

한편, 연방대법원은 2010년 10월 6일자 판결에서 특정한 미성년자의 초상을 그가 성년이 될 때까지 일반적으로 게재금지할 수 있는 권리는 인정될 수 없다고 판결했다.[398]

해당 사건은 유명한 축구선수의 미성년자 아들인 원고가 부모와 함께 또는 부모 일방과 함께 있거나 형제들과 함께 있는 모습의 사진을 그가 성년에 도달할 때까지 일괄적으로 공표나 전파하지 못하도록 제기한 소송과 관련된다.

연방대법원은 앞의 판결에서와 마찬가지로 통상적으로 부모가 그녀의 자녀와 의식적으로 공중으로 향했거나, 함께 공적 행사에 참가하거나 완전히 그 행사의 중심에 섰던 경우와 마찬가지로 공적 등장의 조건을 제공한 경우에는 보호필요성이 없어진다고 전제하면서, 미성년자가 그녀와 부모와 함께 있는 모습의 초상은 그에 합당한 계기의 범위 내에서는 허락 없이도 공표될 수 있을 것이라고 재차 확인했다. 즉, 미성년자로서 촬영대상자가 강화된 일반적 인격권의 보호를 필요로 한다거나 아동이나 청소년의 사진은 자연스럽게 곧 '시사성'을 상실하게 된다는 일반화된 미성년자 사진의 이용금지 사고는 금지된다고 선언했다. 왜냐하면 예술저작권법 제23조 제2항의 범위 내에서 방해받지 않는 인격의 전개권과 언론 및 정보자유권 사이의 형량은 항상 개별적 심사를 요구하기 때문이다.

연방대법원은, 이 사건은 청소년이 최근에 성년의 경계에 점점 더 가까이 접근하는 때에 여러 번 부모의 동의와 함께 혹은 독자적으로 사진상의 표현에 관한 우월한 정보이익이 부인될 수 없는 방식으로 공중 속에서 행동한 경우라는 점과 특히 유명인의 아들인 자녀가 여러 번 대중 앞에 나타났다는 점이 고려되어야 한다고 보았다. 따라서 수년 동안 원고가 성년에 도달할 때까지 일반적으로 그의 사진공개를 금지하는 것은 언론자유권의 침해에 해당한다고 판

397 NJW 2000, 2191.
398 NJW 2010, 1454.

단했다.[399]

　이어서 미성년자의 사소한 일탈행위를 보도한 사건에서 이러한 원칙을 재확인한 연방헌법재판소의 판결 역시 살펴보자. 이 사건은 독일 유명배우 옥센크네히트(Ochsenknecht)의 아들이 벌인 사소한 일탈행위와 관련된 사건인데 이 사건에서는 비록 사진이 문제되지는 않았지만 청소년 등 미성년자에 관한 보도기준을 연방헌법재판소가 확증한 판결이라는 점에서 의미가 크다.

　청구인은 작센 일간신문의 발행인이며 보도를 자신의 인터넷 사이트를 통해서도 전파했다. 문제된 사건은 유명배우 옥센크네히트의 두 아들이 관련되었고 그들 자신도 배우와 가수로 활동했다. 그들은 다양한 청소년영화에 출현했으며, "거친 녀석들"이라는 시리즈물을 통해 인기를 누렸고 "내기할까?" 등의 쇼 프로그램에 등장해서 자신들의 앞으로의 계획과 인생관 및 언론과 대중에 대한 생각들을 발언한 바 있었다. 그런데 이들은 대략 8명의 자신의 친구들과 함께 2008년 4월 30일 밤부터 5월 1일까지 바이에른 철야의 밤 행사 동안 뮌헨 시내를 돌아다니면서 길가의 자전거들을 거칠게 다루고, 화단의 꽃들을 뽑거나 공중전화 수화기를 부수는 등의 일탈행위를 하다 인근 파출소에서 조사를 받게 되었다. 물론 두 사람에 대한 어떠한 수사절차 개시도 행해지지는 않았다. 이에 "Sächsischen Zeitung"은 인터넷판에서 "경찰이 옥센크네히트의 아들들을 붙잡다"라는 제목으로 "신예배우이며 가수인 옥센크네히트의 아들들이 뮌헨 시내에서 불량스러운 소란으로 인해 조사를 받았다"라고 보도하였고, 이에 대해 아들들이 금지청구소송을 제기하자 함부르크 상급법원이 이를 인용하였다. 그러자 해당 언론사는 이러한 상급법원 판단은 의견자유의 기본권을 침해한다고 헌법소원을 제기하게 된 것이다.[400]

　연방헌법재판소는 우선 형사절차에 관한 보도에 있어서는 연방헌법재판소가 이미 밝힌 바와 같이, 실명공개나 기타 행위자의 신원확인 보도는 원칙적으로 허용되지 않으며, 한 형사절차에서 부정적 판단에 따른 강력한 국가적 제재와 함께 끝날 수 있는 경우 합당한 근거를 가지게 되고, 이 경우에도 항상 확정적 유죄판결이 내려지기 전까지는 무죄추정의 원칙이 적용되도록 열려 있어야 한다고 강조했다.

---

399 NJW 2010, 1454, 1456.
400 NJW 2012, 1500.

그럼에도 이 사건은 젊은이들의 공개도로에서의 일탈행위에 관한 보도는 범죄보도와는 구별되는 것이고, 기껏해야 사소한 형사사건에 관한 보도라는 점에서 옥센크네히트 자녀들의 단지 '사회적 영역'에 해당하는 보도라고 인정했다. 아울러 언론의 과제는 구체적 인물의 잘못된 행위를 보도하는 것 역시 포함된다고 밝혔다.[401]

이러한 점에서 이들은 독자적으로 책임질 수 있는 성인으로 성장해야 하는 청소년의 나이에 특별한 보호를 필요로 한다는 점과 다른 한편 청소년법상 모든 정보이익은 범죄행위가 중대한 심각성을 가지지 않을 경우에는 항상 원칙적으로 청소년의 익명보호의 이익 뒤로 후퇴해야 하는 것으로 추정해야 한다는 주장은 헌법상 원칙을 충족할 수 없다고 보았다. 오히려 사소한 불법행위로 간주되는 이들의 행위는 앞서 살펴보았던 '홀쯔클로츠 원칙'에 비추어 인격권 침해의 중요성이 감소된다고 판단했다. 따라서 이에 비례해서 통상 사소한 행위의 경우일지라도 보도상의 이익이 정당화된다면 이러한 보도가 허용될 수 있다고 보았다. 특히 국가의 형사상 소추행위가 보도의 대상이 아닌 점에서 더욱 그러하다고 밝혔다.[402]

이에 연방헌법재판소는 청소년의 보호필요성이 문제되는 경우에는 원칙적으로 의견자유권에 비해 청소년의 일반적 인격권 보호가 우선된다는 이 사건에 적용된 법률상 추정원칙은 헌법상 관점에서는 너무 협소하고 획일적인 기준에 해당하며, 전심법원은 사안과 관련된 해석의 요청을 건너뛰고 이들의 공중 속 이미지를 너무 좁게 고려했다고 판단했다.[403]

타. 유명인의 아기

유명인의 아기의 경우는 청소년과 달리 어떠할까? 뮌헨 상급법원은 1995년 3월 31일자 판결에서 아기의 어머니가 세계적으로 유명하고 인정받는 바이올리니스트라는 사실만으로 가족으로서 아기인 원고의 혈연관계를 '상대적 시사적 인물'로 만들지는 않는다고 확인했다. 해당 사건은 유명 바이올리니스트의 아기가 교회에서 어머니의 무릎 위에서 앉아서 세례를 받은 장면의 사진을 게시하

---

[401] NJW 2012, 1500, 1501.
[402] NJW 2012, 1500, 1501f.
[403] NJW 2012, 1500, 1502.

고 전파한 것이 문제되었는데, 해당 재판부는 이처럼 '절대적 시사적 인물'인 유명인과의 혈연관계만으로 해당 인물을 자동적으로 '상대적 시사적 인물'로 만들지는 않고, 오히려 예술저작권법 제23조 제1항 제1호의 '시사적 영역'에서의 사진인지가 결정적이라고 밝혔다. 따라서 사진 등의 '시사성' 인정을 위해서는 '공적 생활의 인물'에 관한 공중의 타당한 정보수요가 고려되어야 한다고 판단했다.[404]

II. 촬영대상자의 '정당한 이익' 관련 사례별 판단기준

1. 예술저작권법 제23조 제2항

앞서 살펴본 바와 같이 초상공개는 예술저작권법 제23조 제1항의 '시사적 영역'에 해당할 경우 가능하지만 이 역시 무제한으로 가능한 것이 아니라 제23조 제2항의 당사자의 '정당한 이익'에 반할 경우에는 허용되지 않게 된다. 이러한 심사과정은 초상권의 '차등화된 보호원칙'에 따라 적용된다. 따라서 '정당한 이익'의 표지는 촬영대상자 입장에서는 '시사적 영역'에 해당하는 초상사진일지라도 공표를 막을 수 있는 중요한 판단기준으로 작용하게 된다.

이러한 점에 관해서는 연방대법원이 2007년 3월 6일자 판결에서 '차등화된 보호원칙'을 설명하면서 분명히 확증한 바 있다. 여기에서 연방대법원은 예술저작권법 제22조 및 제23조에서 발전시킨 '차등화된 보호개념'은 2004년 6월 24일자 유럽인권법원의 결정에서 제시된 원칙을 고려하여 적용된다고 강조했다. 이에 따라 유럽인권법원은 과거 독일 법원이 기준으로 활용했던 그의 지위와 중요성에 근거해 일반적으로 공적 관심을 받는 인물로 간주되고, 그 결과 그 자신 자체가 '시사성'의 대상이 되고 그 때문에 그의 초상보도가 허용되는 '절대적 시사적 인물' 개념에 대해 우려를 표한 사실이 고려되어야 한다고 보았다. 나아가 초상권 법리의 올바른 이해를 위해서는 유럽인권법원의 견해에 의해서만 판단되는 것이 아니라 적용기준이 예술저작권법이 규정하고 있는 '차등화된 보호원칙'에서도 생겨나게 되는데, 이에 따라 예술저작권법 제23조 제1항 제1호의 '시사적 사건'의 관점에서 그 자체로 동의 없이 초상의 전파를 감수해야 하는 인물

---

404 NJW-RR 1996, 93, 95.

일지라도 만약 그의 '정당한 이익'이 침해되는 경우에는 해당 초상 공표는 허용되지 않는 결과에 이르게 된다고 밝혔다.[405]

이 때문에 언론은 자신이 보도하고자 하는 것에 관해 스스로 저널리즘적 기준에 따라 결정할 수 있을지라도 보도대상이 되었던 그러한 인물의 정당한 이익과의 형량이 불가피하게 되고, 공중을 위한 정보가치가 커지면 커질수록, 정보수집 대상이 된 인물들의 보호이익은 공중의 정보이익 뒤로 후퇴하게 되며, 반대로 일반 대중을 위한 정보가치가 낮으면 낮을수록 당사자의 인격보호는 더욱 중요하게 된다.[406]

따라서 이러한 '차등화된 보호원칙'의 올바른 이해와 적용방법을 파악하기 위해서는 앞서 살펴본 인물별 판단기준뿐만 아니라 '시사성'을 이유로 초상 공표가 허용된 해당 인물들의 '정당한 이익'에 반하는 사안들은 어떠한 경우를 말하는지 역시 살펴볼 필요가 있다.

2. 연방헌법재판소가 언급한 '영역이론'

연방헌법재판소는 확정된 결정을 통해 이른바 학계에서 주장되었던 '영역이론'을 중심으로 촬영대상자의 '정당한 이익'에 반하는지 여부를 판단하는 기준들을 제시하고 있다. 이에 따르면, 독일기본법은 개개인에게 고차적인 인격적·사적 생활형성의 핵심영역상 인격의 전개를 위한 불가침 영역을 보장하고 있는데, 이러한 인격영역은 인간존엄의 특별한 근접성으로 인해 절대적으로 보호되고 비례원칙의 기준에 따른 형량 속에서의 제한도 접근되지 않는 그러한 핵심영역을 말한다고 밝히고 있다.[407]

그리고 이러한 영역에는 우선 원칙적으로 성생활의 표현방식이 속하고, 그밖에 하나의 사정이 이러한 영역에 속하는지 여부는 당사자가 비밀로 유지하길 원했는지, 그러한 사정이 내용에 따라 고차적인 인격적 성격을 가지고 있는지, 어떤 방식과 정도로 당사자가 다른 사람들의 영역 및 공동체 이익을 자발적으로 건드렸는지 여부가 결정적이다. 이에 이른바 '내밀영역(Intimsphäre)'으로서 '성적 영역'은 자신의 성적 표현방식을 혼자서 간직하고 다른 사람의 포착으로

---

[405] NJW 2007, 1977, 1978f.
[406] NJW 2007, 1977, 1979.
[407] NJW 1973, 891; NJW 1990, 563; NJW 2004, 999; NJW 2009, 3357; NJW 2012, 767.

부터 벗어난 자유공간을 경험할 자유로서 절대적으로 보호된다.[408]

특히 연방헌법재판소는 예술의 자유와 일반적 인격권의 형량문제를 다룬 2007년 6월 13일자 일명 '에스라(Esra) 결정'에서 '내밀영역'의 의미를 다룬 바 있다. 연방헌법재판소는 지속적인 판결을 통해, 특히 인간의 존엄성(Menschenwürde) 과의 특별한 밀접성으로 인해 절대적으로 훼손되어서는 안 되는 사적 생활형성 의 핵심영역이 보호되며, 이러한 절대적으로 보호되는 핵심영역에는 특히 성생 활과 관련된 표현방식들이 포함되며 이러한 영역 다음에 '사적 영역'이 위치한 다고 확인했다. 따라서 소설가가 상세한 묘사를 통해서 소설 속 인물인 에스라 가 당시 독일 영화제 수상 여배우였던 원고임을 외부에서 식별가능한 정도로 드러내고 이어서 원고와의 내밀한 성적 관계를 묘사하는 것은 원고의 '내밀영 역'과 인간존엄에 속하는 인격권의 영역을 침해하는 것이며 나아가 생명을 위협 당하고 있는 원고의 딸의 심각한 병중 상태를 다루는 것 역시 인격권 침해에 해 당한다고 보았다.[409]

다만 '성적 영역' 역시 제한 없이 어떠한 경우에도 핵심영역에 속하는 것이 아니라 기본권주체가 사적 생활형성을 스스로 공개하거나 일정한 불가침의 핵 심영역에 속하는 사안들을 공중에 접근하도록 했거나 동시에 다른 사람의 영역 과 공동체 이익을 건드렸을 경우에는 이러한 보호가 탈락하게 된다.[410]

앞서 살펴본 유명배우의 남자친구로 소개된 한 포르노 배우의 역할에 관한 보도에서 연방대법원은 이러한 원칙에 따라 자유의지에 따라 직업상 제작되고 상업적으로 이용될 포로노물에 자신의 모습을 드러낸 채 등장한 원고는 그의 '성적 영역'을 의식적으로 관심 있는 대중에게 공개한 것이므로 자신의 '내밀영 역'의 절대적 보호를 주장할 수 없다고 보았다.[411]

연방헌법재판소는 당사자의 '정당한 이익'에 반하는 경우에 해당하는 인격 영역으로는 '내밀영역' 외에 '사적 영역(Privatsphäre)'을 언급한 바 있다. 이에 따 르면, 일반적 인격권은 '사적 영역 존중권'을 포함하고 있는데, 이러한 영역은 누구에게나 인정되는 자신의 생활형성의 자율적 영역을 의미하고 여기에서 그 는 자신의 개성을 타인의 배제하에 발전시키고 옹호할 수 있게 된다. 혼자 있을

---

408 NJW 2012, 767f.
409 NJW 2008, 39, 42f.
410 NJW 2012, 767.
411 NJW 2012, 767, 768.

권리, 자기 자신을 소유할 권리, 그리고 타인의 엿보기를 배제할 권리 등이 이에 속한다.[412]

아울러 '사적 영역'의 보호는 주제상 혹은 공간상으로 결정되는데, 일반적으로 사적인 것으로 분류될 수 있는 것으로서, 특히 그의 정보내용이 공개적 토론이나 공개하기에 부적당한 것에 해당하며, 공개되었을 경우 고통스러운 것으로 느껴지거나 지속적으로 주변의 반응을 불러일으키는 경우가 이에 속한다. 예컨대 일기장 속 자기 자신과의 대화의 경우, 부부와 같은 친밀한 사람들끼리의 의사소통의 경우, 사회적으로 벗어난 행동들 혹은 질병에 관한 경우 등이 이에 해당한다. 만약 이러한 영역에의 타인의 침입에 대한 보호가 없다면 자신과의 대화나 친밀한 사람들과의 자유로운 의사소통, 그리고 성적 활동이나 의사로부터 도움의 이용이 침해되거나 기본권상 보호되는 행동방식의 보호가 불가능하게 될 것이다.[413]

다만, 이러한 '사적 영역' 역시 기본권주체가 그의 '사적 영역'을 외부로 공개하거나 보통 사적인 것으로 주장할 수 있는 일정한 사안들을 공중에게 누설한 경우에는 보호가 탈락하게 된다. 따라서 이러한 원칙에 따라 부업이 아니라 직업상 상업적으로 이용될 포르노 작품에 참여하고 얼굴을 공개한 포르노 배우 역시 '사적 영역'의 보호를 주장할 수 없게 된다.[414]

한편, '내밀영역'이나 '사적 영역'과는 달리 초상을 포함한 보도가 널리 허용되는 '사회적 영역(Sozialsphäre)'이 존재한다. 한 개체와 공동체 사이의 긴장관계에 관해서는 한 인물의 공동체 관련적 그리고 공동체 구속적 의미에서 결정되어야 하며,[415] 그 때문에 '사회적 영역'에 관해서는 원칙적으로 보도가 허용된다. 따라서 보도될 대상의 영역이 '사회적 영역'에 관한 표현인 경우에는 단지 부정적 제재와 함께 인격권에 중대한 영향을 미치게 될 사례의 경우, 가령 낙인찍기, 사회적 배제 혹은 공개적 망신주기의 경우에만 문제될 수 있을 뿐이다.[416] 따라서 적군파 구성원이었던 한 인물이 현재 그의 여자친구 및 아들과 결별한 상태라는 정도의 보도는 진지한 공적 정보이익을 통해 정당화된다고 보았다.[417]

412 NJW 1973, 891; NJW 1973, 1226; NJW 2011, 740; NJW 2012, 767.
413 NJW 2012, 767.
414 NJW 2012, 767, 768.
415 NJW 2004, 762.
416 NJW-RR 2007, 619.
417 NJW-RR 2008, 1625.

그럼 영역별로 촬영대상자의 '정당한 이익'에 반하는지 여부를 판단할 수 있는 구체적 사례들을 차례로 검토해 보자.

3. '내밀영역(Intimsphäre)' 사례

'내밀영역(Intimsphäre)'은 인간존엄의 핵심범위에 속하는 인격권의 영역으로서, 그것은 최고로 중요한 보호를 누리게 된다. 이러한 사적 생활형성의 핵심영역의 보호는 심지어 비례원칙에 따른 형량에 의해서도 제한될 수 없다. 개별적으로 이러한 '내밀영역'에 속하는 것으로는 인간의 가장 내밀한 부분에 속하는 나체 사진, 상세한 개별적 성생활, 귀족의 혼외 출생에 관한 보도 등이 그의 '사적 영역'을 건드릴 때 이에 해당할 수 있다.[418]

(1) 나체 사진

전통적으로 개인의 나체 사진은 전형적인 '내밀영역'에 해당한다. 이와 관련해서 여러 가지 다양한 판례들이 존재하는데, 우선 1995년 4월 27일자 함부르크 상급법원의 판례부터 살펴보자.[419] 해당 사건은 나체의 상반신 모습을 보여주는 신청인의 보도금지 소송이다. 여기에서 상급법원은 완전히 옷을 벗거나 중요한 부분을 드러내는 나체 사진은 제한된 동의목적을 넘어서는 한 공개해서는 안 되고 이러한 사진공개는 촬영당사자의 '내밀영역'을 대중에게 넘겨주게 된다고 보았다. 따라서 이러한 사진이 가령 예전의 기준에 해당하는 '절대적 시사적 인물'에 관한 것일지라도 보도내용의 예증을 위해서가 아니라 단지 당사자의 신체공개에만 이용되는 한, 예술저작권법 제23조 제2항에 따른 촬영대상자의 '정당한 이익'에 반하게 된다고 판단했다. 즉, '절대적 시사적 인물'의 경우 원칙적으로 어느 범위까지 그의 동의를 얻어 작성된 나체 사진일지라도 목적범위를 넘어서서 전파가 가능한지, 그리고 그의 '내밀영역'이 대중들에게 공개되어도 되는지에 관해 스스로 결정할 권한을 보유한다고 보았다.

이에 함부르크 상급법원은 TV를 통해 유명해진 젊은 여인의 상반신 노출 사진을 잡지에서 공개하는 것에만 보도의 정보가치가 존재한다면, 사진의 공표권은 촬영대상자의 인격권 뒤로 후퇴해야 한다고 결론 내렸다. 이러한 '절대적

---

[418] Wenzel, Kap.8, Rz.95.
[419] NJW 1996, 1151.

시사적 인물'이라 하더라도 '시사적 영역'에서의 정보에 관한 것이 아닌 단지 나체상태의 모습 공개는 원칙적으로 어느 범위까지 이 사진을 제3자의 영역에서 이용하게 할 수 있는지 여부에 관해 그녀의 동의를 필요로 한다는 것이다.[420]

함부르크 상급법원은 그 이후에도 유사한 판결을 내렸다. 2011년 11월 29일자 판결은 원고가 허리 아래는 물속에 있고 상반신은 나체상태에서 그녀의 연인과 함께 있는 정면사진, 측면사진, 그리고 혼자 있는 단독 사진이 문제되었다. 여기에서 상급법원은 사람들이 북적이는 해변에서 그녀를 관찰자들이 인지한 것을 기대할 수 있을지라도 시선이 고정된 사진들을 그녀의 동의 없이 공표해서는 안 된다고 판단했다. 아울러 모델로서 활동하는 원고에게 많은 수의 사진이 존재한다는 것이 이례적인 일이 아니고 원고가 사진기자들 면전에서 그녀의 연인과 함께 애무를 교환하는 모습을 보여주었던 유명 배우이며 언론에 그녀의 외모를 표현했을지라도 이러한 상황만으로는 당연히 그녀의 인격권을 제한하는 이유가 될 수 없다고 보았다.

이어서 그녀가 한동안 문제된 사진의 공표 이후에도 스스로 나체 사진을 촬영했고 한 남성잡지의 표지에서 광고사진으로 공표되었다는 것도 이러한 원고의 권리를 침해하는 이유가 될 수 없다고 보았다. 왜냐하면 원고가 직업상 사진가들이나 영화 카메라팀들에게 촬영을 허락하였고 이때 어떤 분위기에서 어떤 사람들의 면전에서 어떤 포즈로 어떤 각도에서 그리고 어떤 거리에서 촬영될지에 관한 통제권을 보유하고 있었으며 다른 한편, 어떤 사진들이 어떤 시점에 어떤 미디어를 통해 공표되어도 되는지 여부를 결정할 수 있는 나체사진과 그녀의 동의 없이 휴가기간에 제작된 사진이 공표되는 것과는 상당한 차이가 있기 때문이다. 따라서 원고가 문제 사진의 공표 전에 이미 나체 사진을 제작하고 공표되도록 할 준비가 되어 있었다는 사실 역시 중요하지 않다고 판단했다.[421]

또한 자신의 얼굴이 드러나지 않는 나체 사진의 공표 역시 이러한 '내밀영역'의 침해에 해당한다는 판결도 존재한다. 해당 사건은 미성년자인 학생이 자신의 나체상태의 성행위 사진이 담긴 노트북을 다른 학생의 컴퓨터에 아이폰 충전을 위해 접속했다가 해당 사진이 복제되어 다른 학생들에게 전파된 사건이다.

---

420 NJW 1996, 1151, 1153.
421 BeckRS 2012, 21928.

여기에서 프랑크푸르트 지방법원은 나체 사진은 헌법적 가치결정인 기본법 제1조 제1항 및 제2조 제1항에 따라 보호되는 인격권의 영역에 해당하는 것으로서 어느 누구도 자신의 나체 사진이 전파되는 것을 감수해서는 안 된다고 판결했다. 그리고 이러한 기본법적 근거는 자신의 초상의 이용권한은 단지 개개인에 의해서만 정당화되는 개인의 자유로운 독자적 권한이라는 점에 있다고 보았다. 따라서 그의 이름이 거명되지 않거나 그를 식별할 수 없는 사진의 공표 역시 인격권을 침해할 수 있는데, 그 이유는 바로 자신의 자기결정권이 무시되었기 때문이라고 판단했다. 결국 재판부는 자신의 나체 사진의 공표에 관한 결정 역시 자기결정권에 유보된 인격영역에 속하고 따라서 촬영대상자의 신원이 확인될 수 있는지 없는지와 무관하게 당사자가 식별될 수 없는 경우에도 자기결정권에 따라 사진공표가 이뤄져야 하는 정도로 강하게 '내밀영역'과 결부되어 있다고 판결했다. 아울러 재판부는 문제된 사진을 스스로 제작했다 하더라도 성행위와 관련 있는 미성년자의 상반신 노출사진인 경우에는 더욱 심각한 인격권 침해가 인정되는 한, 이러한 점이 특히 강조된다고 보았다.[422]

그렇다면 식별될 수 없는 미성년자 모델의 나체 사진은 어떨까?

연방대법원은 1974년 7월 2일자 판결에서 미성년자의 식별될 수 없는 나체 사진에 관한 인격권 침해사건을 다룬 바 있다. 원고는 16세의 미성년자 모델이고 피고는 유명한 사진가였다. 피고는 1965년 원고를 모델로 하는 몇 장의 사진을 촬영하였는데, 사진은 원고의 나체상태의 뒷모습과 함께 손을 든 상태에서 긴 머리가 허리까지 나부끼는 모습을 보여주었다. 이 사진은 1966년 1월 쾰른에서 개최된 사진 전시회 'photokina'의 경쟁부문에 전시되었다. 이후 친권자인 원고의 어머니의 동의하에 300 마르크의 보상으로 사진의 전파와 이용에 관해 합의하였다. 그러나 원고는 'photokina 1966'에서의 전시에는 동의하지만 그 밖의 레코드판 표지에의 이용 등 상법적 목적의 이용권은 모든 권한이 자신에게 유보되어 있는 만큼 300마르크의 보상으로 자신의 나체 사진을 활용하고 자신의 이름을 공개하는 것은 반대한다면서 금지청구소송을 제기하였다.[423]

여기에서 연방대법원은 원칙적으로 동의 없는 나체 사진의 공표는 당사자가 식별될 수 없는 경우일지라도 인격권의 침해가 인정될 수 있다고 보았다. 왜

---

[422] LG Frankfurt, 2014. 5. 20.자 판결-2-03 O 189/13.
[423] NJW 1974, 1947.

냐하면 인격권의 법적 보호영역은 헌법적 가치질서인 인간의 존엄과 인격발현권의 완성으로서 자유롭고 독자적인 책임을 지는 개개인을 위해 초상이나 그의 이름의 이용에 관한 처분권이 당사자 개인에게만 주어지기 때문이다. 따라서 타인의 모습을 공개하려는 사람, 특히 상업적 이익을 위해 공개하려는 사람은 그의 이름이 언급되거나 당사자가 식별될 수 없는 경우에도 인격권 침해에 이를 수 있는데, 이는 바로 그의 자기결정권을 경시했기 때문이라고 밝혔다.[424]

아울러 자기결정권에 유보된 인격영역에는 당연히 촬영대상자의 신원확인이 허용되는지 여부와는 상관없이 자신의 나체 사진의 공표에 관한 결정권이 포함된다고 보았다. 왜냐하면 나체 사진은 당사자가 식별될 수 없는 경우에도 자유로운 자기결정권하에 놓여 있는 정도로 강하게 '내밀영역'에 구속되기 때문이다. 따라서 연방대법원은 이러한 독단적인 상황의 초래는 인간존엄과 독자적인 책임하에서의 인격전개를 위해 허용되지 않는다고 판결했다.[425] 다만, 결론에서는 원고 어머니의 동의와 원고의 협력작업을 통해 생성된 사진이라는 점에 비추어 볼 때 원고 자신의 추정적 승낙이 인정되는 만큼 보상금액에 관한 다툼에서는 원고의 주장이 인정되지만, 그 외에 피고의 사진공표 그 자체는 허용되는 것으로 보았다.[426]

한편, 나체 사진의 공개가 '내밀영역'의 침해에 해당하지 않는다는 사례도 존재한다. 뮌헨 상급법원은 1985년 11월 8일자 판결에서 이러한 내용의 판결을 내렸다. 한 일간지는 "공원에서의 나체 – 100 마르크"라는 제목으로 원고가 나체로 일광욕을 즐기고 있는 다른 7명의 사람들과 함께 있는 모습의 사진을 공표하면서 원고 등은 이로 인해 나체질서법 위반으로 과태료처분을 받았다고 보도했다. 이에 원고는 동의 없이 해당사진을 공표한 언론사에게 손해배상청구를 제기했다. 사진에서 원고는 많은 수의 일광욕을 즐기는 나체주의자들 한 가운데 머무르고 있었고 그 일광욕 장소는 공개된 보행도로 근처에 있었으며 신체의 은밀한 부분이 식별되지는 않았다.[427]

이에 재판부는 비록 사진에서 나타난 사람들은 명백히 나체주의운동을 추종한다는 사실이 공중에 공개됨으로 인해 개개인으로서는 이러한 사실을 비밀

424 NJW 1974, 1947, 1948.
425 NJW 1974, 1947, 1949.
426 NJW 1974, 1947, 1950.
427 NJW-RR 1986, 1251.

로 하길 원할 수 있으므로 경우에 따라서는 원고의 '내밀영역'으로의 침해가 인정될 수도 있다고 보았다. 하지만 여기에서 사진이 보여주는 정도의 나체주의자임 그 자체의 공개 정도는 오늘날 더 이상 선량한 풍속의 위반으로 인정될 수는 없으므로 손해배상을 배상해야 할 정도의 심각한 내밀영역의 침해로 볼 수는 없다고 판단했다.[428]

(2) 성폭행 범죄행위 내용

성폭행 범죄행위로 인한 세부사항 역시 '내밀영역'에 속하는 부분인 만큼 그에 관한 초상보도 등이 허용되는지 여부가 의문시될 수 있다. 이와 관련해 연방헌법재판소는 2009년 6월 10일자 판결에서 이러한 문제를 다루면서 만약 폭력행위가 성적 자기결정권을 침해하고 피해자의 신체적 불가침성을 훼손하였다면, 그러한 범죄행위는 결코 기본법 제2조 제1항에서 보호되는 범죄자의 자유로운 인격전개의 표현형식으로 인정될 수 없다고 판결하였다.

해당 사건은 1993년까지 독일 분데스리가 축구선수였던 신청인이 성폭력 범죄행위로 인해 3년 6월의 징역형을 선고 받았고, 이에 대해 유명 인터넷 포털사는 2008년 10월 16일자 본안심리에서의 신청인 진술을 바탕으로 "전직 분데스리가-스타가 매춘부를 성폭행했다-어제 그는 법정에 섰다"라는 제목으로 그의 이름과 나이, 그의 축구선수 경력을 언급하면서 세세한 성폭력 과정과 그가 해당 매춘부의 오랜 단골손님이었다는 내용을 보도하였다. 그리고 보도에는 그의 기록물사진으로서 축구선수 당시의 기록 사진이 함께 게시되었다. 이에 신청인은 이러한 초상공개를 포함해 해당 보도를 금지하는 소송을 제기하였고 소송이 기각되자 헌법소원을 제기하였다.[429]

연방헌법재판소는 우선 기본법은 국민들에게 고도의 인격적·사적 생활형성 보장이라는 인격의 전개를 위해 공권력의 작용으로부터 벗어난 불가침의 영역을 보장하며 이러한 영역은 인간존엄과의 밀접성으로 인해 사적 생활형성의 핵심영역으로서 절대적으로 보호된다고 하면서 이는 비례원칙에 따른 형량을 요청하지도 않는다고 밝혔다. 이어서 성생활의 표현방식은 바로 이러한 성생활의 영역에 속한다고 보았다. 아울러 하나의 성폭력범죄도 그것이 성적 영역에서

---

428 NJW-RR 1986, 1251, 1252.
429 NJW 2009, 3357.

일어났기 때문에 내밀한 관련성을 가질 수는 있다고 인정했다.

하지만 성폭력행위가 성적 자기결정권과 피해자의 신체적 불가침성과 결부되는 한, 그러한 범죄행위는 결코 기본법 제2조 제1항에 의해 보호되는 자유로운 인격전개의 표현으로서 인정될 수는 없다고 밝혔다. 따라서 이러한 범죄행위는 고도의 인격적·인간존엄에 접한 성격을 지닐 수 없으며, 이에 따라 타인의 개입으로부터 벗어난 자유공간을 인정할 수는 없다고 보았다. 아울러 범죄행위의 상황, 행위자와 피해자와의 관계 역시 그의 절대적으로 보호되어야 할 '내밀영역'에 속하지는 않는다고 판단했다. 따라서 그의 인물과 그의 행동에 관한 정보이익은 그의 익명성 보장이익에 우선한다고 결론지었다.[430]

(3) 식인살인자의 인생사와 범죄과정 묘사

독일 로텐부르크에서 성과 관련된 식인 살인사건에 관한 상세한 내용의 보도가 '내밀영역'에 해당하는 것인지 여부를 다룬 판례도 존재한다.

원고는 살인행위 과정에서 피해자의 신체 일부를 먹어치운 '로텐부르크 식인사건'으로 대중들에게 널리 알려졌다. 2005년 독일의 한 영화사는 이러한 원고의 인생사와 인격적 특징, 그리고 범죄과정을 실제사건과 매우 유사하게 묘사하는 영화를 제작했는데, 여기에서 원고는 자신을 닮은 배우를 통해 등장했다. 그리고 이 영화는 2006년 3월 개봉예정이었고 원고는 이를 금지하는 소송을 연방헌법재판소에 직접 제기했다.

원고는 이 가처분신청사건에서 문제의 영화는 수많은 장면에서 그의 인생을 모사하고 특히 자신의 '내밀영역'을 다루었다고 주장했다. 그리고 여기에서 사건의 설명이 아닌 충격적인 연출을 추구했으며, 관객들에게 인간식인주의의 배경과 같은 카니발리즘이 아닌 흥행 위주의 목적을 위해 사실을 벗어나는 상황을 재현하면서 실제 상황이라는 인상을 주었다고 비난했다. 즉, 자신이 양성애자임에도 동성애자로 잘못 묘사하고 오락적 이익을 얻기 위해 그의 인생상을 '성도착주의자'라는 진부함으로 압축하면서 공포효과를 추구하기 위해 자신이 도구화되었다고 주장했다.[431]

연방헌법재판소는 2009년 6월 17일자 판결에서 영화사가 원고를 그의 일

---

430 NJW 2009, 3357, 3359.
431 BeckRS 2009, 34950.

대기와 그의 행위를 내밀한 생활에서 나오는 상세한 사항들의 재현을 통해 표현하는 것은 원고의 중대한 불이익을 의미한다는 원고의 주장을 거부하고 당사자에게 심각한 불이익이 생겨나는 침해는 아니라고 보았다. 왜냐하면 해당 사건은 이미 공중 속에서 널리 알려져 있고 형사절차의 종결의 근접성이라는 관점에서도 아직 시사적인 것으로 인식될 수 있기 때문이다. 따라서 이 사건은 한편으로는 전례 없는 범죄행위로서 그것의 평가가 형사법원을 통해 자극된 바 있었고, 다른 한편으로 원고는 스스로 다양한 방식으로 공중에서 자신의 정보를 노출시켰으며 그의 행위와 인생에 관해 서적의 발간뿐만 아니라 방송제작에도 협력했다는 점이 고려되었다.

　　또한 원고는 아직 몇 년간 수감되어 있어야 하므로 그의 '재사회화' 이익을 침해하는 것도 명백하지 않다고 보았다. 또한 원고의 초상권을 침해하는 것이라는 주장도 그와 유사하게 보이는 배우를 통해 표현된 영화 상영에서 그가 스스로 솔직하게 그의 초상 공표에 관해 언론에 협력하고 겉표지에서 자신의 초상 사진을 보여주는 책을 발간한 이후에는 그와 같은 법적 보호이익이 중대하게 침해되었다고 볼 수는 없다고 판단했다.[432]

(4) 식물인간상태 환자

　　칼스루헤 상급법원은 1998년 10월 14일자 판결에서 식물인간 환자의 모습을 촬영·공표하는 것 역시 초상권 침해에 해당한다고 보았다. 원고는 심근경색으로 인해 식물환자 상태로 구호시설의 병상에서 3년간 누워 있었다. 그리고 한 변호사가 원고의 법적 후견을 맡고 있었다. 피고 방송사는 원고의 사례를 통해 이러한 환자들의 법적 후견의 불충분한 감시로 인한 후견법의 폐해를 다루는 방송보도를 계획하고 있었다. 이 과정에서 피고 방송카메라팀과 작가 등이 구호시설을 방문해서 시설로부터 동의를 얻은 상태에서 원고의 모습을 촬영하였다. 이에 후견 변호사는 자신의 반대에도 불구하고 환자의 모습을 촬영한 피고에 대해 방송금지 가처분을 얻어냈고, 이에 따라 피고는 1996년 11월 18일자 방송에서 일단 진행자가 이러한 지방법원의 처분에 유감을 표시하면서 원고의 이름을 거명하지 않은 채 그의 얼굴이 공개되지 않은 상태로 보도를 진행하였다. 그

---

432 BeckRS 2009, 34950.

리고 이어서 문제된 방송내용이 보도되어도 되는지 다투게 되었다.[433]

칼스루헤 상급법원은 초상권 및 인격권 침해를 이유로 피고에게 해당 방송을 금지할 수 있으며 이러한 익명의 이익은 예술저작권법 제22조 및 민법상 인격권을 통해 인정될 수 있다고 밝혔다. 상급법원은 문제의 환자는 스스로 그의 외부모습의 사진의 공개할지 여부를 스스로 결정할 수 있으며, 특히 원고의 경우에도 그의 협조 없는 상태에서의 사진이나 음성이 포착되는 것에 마찬가지 권한을 가지게 된다고 인정했다.

따라서 재판부는 공중에 식물인간 상태 환자의 한 사례로서 보여주거나 방송의 목적으로 제공되어야 하는 방식으로 그의 인물이 표현되는 것에 대해서는 인격권 보호가 인정된다고 판단했다. 특히 원고의 자기결정권은 그의 환자상태로서의 자신의 모습이 내밀영역의 한 부분에 해당하므로 독자들로 하여금 공감과 동정을 야기하는 것이라 하더라도 공개되어서는 안 되는 것으로 이해되어야 한다고 판단했다. 이처럼 한 개인의 필수적인 보호영역의 유지를 위해서는 한 인격체는 공중의 외부적 시선으로부터 절대적인 보호를 요구할 수 있고 이러한 보호 상태의 공개 자체 역시 인간존엄 및 일반적 인격권에 따라 원고의 식물인간상태에 관한 비밀유지 이익을 침해하는 것이라고 보았다.[434]

나아가 칼스루헤 상급법원은 보도나 정보내용의 신빙성은 문제된 폐해들과 피해자의 개인적 관련성을 통해 증가되는 것은 사실이지만, 그렇다고 당사자의 동의를 면제하는 것은 아니라고 보았다. 왜냐하면 자신의 모습을 공중에 나타내는 것은 당사자만이 결정할 수 있는 것이고 바로 이러한 인격 발현권과 인간존엄은 모든 개인들에게 하나의 사적 생활형성에 관한 자치적 영역을 보장하며 이를 통해 개인은 그의 개성을 발전시키고 유지할 수 있게 되기 때문이다.[435]

한편, 원고의 익명성 유지 의사는 후견을 맡고 있는 변호사를 통해 형성된다고 판단했다. 왜냐하면 환자는 스스로 자신의 불가침영역에 관한 자기결정권을 행사할 능력이 없기 때문이다. 그리고 원고의 모습을 비록 알아보기 어렵게 묘사했다 하더라도 이미 1997년 11월 18일자 첫 번째 보도에서 원고를 암시적으로 드러냈기 때문에 비록 그의 이름이나 성명이 공개되지 않았을지라도 이전

433 NJW-RR 1999, 1699.
434 NJW-RR NJW-RR 1999, 1699f.
435 NJW-RR 1999, 1699, 1700f.

의 동료들에 의해 문제없이 신원이 식별될 수 있으므로 판단에 영향을 주지 않는다고 결론지었다.[436]

(5) 시체의 공개

시체의 공개는 사망한 사람의 어떠한 권리를 침해하게 될까? 이와 관련해 연방대법원은 2005년 12월 6일자 판결에서 사망자의 사후존중권의 보호와 관련된 판결을 내린 바 있다. 원고의 80세 된 어머니는 2000년 10월에 정신병 소유자인 원고의 누이와 함께 한 집에서 살다가 누이의 구타로 사망에 이르게 된 사건이 발생했다. 이에 경찰의 허가를 받은 피고 방송사 "SAT 1"은 집 안에서 일부 옷이 벗겨진 어머니의 사체를 촬영하고 나중에 시체 부검실에서 사체를 촬영했으며, 이를 30분짜리 한 프로그램에서 방영했다. 이에 대해 원고는 자신의 어머니의 사체공개 방송을 금지해 달라며 금지청구소송을 제기하는 한편, 정신적 위자료에 대한 손해배상청구소송을 함께 제기했다.[437]

해당 사건에서 연방대법원은 인간의 인격권은 죽음을 넘어서도 보호된다고 판결하였다. 그리고 이미 연방헌법재판소[438]가 확증한 바와 같이, 기본법 제1조 제1항의 훼손될 수 없는 인간의 존엄 규정에서 이러한 권리(사후존중권)가 나온다고 밝혔다. 하지만 기본법 제2조 제1항의 일반적 인격권도 단지 자유로운 인격의 발현으로 향해진 기본권으로서 적어도 앞으로 혹은 잠재적으로 행위능력의 현존을, 즉 살아 있는 사람만을 필수적인 것으로 전제하기 때문에 생존인물에게만 속한다고 보았다.[439]

4. '사적 영역(Privatsphäre)' 사례

'사적 영역의 존중권' 역시 일반적 인격권의 한 유형으로서 자신의 생활형성의 자치적 영역을 모든 사람들에게 인정하는 권리를 의미한다. 왜냐하면 거기에서 사람들은 다른 사람의 배제하에 자신의 개성을 발전시키고 옹호할 수 있기 때문이다. 따라서 홀로 있을 권리, 자기 자신을 소유할 권리 등이 이에 속한다. 이에 따라 판례들은 초상권 역시 포함하는 '사적 영역'의 존중권에 특별한

---

436 NJW-RR 1999, 1699, 1701.
437 NJW 2006, 605.
438 NJW 1971, 1654; NJW 2001, 2957; NJW 2001, 594.
439 NJW 2006, 605, 606.

의미를 부여하였다. 인물의 촬영에 있어서는 무엇보다 특정 상황에서 그를 떼어내거나 정보에 맞게 고정시키거나 항상 예상할 수 없는 인물들에게서 재생될 가능성으로부터의 보호필요성이 생기게 되고 이러한 가능성은 촬영이나 모사기능의 발전에 따라 점점 더 증가하게 되었기 때문이다. 게다가 맥락의 교체와 함께 사진에 나타난 의미의 변경 심지어 의도적인 수정이 일어날 수 있게 되었다. 따라서 사진보도 영역에서 원칙적으로 기사형식의 보도에 비해 좀 더 엄격한 허용조건이 요청된다.**440**

이러한 '사적 영역의 존중권'은 모든 사람에게 인정되며 시사적 이익이 인정되는 인물들에게도 마찬가지로 적용된다. 왜냐하면 공중의 관심 범위에 놓이게 된 인물들은 공중의 관심에서 벗어나 있는 '사적 영역' 인정이 필요하기 때문이다. 이는 원칙적으로 직무활동과 관련 없는 사생활을 건드리는 한 선출직 공직자에게도 마찬가지이다. 따라서 이러한 '사적 영역'과 관련된 사진공표는 단지 예외적으로 우월한 공적 이익이 그러한 침해를 정당화할 경우에만 허용된다.**441**

(1) 개인의 사적 공간

우선, 개인의 '사적 영역'으로는 '사적 공간'을 들 수 있다. 연방대법원은 일찍이 1957년 5월 10일자 판결에서 이러한 원칙을 제시하였다. 연방대법원은 한 잡지가 당시 '시사적 인물'에 해당하는 인물이 그의 사업장 사무실에 있는 모습을 몰래 촬영하고 그 사업장의 보이콧을 유도할 목적으로 사진을 공개한 사건에서 영업상 보호되는 영역을 침해한 위법한 방식의 보도라고 판결했다.

여기에서 연방대법원은 '시사적 인물'이라 할지라도 통상 그의 영업행위가 이뤄지는 영업장소라는 '사적인 영역' 내에서 그의 동의 없이 그의 의사에 반해 공표의 목적으로 사진을 촬영하거나 제작하는 행위를 감수할 필요는 없다고 밝혔다. 그리고 '사적 영역' 내에서 공중에 공개할 초상을 비밀스럽게 포착하는 행위는 인격권의 침해를 의미한다고 판단했다.**442**

이어서 뒤셀도르프 상급법원 역시 1993년 10월 15일자 판결에서 이러한 '사적 영역'으로서 주거공간의 보호에 관해 동일한 취지로 판결하였다.

---

440 Wenzel, Kap.8, Rz.102.
441 Wenzel, Kap.8, Rz.103.
442 NJW 1957, 1315, 1316.

한 임차인은 자신이 거주하는 집의 셔터에 문제가 생기자 임대인에게 수리해 달라고 요구했고, 임대인의 요청을 받은 세 명의 인물들이 불만처리를 위해 문제의 집을 방문하였다. 이 과정에서 한 인물이 셔터를 살펴보고 사진을 촬영하기 시작했는데, 이러한 촬영행위는 문제된 셔터에 그치지 않고 계속해서 그의 모든 집안과 방들에도 이루어졌다. 이에 임차인 등 관련자들은 이러한 촬영행위를 막고 문제된 사진기에서 필름을 빼앗으려는 과정에서 다툼이 발생하게 되었다.[443]

해당 사건에서 뒤셀도르프 상급법원은 우선 일반적 인격권은 '사적 영역'의 보호를 포함하는데 이러한 '사적 영역'에는 자신의 주거 역시 속한다고 하면서, 주거점유자는 홀로 누가 자신의 집에 들어오고 누가 자신의 집을 들여다보고 아울러 사진을 촬영할 수 있는지 여부에 관해서 결정할 권리를 가진다고 밝혔다. 이어서 일반적 인격권은 제3자가 한 인물의 외적 모습을 인식하거나 사진상으로 포착하거나 사진상의 복제를 이용해도 되는지, 한다면 어떻게 이용할 수 있는지 등을 결정한 독점적 권한을 수여한다고 밝혔다. 따라서 부속 공간을 포함한 모든 주거의 촬영은 주거 점유자의 의사에 반해 행해져서는 안 된다고 판결했다. 결국 이러한 촬영행위는 당사자의 '사적 영역', 일반적 인격권을 침해하는 것이라고 평가되었다.[444]

나아가 연방헌법재판소는 2006년 5월 2일자 판결에서 헬리콥터에서 촬영한 유명인의 마요르카(Mallorca) 소재 부동산의 항공사진을 당사자의 실명과 함께 이를 공개한 언론사에게 인격권 침해를 인정했다.

해당 판결에서 연방헌법재판소는 특히 공중의 통제와 관찰로부터 자유롭게 보호되어야 하는 후퇴영역으로서 공간적인 '사적 영역'을 들여다보는 사진의 공표는 헌법상 중대한 인격권 침해에 해당한다고 밝혔다. 물론 이러한 헌법상 보호를 위해서는 당사자가 구체적 상황에서 제3자가 알 수 있게 그의 '사적 영역'이 공중의 시선으로부터 벗어나 있어서 공개를 원하지 않는다는 점에 관해 정당하게 기대할 수 있어야 한다.

아울러 연방헌법재판소는 부동산 사진이 단지 외부에 있는 관찰자에게 쉽사리 공개될 수 있는 현장사진만을 공개하거나 당사자가 주거 및 생활 상태를 널리 공중에게 공개하는 한, 인격권 침해는 인정되지 않고 해당 부동산 내부영

---

443 NJW 1994, 1971.
444 NJW 1994, 1971f.

역을 외부에서 알 수 있도록 폐쇄적으로 유지하고자 하는 경우에만 인격권 침해가 인정된다고 판단했다.[445]

(2) 유명인의 사생활

앞서 살펴본 바와 같이 연방헌법재판소는 2008년 2월 26일자 '제2차 캐롤라인 공주 판결'을 통해 언론보도에서 유명인의 사생활이 어느 범위까지 허용되며 예술저작권법 제23조 제1항의 '시사적 영역'의 해석 및 함께 반영되어야 할 당사자의 '정당한 이익'에 반하는지 여부에 관한 법익형량의 기준에 관해 확정지었다.[446]

여기에서 연방헌법재판소는 공간적 관점에서 개인의 후퇴영역, 특히 가정 내에서의 영역을 포함해 가정 밖에서의 영역 ─ 자기 자신에게로의 복귀가능성과 긴장완화의 가능성 ─ 을 보장하는 후퇴영역, 그리고 간섭받지 않고 홀로 내버려둘 요청을 실현시킬 수 있는 후퇴영역을 강조하였다.[447] 따라서 '차등화된 보호원칙'에 따라 언론보도가 유명인을 다루는 한, '공적 이익의 문제에 관한 의견형성에 기여'할 수 있는 경우에만, 유명인의 일상생활의 상태나 행동방식에 관한 공중의 주목이 허용된다고 보았다. 따라서 유명인의 경우에는 그에 의해 수행되는 직무 밖에서도 정보이익이 인정될 수 있지만, 사진상의 시각적 표현이 통상적 방식의 공개토론에서 벗어나 세세한 사생활의 확산을 통해 '사적 영역'을 건드리는 경우에는 인격권 침해 가능성이 증가된다고 판단했다. 따라서 당사자가 촬영되는 시점에 일반적으로 미디어에 의해 촬영되지 않을 것을 정당하게 기대해도 되는 상황에 있을 때, 가령 공간적으로 볼 때 '사적 영역'으로 인정되는 상황인 경우, 나아가 '장소적 은거성'을 벗어나서 자유로운 행동의 순간이나 긴장완화의 순간에 아울러 직업이나 일상적 의무상황에 벗어나 있는 경우에서는 '사적 영역'의 존중이 인정된다고 밝혔다.[448]

해당 판결이 가지는 의미는 이제부터는 어쨌든 사생활에서 유래한 사건이나 상황묘사 등의 사진들은 공중에게 일정한 방향설정 기능을 제시하는 등의 보도가치를 가지지 않거나 '시사적 사건'과의 관련 없이 단순히 사적인 사생활

---

445 NJW 2006, 2836, 2837.
446 NJW 2008, 1793.
447 NJW 2008, 1793, 1794.
448 NJW 2008, 1793, 1797.

에서의 사소한 정보가치에 불과한 경우에는 허용되지 않는다는 기준을 분명히 제시했다는 점에서 찾을 수 있다.[449]

(3) 유명인 및 동반인의 휴가상황

유명인을 포함해 동반인이 함께 휴가를 보내는 상황의 모습을 담은 사진공표는 당사자의 '정당한 이익'을 침해하는 것일까?

연방대법원은 2007년 3월 6일자 판결에서 캐롤라인 공주가 생모리츠(St. Moritz)에서 그녀의 남편인 에른스트 아우구스트 폰 하노버 공과 겨울 스키휴가를 보내는 과정에서 한 공공도로에 서 있는 모습의 사진을 게재한 사건에 관해 판단하면서 이 문제를 다루었다.

연방대법원은 비록 많은 군중들 속에 당사자들이 서 있을지라도 휴가 중의 모습은 '사적 영역'의 핵심범위에 해당하며 어떠한 '시사적 사건'과의 관련성도 없다고 판결했다. 그리고 이는 유명인의 경우라 하더라도 달라지지 않는다고 보았다. 물론 예외적으로 휴가 중의 모습 사진 그 자체는 '시사적 사건'이나 '공적 이익의 토론에 기여'하는 어떠한 정보도 끌어낼 수 없지만 예외적으로 부수된 기사내용이 모나코 지배영주가 심각한 병환 중에 스키휴가지에서 모습을 드러낸 사건과 관련해서는 해당 사진의 공표를 허용한 바 있다.[450]

이어서 독일의 유명 뮤지션 그뢰네마이어가 그녀의 연인과 함께 로마의 한 카페에서 보행자 전용지역을 산책할 때의 모습을 보여주거나 행인이 식별할 수 있는 카페에서 커피를 마시는 모습을 담은 사진을 화보잡지 "B"가 공개한 사례도 이미 살펴본 바 있다. 이 사건에서도 연방대법원은 2007년 6월 19일자 판결에서 동일한 취지로 판단했다. 즉, '차등화된 보호원칙'에 따라 당사자들이 은거성의 장소에서 체류했는지 여부와 상관없이 당사자들의 '정당한 이익'이 침해된다면 사진의 전파는 허용되지 않는다는 것이다.[451] 이에 따라 당사자들이 자유로운 복장으로 카페에 앉아 있거나 보행자 지역을 산책하는 등 로마 휴가지에서 휴식을 취하고 있는 모습의 해당 사진들은 원칙적으로 '사적 영역'으로 편입될 수 있는 일상생활의 모습이며 어떠한 '공적 이익의 토론'에의 기여나 '시사적

---

449 Soehring·Hoene, §19 Rn.18c.
450 NJW 2007, 1977, 1978.
451 NJW 2007, 3440, 3442.

사건'에 관한 정보들과는 관련이 없다고 보았다.[452]

또한 독일 유명 TV 저널리스트 자빈네 크리스티안젠 사건도 마찬가지이다. "Bild der Frau"지가 자빈네 크리스티안젠이 마요르카(Mallorca)의 한 작은 마을 푸에르토(Puerto)에서 휴가를 보내고 있는 모습의 사진을 공개한 사건에서 연방대법원은 사진공표 금지판결을 내렸다. 연방대법원은 2008년 7월 1일자 판결에서 인격권의 침해는 통상 공적 토론에서 벗어난 세세한 사생활의 확산을 통해 주제상으로 '사적 영역'을 저촉하거나 당사자의 사정에 따라 일반적으로 미디어에 의해 촬영당하지 않을 정당한 기대를 해도 될 때보다 중요한 의미를 얻게 된다고 보았다. 그리고 이러한 사실은 공간적인 사적 성격을 통해 특징지어지는 상황뿐만 아니라 '장소적 은거성'의 밖에서도 마찬가지로 직업상 혹은 일상적 의무의 구속 밖에서 긴장완화 혹은 자기 자신으로의 복귀의 순간에도 마찬가지로 적용된다고 밝혔다. 다만, 원고와 같은 뉴스캐스터, 방송진행자 등 공적 생활의 인물들에게는 해당 보도가 공중에게 커다란 관심을 불러일으키는 논쟁적 사안과 관련하여 방향설정 기능과 함께 충분한 보도가치를 가질 경우에는 당사자의 '정당한 이익'과의 형량과정을 통해 허용될 수도 있다고 보았다.

하지만 재판부는 원고가 단지 마요르카(Mallorca)에 체류 중이며 거기에서 그녀는 자신의 별장을 소유하고 있고 이따금 쇼핑을 한다는 정도의 제한된 정보에만 그치는 경우 그녀의 '사적 영역'에 속하는 사진공표를 감수할 필요는 없다고 판단했다.[453]

(4) 유명인의 새로운 연인관계

연방대법원은 개인적인 인생에서의 사건이 공적인 장소에서 일어나서 넓은 공중의 범위에서 알려졌을 때 역시 예술저작권법 제23조 제2항을 통해 보호되는 당사자의 '정당한 이익'으로서 '사적 영역'의 일부분이라고 판단했다.

연방대법원은 2009년 2월 17일자 판결에서 앞서 살펴본 사건의 원고였던 독일의 유명한 TV 진행자 자빈네 크리스티안젠이 새로운 연인과 사랑에 빠졌으며 이 남자와 결혼하게 될 것이라는 내용의 기사와 함께 두 사람이 프랑스 파리에서 사적인 휴식기간을 보내는 모습의 사진을 게재한 행위에 대해 유명인의

---

452 NJW 2007, 3440, 3443.
453 NJW 2008, 3138, 3140f.

사적 생활의 자화상은 그의 '사적 생활영역'에 속하는 것이므로 사진공표가 허용되지 않는다고 판단했다.

연방대법원은 표지사진에서 원고가 그녀의 파트너와 함께 팔짱을 끼고 있는 모습의 사진과 "그녀는 파리에서 그렇게 사랑에 빠졌다－그녀가 이 남자와 곧 결혼한다는 것에 내기 걸까?"라는 기사 등 새로운 연인과 연애를 하고 있는 모습이나 산책하는 모습 등의 사진은 순수한 사적 사건을 다루는 것으로서 제3자도 알 수 있듯이 공중 속에 있을지라도 보호되는 사적 생활과정이라고 보았다. 그리고 일반적으로 이러한 원고의 사적 생활범위 내에서의 모습을 다루는 사진들은 단지 독자층의 시각적 호기심을 만족시키는 데 불과하고 어떠한 '공중의 정보이익'을 만족시키기에는 부적당하다고 밝혔다.

(5) 유명인의 질병

연방대법원은 2008년 10월 14일자 판결에서 '공적 생활의 인물'을 포함해 유명인의 경우에도 원칙적으로 당사자의 상세한 질병내용은 '사적 영역'에 속한다고 판결했다. 다만, 국가지도자나 정치인, 혹은 경제지도자의 경우 등 특정한 인물군에게는 예외가 존재할 수 있다고 보았다.

해당 사건은 "NEUE REVUE"지가 2005년 4월 20일자 기사에서 "캐롤라인－그녀는 이제 어떻게 될까? 그녀는 그녀의 아버지 무덤 앞에서 울었다. 지금 그녀는 남편의 침대에서 울고 있다. 그리고 모나코는 그녀에 대해 걱정하고 있다"라는 제목과 함께 몇 장의 사진을 게재하였는데 해당 사진들에서는 취르스(Zürs)의 호텔 테라스에서 에른스트 아우구스트 공과 캐롤라인 공주가 와인병 하나를 치켜들고 그 안에 아직 와인이 남아있는지 살펴보는 모습을 보여주고 있고, 관련기사에서 에른스트 아우구스트 공이 심각한 알콜중독으로 인해 삶이 위협당하고 췌장염으로 인해 병원에 입원한 경력이 있으며 의사들은 더 이상 에른스트 아우구스트 공이 음주를 해서는 안 된다고 경고했다는 기사들이 게재되었다. 이에 원고인 에른스트 아우구스트는 해당 사진의 게재를 금지하도록 소송을 제기했다.[454]

연방대법원은 해당 사진이 부부의 휴가기간 동안 생겨난 것이고 따라서 유

---

[454] NJW 2009, 754.

명인의 경우일지라도 원칙적으로 보호되는 '사적 영역'의 핵심범위에 해당하는 모습의 사진이라고 보았다. 그리고 질병은 중요한 '사적 영역'의 일부이며, 이것은 예외적으로 중요한 정치인, 국가지도자나 경제지도자와 같은 인물유형들의 경우에만 다룰 수 있는 주제라고 밝혔다. 하지만 부속기사에서 다룬 원고의 췌장염에 관한 심각한 질환 및 그 원인으로서 과도한 알콜남용을 다룬 보도는 '시사적 사건'과는 관련성이 없는 원고의 '사적 영역'에 해당하는 사안이라고 판단했다.[455] 이는 앞서 살펴본 연방헌법재판소의 '에스라 판결'[456]에서 밝힌 바와 같이 에른스트 아우구스트 공의 고도의 개인적 사항에 해당하는 건강상태 역시 공중의 정당한 관심에 해당하지 않는다고 본 것이다.

이와 별개로 연방대법원은 2008년 10월 14일자 다른 판결에서 에른스트 아우구스트 공이 문제의 보도 이후 오스트리아에서 발행되는 "Kleine Zeitung"과의 인터뷰에서 스스로 자신의 질병상태와 음주에 관해 밝힌 내용을 다룬 기사에 관해서는 허용된다고 보았다. 더군다나 이 보도에서는 어떠한 사진게재도 없었다.[457]

5. 기타 사례

(1) 형사범죄자의 익명이익

범죄보도 과정에서 피의자나 피고인의 사진이 게재될 경우 해당인물의 익명이 보호되어야 할 이익이 예술저작권법 제23조 제2호의 '당사자의 정당한 이익'으로 작용할 수 있다. 이는 범죄보도에서 매우 중요한 원칙이다.

이에 관해서 연방헌법재판소는 '홀쯔클로츠 원칙'을 제시한 적이 있음은 앞서 살펴본 바 있다. 즉, 기소된 행위의 특별한 중대성과 비난받아야 할 범행방식의 심각성은 '공중의 정보이익'을 위해 중요한 요소가 되면 될수록, 피고에게는 오히려 무죄판결을 통해서도 제거될 수 없는 낙인찍기의 위험이 함께 우려된다는 것이다. 왜냐하면 피고를 법정 내에서 보여주는 영상보도는 시각적 표현의 특수성으로 인해 많은 시청자들에게 지속적으로 해당 범죄행위의 경악성과 피고의 얼굴을 결부시키는 효과를 가져오게 되므로 범죄행위의 비난가능성이

---

455 NJW 2009, 754, 756.
456 NJW 2008, 39.
457 NJW 2009, 756.

더욱 클수록 피고인의 무죄선고 이후에도 지속적으로 대중들에게 그러한 범죄자로 비춰지게 될 위험에 부딪히게 되기 때문이다.

따라서 연방헌법재판소는 확정적으로 유죄판결을 받지 않은 피의자나 피고인의 경우에는 확정적 유죄판결이 내려질 때까지 피고인의 이익을 위해 법치국가 원리에서 생겨난 '무죄추정의 원칙'이 적용되어야 하고 이에 상응하는 보도자제, 아니면 최소한 조화로운 보도가 요청된다고 보았다. 게다가 신원확인이 가능한 언론보도를 통해 생겨날 수 있는 낙인찍기 효과가 철저히 고려되어야 한다고 판단했다.[458]

(2) 납치대상자의 신변안전이익

연방헌법재판소는 2000년 3월 31일자 결정에서 개인의 신체상의 완전성과 자유를 고려하여 납치위험이 예술저작권법 제23조 제2항의 또 다른 전제로서 인정될 수 있다고 보았다. 따라서 석방금의 강탈을 목적으로 부유한 유명인의 딸을 납치한 경우에는 연방경찰국의 경고를 포함한 안전상의 우려가 고려되어야 하므로 각각의 인물들은 자신의 행동을 위험상황에 맞게 조정해야 하고 따라서 원고는 사진이 공개되지 않도록 노력해야 한다고 판결했다.[459]

6. 상업적 목적

(1) 상업적 목적에 의한 유명인의 초상권 침해

전통적인 관점에 따르면, 당사자가 유명인이라 하더라도 타인의 사진을 동의 없이 광고 목적에 사용하면 당사자의 초상권 침해에 해당하게 된다. 이에 관해서는 연방대법원 판결을 통해 살펴보자.

원고는 유명한 배우이며 TV 진행자이다. 1987년 9월 12일 유명 패션기업 B의 낙성식 행사에 참가한 원고는 다른 유명인들과 함께 행사에 초대되었다. 행사에서 원고는 친한 기업 B의 대표로부터 건네받은 새로운 신상품 안경을 착용한 상태에서 사진기자들에게 사진촬영을 허락했다. 피고는 북독일의 소도시 N에서 안경점을 운영하고 있는데, 그는 250개의 안경소매상이 결성한 소매상연합대표로부터 1987년 9월 21일자 서한과 함께 세 장의 사진을 전달받았다. 모

---

458 NJW 2009, 350, 352.
459 NJW 2000, 2194.

든 동업자들에게 보내진 서한에는 연합대표가 B 회사의 낙성식에 참가한 후, 행사에 관한 보고내용이 포함되어 있었고 아울러 사진에는 "당신의 언론활동과 당신의 영업상 장식을 위해"라는 내용과 함께 B-콜렉션의 추천과 언론활동은 첨부 사진을 통해 더욱 증진시킬 수 있다는 표현이 담겨 있었다. 그리고 문제의 사진 뒤에는 "무료로 이용하세요. 보급판"이라고 기재되어 있었다. 이에 피고는 1987년 11월부터 1988년 2월까지 광고회사의 위탁을 통해 원고가 안경을 착용한 채 웃고 있는 모습의 초상사진을 이용해 지역신문에 광고를 게재했다. 이러한 광고에 대해 원고는 자신의 동의 없이 광고를 통해 수익을 얻었다며 소송을 제기했다.[460]

연방대법원은 1992년 4월 14일자 판결을 통해 당사자의 동의 없이 촬영된 사진을 사전에 문의도 하지 않고 광고 목적을 위해 공표한 경우에는 특별한 경우가 아닌 이상 당사자의 인격권 침해에 해당한다고 판단했다.

재판부는 일단 광고 목적을 위한 원고의 사진공표는 원고의 초상권(예술저작권법 제22조)을 침해한 것이고 법률규정에 따라 특별한 보호하에 있는 당사자의 자기결정권을 위반한 것이라고 보았다. 왜냐하면 사진에 나타난 당사자에만 어떤 방식으로 공중에 자신의 모습을 제공할지 여부를 결정할 권리를 가지기 때문이다. 하지만, 이 사건에서 원고가 '시사적 인물'이라는 이유 때문에 그러한 동의가 불필요할 것으로 오인되어서는 안 된다고 밝혔다. 예술저작권법 제23조 제1항 제1호의 '시사적 영역'이라는 예외규정은 보호가치 있는 공중의 정보수요를 수행하는 것이 아니라 다른 사람의 초상을 통해 단지 자신의 영업상 이익을 만족시키고자 하는 사람에게는 해당되지 않기 때문이다.

따라서 B 패션기업의 낙성식에 참가한 기자들에게 그가 B사의 안경을 착용한 채 사진을 촬영하도록 허락한 사실만으로 소송대상이 된 광고 목적의 사안에서 자신의 모습을 보여주는 사진공표를 위해 동의가 수여된 것은 아니라고 판단했다. 나아가 설사 원고가 B 패션기업과 신제품을 그의 모습과 함께 광고하는 사실에 동의했다고 하더라도 원고의 행동이 그의 사진을 무료로 제공하여 B 패션기업의 소매점들의 영업적 이익을 위해 광고하도록 허락하는 동의까지 표현한 것으로 볼 수는 없다고 밝혔다.[461]

---

460 NJW 1992, 2084.
461 NJW 1992, 2084.

다만, 책임부분에 있어서 피고에게 인격권 침해를 통한 불법적 손해배상책임을 지울 수는 없다고 판단했다. 물론 다른 사람의 초상을 자신의 이익을 위한 목적으로 공표하고자 하는 사람은 특히 그가 그러한 공표에 권한을 가지고 있는지 원칙적으로 심사해야 하고, 이러한 심사의무는 그가 사진을 직업적 사진가 혹은 언론기관이나 광고회사로부터 획득한 경우에도 그러한 사실만으로 통상 심사의무를 곧바로 만족시킬 수는 없으며 반드시 특별한 사후문의가 필요하다고 밝혔다. 하지만 이 사건에서는 피고가 원고의 사진을 사진가나 기획사를 통해서가 아니라 그의 구매조합으로부터 보내진 것을 받아 지역신문 광고에 활용했고, 명백히 그 사진에 포함된 서한에는 언론활동을 위해 사진송부가 결정되었으며 그 사진을 통해 B-콜렉션의 추천으로 개선할 수 있다는 내용이 기재되어 있는 이상 피고에게 그 책임을 부담시킬 수는 없다고 보았다.[462]

유명인의 사진을 상업적으로 이용한 경우 정보이익이 인정될 수 없어 인격권 침해를 인정한 사례로서 귄터 야우흐(Günter Jauch) 사건을 추가적으로 살펴보자.

원고인 귄터 야우흐(Günter Jauch)는 주말에 방송되는 "누가 백만장자가 되는가?"라는 제목의 프로그램 진행자이다. 그런데 피고는 2005년 6월 9일에 "S-특별판 수수께끼와 퀴즈"라는 퀴즈책자를 발행했는데, 그 겉표지에는 "귄터 야우흐는 '누가 백만장자가 되는가?'라는 프로그램과 함께 퀴즈가 얼마나 흥미진진할 수 있는지 보여준다."라는 문구와 함께 원고의 사진을 게재하였다. 이에 원고는 손해배상청구소송을 제기하였다.[463]

이에 연방대법원은 2009년 3월 11일자 판결에서 당사자의 사진공표와 언론에 의해 대변된 '공중의 정보이익' 사이의 형량에 있어서는 만약 사진공표가 전적으로 언론기관의 영업이익에만 기여한다면, 그것은 유명인의 초상이 단지 광고 목적으로만 이용된 것이기 때문에 보호가치 있는 언론사의 이익은 존재하지 않는다고 판단했다.

연방대법원은 당사자의 인격권 보호의 판단에 있어서는 일반적 인격권의 핵심영역으로서 그의 '사적 영역'뿐만 아니라 타인의 상업적 광고이익 획득의 침해가 관계될 수 있다고 인정했다. 나아가 인격권의 본질적 구성부분에는 자신

462 NJW 1992, 2084, 2085.
463 NJW 2009, 3032.

의 초상이 광고 목적을 위해 제공되어야 하는지 여부나 어떻게 제공되어야 하는지의 결정도 포함된다고 보았다. 따라서 '시사적 영역'에서의 초상이라 하더라도 단지 유명인물의 사진이 오로지 광고 목적을 위해서만 이용되고 이에 따라 제품의 판촉에 이르도록 되었다면, 그러한 경우는 전적으로 광고를 위한 회사의 영업이익에 기여한 것이므로 보호가치 있는 정보이익은 존재하지 않는다고 판단했다. 반면에 광고가 광고 목적 외에도 '공중의 정보이익'을 제시한다면 이때에는 예술저작권 제23조 제1항 제1호의 '시사적 영역'에 해당할 수도 있다고 보았다.[464] 또한 표지부분은 잡지의 구성부분으로서 광고기능으로서 보호되는데, 이는 출판물을 위한 자신의 광고부분은 출판물 그 자체와 마찬가지로 언론자유의 보호를 누릴 수 있기 때문이라고 밝혔다.[465]

하지만 보도가 광고 목적으로 한 유명인의 사진을 표지에 게재하기 위한 수단으로만 삼게 된다면 이는 촬영대상자의 일반적 인격권 침해에 해당한다고 보았다. 이러한 원칙에 따르면, 이 사건에서 문제된 표지에서 원고의 초상이용은 단지 단순한 주목 끌기 광고를 넘어서서 원고의 광고가치와 이미지 가치를 철저히 이용한 것이라고 판단했다. 그리고 사진설명 문구 역시 초상과 함께 정보를 제공하게 되는 시사성을 위한 것으로 인정되지 않는다고 보았다. 즉, 광고자에게 유명인물의 표현에 관한 공중의 관심이 중요한 것이 아니라 상품과 대상자를 직접 나란히 세움으로써 해당 인물에 관한 공중의 이익과 그의 인기를 상품으로 향하게 하는 것이 중요했을 경우에는 이러한 초상 사용은 정당화될 수 없다고 밝혔다.

결국 표지에 언급된 원고의 활동과 퀴즈책자의 내용 사이의 맥락에는 원고의 광고가치와 이미지 가치를 이용하려고 하는 의도가 인정되고 이러한 맥락에서 원고는 퀴즈방송의 진행자로서 그와는 상관없는 퀴즈책자의 연관성하에 놓이게 되었다고 인정했다. 따라서 원고의 능력과 인기가 퀴즈책자의 홍보를 위해 이용되었고 이는 사진설명문구가 원고에 의해 진행되었던 퀴즈방송뿐만 아니라 퀴즈책자 역시 포함시킴으로써 더욱 강화되었다고 보았다. 반면에 사진설명문구의 정보가치는 원고의 이미지나 광고가치를 철저히 이용함으로써 여론형성에의 기여 정도는 매우 낮다고 판단했다.[466]

---

464 NJW 2009, 3032, 3034.
465 NJW 2009, 3032, 3035.

(2) 빌리 브란트 수상의 기념주화

상업적 목적이 일부 있었을지라도 해당 인물이 국가지도자 등 특별한 정보이익을 가지는 경우에 연방헌법재판소는 그의 기념메달에서의 초상 공표를 허용하였다. 이 사안은 고 빌리 브란트 연방수상과 관련된 사건이다.

독일의 정치인이자 연방수상이었던 빌리 브란트 서거 이후 피고는 빌리브란트 서거를 추모하는 메달을 제작해서 판매하였다. 메달에는 앞면에 "빌리 브란트를 기념하여"라는 글과 "1913", "1992"라는 연도가 메달 가장자리를 돌아가며 표시되었고, 가운데에는 그의 초상이 조각되었다. 그리고 뒷면에는 독일의 연방독수리 문장 및 브란덴부르크 문의 심볼과 함께 "연방독일의 수상", "사민당 대표", "베를린 시장", "노벨평화상 수상자" 등 그의 업적을 기념하는 내용들이 기재되어 있었다. 이에 빌리 브란트 전 수상의 미망인이 동의 없이 제작 및 판매된 기념주화의 판매를 중단할 것을 청구하는 소송을 제기했으나, 연방대법원은 피고가 기념주화를 비록 상업적 이익추구를 위해 판매했지만, 동시에 공중의 보호가치 있는 정보이익을 만족시키는 측면도 존재한다는 이유로 소송을 기각하였고, 이에 헌법소원에 이르게 되었다.[467]

연방헌법재판소는 2000년 8월 25일자 결정에서 청구인의 요청을 받아들이지 않았다. 예술저작권법 제23조 제1항 제1호에 따라 '절대적 시사적 인물'은 원칙적으로 공중에 그의 동의 없이 그의 모습이 공개되는 것을 받아들여야 하지만, 그럼에도 공중이 그러한 인물의 주목에 특별히 가치가 있는 것으로 느끼게 되는 경우에 한해, 즉 시사적 인물에 관해 가지게 되는 공중의 이익이 인정되는 경우로 제한된다고 밝혔다. 해당 규정의 보호목적은 공중의 보호가치 있는 이익이 인정될 수 없는 사진공표에는 적용될 수 없다고 본 것이다. 또한 '시사적 인물' 역시 대중들에게 자신의 인격을 고려해야 할 것을 요구할 수 있기 때문에 예술저작권법 제23조 제1항에서 보호되는 공중의 공표이익 역시 당사자의 인격권과 긴장관계에 놓이게 된다는 점을 인정했다.

따라서 보호가치 있는 '공중의 정보이익'을 이행하는 것이 아니라 다른 사람의 광고 목적을 위한 초상의 공표를 통해 단지 자신의 영업적 이익만을 증대시키고자 하는 사람은 공표근거로 예술저작권법 제23조 제1항 제1호를 주장할

---

466 NJW 2009, 3032, 3035.
467 NJW 2001, 594.

수 없다고 밝혔다. 이러한 점에서 예술저작권법 제23조 제1항 제1호의 구성요건 전제조건은 '공중의 정보이익'이라는 기준에 따라 결정되는 것이라는 점을 강조하면서 인물의 초상이 특정한 제품이나 특정한 상표를 위한 광고 목적으로만 사용될 경우에는 적용될 수 없음을 재차 확인하였다.[468]

연방헌법재판소는 결국 빌리 브란트 기념메달의 제작과 판매가 전적으로 자신의 상업적 이익을 추구하는 것이었는지 아니면 동시에 보호가치 있는 정보이익이 인정될 수 있는지 여부가 이 사건이 직면한 쟁점이라고 보았다. 이어서 기념메달의 판매라는 점 배후에는 상업적 이익 외에도 '공중의 정보이익'이 있는 것으로 본 연방대법원 판결은 합당하다고 판결했다. 연방헌법재판소는 빌리 브란트와 같이 한 인물에게 향하는 공중의 관심이 커질수록 정보이익이 증가할 수 있는데, 메달에 나타난 초상의 경우 빌리 브란트와 같은 정치가이자 국가지도자로서 그의 업적을 공중에게 제시하는 경우에는 특별한 정도로 공중의 정보이익이 인정된다고 보았다. 특히 뒷면에 의미 있는 심벌과 슬로건으로 그의 업적과 직무를 표현한 점이 이를 뒷받침한다고 결론 내렸다.[469]

(3) 정치인에 관한 풍자적 상업광고

재정부장관의 사퇴와 관련된 풍자적 광고에 대해 정보가치가 인정되는, '시사적 영역에 해당하는 초상'으로서 허용한 사례도 존재한다.

원고는 오스카 라폰테인(Oskar Lafontaine)이고 1999년 3월 11일 재정부장관직과 사민당 대표에서 사퇴했다. 피고는 자동차 렌트회사 S-AG의 자회사로서 승용차 리스 업체이다. 피고는 원고의 동의 없이 1999년 3월 21에 "Welt am Sonntag"라는 잡지에 반 페이지의 광고를 게재하였고, 3월 22일 "FAZ"에 양쪽 페이지 광고를 게재했는데, 여기에는 줄로 가려지긴 했지만 식별될 수 있는 원고모습을 포함해서 16명의 행정내각 장관들의 모습을 보여주며 "S는 수습기간의 직원들을 위해서도 자동차를 대여합니다"라는 광고슬로건이 기재되어 있었다. 이에 원고는 자신의 얼굴의 광고 사용료 지급을 청구했고, 패소한 리스회사가 연방대법원에 상고했다.[470]

---

468 NJW 2001, 594, 595.
469 NJW 2001, 594, 595.
470 NJW 2007, 689.

연방대법원은 2006년 10월 26일자 판결에서 우선 문제된 광고에서 원고의 초상사진은 어쨌든 연방재정부장관 겸 사민당 대표로서의 사퇴와 시기상·내용상 직접적 맥락에 서 있는 '시사적 영역에서의 초상'에 해당한다고 보았다. 그리고 인물의 초상이 광고의 범위 내에서 전파되었다는 사실에 따라 이러한 점이 달라지지는 않는다고 판단했다.

연방대법원은 어떠한 보호가치 있는 정보이익도 이행하지 않는 그런 경우에는 예술저작권법 제23조 제1항을 주장할 수 없으며 전적으로 초상과 함께 광고기업의 영업이익에만 기여하는 그런 광고의 경우에는 이러한 보호가치 있는 정보이익은 존재하지 않는다는 점에서 출발했다. 그리고 '시사적 영역에서의 초상'이라도 특히 유명인물의 광고가치를 철저히 이용함으로써 판촉대상으로 전이시키는 그런 경우에는 정보이익이 존재하지 않는다고 밝혔다. 하지만 그에 반해 광고가 광고 목적 외에도 '공중의 정보이익'까지 제시할 경우에는 예술저작권법 제23조 제1항의 적용범위에 속하게 된다고 인정했다. 왜냐하면 상업적 맥락만으로 '공중의 정보 이익'에 기여하는 공표라는 사실을 배제하지는 않기 때문이다. 기본법 제5조 제1항 언론자유권의 보호는 상업적 의사표현과 하나의 평가적·의견형성적 내용을 담고 있는 순수한 상업광고에도 미치게 되며, 아울러 의견표현을 전달하거나 보강하는 초상 공표에도 미치게 된다고 확인했다.

이런 점에서 문제된 광고는 전적으로 광고 목적에만 기여하는 것이 아니라 '시사적 사건'과 관련된 정치적 의견표현을 풍자의 형태로 담고 있다고 판단했다. 즉, 광고회사는 원고를 수습기간에 좌절한 신입직원과 동일시함으로써 반어법적 방식으로 원고가 재정부장관으로서 단기간에 사퇴했다는 사정을 비판했다고 보았다.[471]

나아가 연방대법원은 문제의 광고에 나타난 원고의 초상은 예술저작권법 제23조 제2항에 의거한 그의 '정당한 이익' 역시 침해하지 않는다고 판단했다. 재판부는 통상적으로 광고에서의 초상 사용은 당사자의 동의 없이 사용된 경우 일반적 인격권의 침해에 해당된다고 밝혔다. 왜냐하면 어떠한 방식으로 자신의 초상이 광고 목적을 위해 제공되도록 해야 하는지에 관한 결정권이 인격권의 본질부분을 형성하기 때문이다. 이 경우 초상 이용을 통해 당사자의 이미지나

---

471 NJW 2007, 689, 690.

광고가치만을 철저히 획득하거나 당사자가 판촉대상 제품과 일치됨으로써 그가 해당 제품을 추천하거나 홍보하고 있다는 인상을 준다는 사정이 전면에 서게 된다.[472]

하지만 연방대법원은 해당 사건의 경우 원고의 이미지 가치나 광고가치가 기업의 판매촉진 영업으로 전이되었다는 점은 불분명하다고 판단했다. 그리고 원고가 해당 기업의 상품을 추천한다는 인상을 불러일으키는 것도 아니라고 보았다. 나아가 이번 사건의 광고는 풍자적이고 조소적인 형태로 광고의 범위 내에서 시사적인 정치적 사건을 두고 논쟁한다는 점이 부각되었다고 인정했다. 이어서 재정부장관의 사퇴를 풍자적으로 작성된 광고슬로건과 함께 대상으로 삼았다는 점에서 단순한 주목끌기 광고를 넘어 자신들의 영업의 홍보를 위한 타이틀로서 상품화할 의도는 없었다고 보았다. 더욱이 원고의 사진은 광고의 범위 내에서는 비평된 정치적 사건에 속하는 것이었으며, 그 크기나 배치에 있어서는 다른 15명의 내각장관들 역시 광고에 포함되었다는 점에서 사진 역시 단순한 초상사진으로서 배치되었다고 판단했다. 결국 피고의 리스영업을 위해 사진이 다소 사용되었다는 사실이 부인될 수 없을지라도 정치적 토론을 위해 행해진 광고라는 점에서 기본법 제5조 제1항의 의견표현의 자유의 특별한 보호하에 놓인다고 판결했다.[473]

(4) 언론사의 자기광고

언론사가 자신의 상업적 목적을 위해 한 인물의 초상이 담긴 영상을 이용하는 경우에는 어떻게 될까? 이 문제는 당시 '절대적 시사적 인물'에 해당했던 여배우 마를레네 디트리히(Marlene Dietrich)의 광고 목적의 영상게재와 관련된 사건을 통해 살펴보자.

이 사건은 1930~40년대 할리우드에서 활동했던 독일 출신 유명 여배우 마를레네 디트리히가 1992년 5월 6일 사망한 이후 그녀의 단독상속인인 딸이 "Bild"지를 상대로 제기한 소송이다. 피고인 "Bild"지는 1999년 2월에 "독일의 50년"이라는 제목으로 "Bild"지의 별책부록을 출간했다. 그리고 거기에는 50년 간의 독일의 중요한 '시사적 사건' 관련 원본자료와 사진들이 게재되었다. 이때

472 NJW 2007, 689, 690f.
473 NJW 2007, 689, 691.

1960년에 관한 대표 자료로서 1960년 5월 27일에 마를레네 디트리히의 뮌헨방문 사진이 짧은 기사와 함께 담겨있었다. 이후 1999년 2월 15일 "Bild"지는 "RTL" 방송과 "SAT1" 방송에서 18초짜리 광고방송을 내보냈는데, 해당 방송에서는 잠시 동안 1959년 독일주간뉴스의 장면이 비춰졌고, 이 장면 속에는 마를레네 디트리히와 힐데가르트 크네프(Hildegard Knef)가 다른 사람들에 의해 둘러싸여 있는 모습이 담겨 있었다. 그리고 "Bild"지의 로고와 함께 "독일 50년을 경험하세요. 최초의 독일어로 된 독일 역사모음집…"이라는 홍보문구가 이어졌다. 이에 원고는 그녀 어머니의 초상이 "Bild"지의 광고 목적을 위해 사용되었다며 광고방송을 금지하도록 소송을 제기했다. 이에 항소법원은 비록 마를레네 디트리히는 그의 동의 없이도 초상 공표가 허용되는 '절대적 시사적 인물'이지만, 문제된 영상장면이 전면적으로 광고 목적을 위한 것이라면 이를 수용할 필요가 없다는 취지로 판단했다.[474]

연방대법원은 2002년 5월 14일자 판결에서 항소법원의 판결을 기각했다. 재판부는 이 판결에서 언론의 자기광고와 관련한 몇 가지 원칙들을 확인하고 새로이 제시하기도 하였다. 이에 따르면, 일단 예술저작권법 제23조 제1항 제1호의 '시사적 영역' 규정은 사진공표와 함께 어떠한 보호가치 있는 '공중의 정보이익'이 따라오지 않고, 단지 광고 목적을 위해 다른 사람의 초상으로 그의 영업상 이익을 충족시키고자 할 경우에는 적용되지 않는다고 확인했다.

또한 출판물을 위한 광고 역시 기본법 제5조 제1항 제2문의 언론자유의 보호를 누린다고 선고했다. 따라서 언론자유의 기본권은 언론계의 자유를 총체적으로 보장하며 이러한 보호는 정보의 제공에서 보도나 의견의 전파에 이르기까지 미치게 된다고 확인했다. 비록 광고가 출판물 그 자체를 전달하지는 않을지라도 광고는 공중에게 출판물을 소개하고 이와 함께 보도의 종류나 대상을 미리 알림으로써 공중에게 보도에 관한 지식을 얻게 하고 이를 통해 정보의 획득 기회를 인지할 수 있게 하는 의사소통수단으로서 기여한다고 인정했다. 따라서 언론의 자기광고는 해당 출판물의 판매를 촉진하고 이러한 방식으로 정보의 전파에 기여하기 때문에 그 자체로 기본법 제1조 제2문에서 보장하는 언론자유의 보호를 향유하게 된다고 밝혔다.

[474] NJW 2002, 2317.

다만, 이 사건에서는 전심법원이 도식적인 고찰방식에 따라 사안을 결정했다고 보았는데, 특히 문제된 광고방송에서 이용되었던 1959년 저속의 촬영장면은 실제 "Bild"지의 특별부록에 게재되었던 뮌헨 방문사진과 다른 것이라는 점이 쟁점이 된 것에 대해 비판하였다. 연방대법원은 이 사건에서 정작 중요한 것은 방송광고에 원래 별책부록으로 수록되어 있던 사진과 다른 사진을 이용한 것이 문제인지가 아니라, 오히려 방송광고에서 이용되었던 사진이 공표를 통해 당사자의 인격권을 침해하게 되었는지 여부라고 지적했다. 즉, 구체적 사정을 묘사하지 않는 사진공표 역시 만약 당사자를 특별히 불운하거나 불리한 상황에서 보여주게 된다면 이는 금지되는 결과에 이르게 되며 또한 사용된 사진이 맥락에서 분리되거나 사진내용과는 다른 의미의 맥락 교체를 통해 제시될 경우에도 인격권 보호와 충돌할 수 있다고 인정했다.[475]

하지만 재판부는 1960년의 마를레네 디트리히를 보여주는 사진과 1959년의 그녀를 보여주는 짧은 영상 사이에는 어떠한 인격권 침해도 인정될 수 없으며, 이러한 동영상이 방송광고에 이용됨으로써 더 큰 인격권 침해가 발생했다고 볼 수도 없다고 판단했다. 아울러 광고방송이 마를레네 디트리히를 직접 광고주체로 강조했을 경우, 즉 마를레네가 원래는 어떠한 공유점도 없지만 판촉을 위한 제품과 동일시된다는 인상을 줄 경우, 가령 그녀가 제품을 추천하거나 홍보할 경우에는 결과가 달라질 수 있지만, 그와는 달리 단지 내용상 '시사적 인물'로서 별책부록의 한 부분에 수록되었다는 사실을 주목을 끌기 위해 방송하는 것만으로는 추가적 인격권 침해가 인정되지 않는다고 밝혔다.[476]

이와 반대되는 사례도 존재한다. 연방대법원은 2012년 5월 31일자 판례에서 독일의 유명한 사진가 군터 작스(Gunter Sachs)의 상속인이 "Bild am Sonntag"지 상대 소송에서 이번 사안의 경우는 비록 언론사의 자기광고의 형태를 취했음에도 불구하고 이는 원고의 인격권 침해에 해당한다고 판시했다.

2011년 5월 7일 사망한 군터 작스는 주간지 "Bild am Sonntag"지 2008년 8월 10일자 판에 "잠깐, 방해하지마! 일요일에 플레이보이(75)"라는 제목의 기사를 게재했다. 여기에서 중간제목에는 "생트로페의 요트 위에서 흔들흔들하는 군터 작스. 일요일에 "Bild"지는 그의 안식처"라는 내용과 함께 선명하지는 않

---

475 NJW 2002, 2317, 2319.
476 NJW 2002, 2317, 2319.

지만 그를 식별할 수 있는 대형사진이 함께 게재되었고, 문제의 사진에서는 원고로서 군터 작스가 요트 위에서 앉아서 "Bild am Sonntag"지를 읽고 있는 모습을 담고 있었다. 이때 원고는 자신이 촬영되고 있다는 사실을 알지 못했다. 사진캡션에는 "요트 위의 군터 작스, 여자 드라큐라"라는 내용이 포함되어 있었다. 그 밖에 그가 요트에 오르는 모습의 사진들, 그의 전 부인이었던 브리짓 바로드(Brigittte Barodot)와 함께 있었던 모습의 사진들도 함께 게재되었다. 그리고 이러한 기사들에서는 백만장자가 그늘에서 폴로티셔츠를 입고 독서안경을 쓴 채 "Bild am Sonntag"지의 책장을 편안하게 넘기고 있다는 내용도 있었다. 이에 원고 및 상속인은 피고 잡지사를 상대로 금지청구와 손해배상청구소송을 제기했다.[477]

연방대법원은 2012년 5월 31일자 판결에서 원고는 문제된 사진과 부수기사를 통해 그의 동의 없이 광고 목적을 위해 독점됨으로써 그의 일반적 인격권 중 재산권적 부분의 침해가 이루어졌다고 판단했다.

이때 문제된 사진이 "Bild am Sonntag"지의 명백한 광고부분에서 존재하는 것이 아니라 편집부분의 표제기사 보도 부분에서 게재되었다는 것은 중요하지 않다고 보았다. 광고의 범위에서 초상 이용의 판단을 위해 발전되어온 원칙에 따르면 자기광고에 기여하는 편집부분의 보도 역시 동일하게 적용된다고 밝혔다.[478]

이어서 연방대법원은 피고 잡지사가 주장한 바처럼 사용된 원고의 사진이 예술저작권법 제23조 제1항의 '시사적 영역에서의 초상'에 해당한다는 사실을 심사함에 있어서는 형량과정이 필수적이라고 확증했다. 그리고 그 기준으로서, 사용된 초상이 단순한 주목끌기를 넘어서 원고의 인물이 잡지의 홍보를 위한 타이틀로서 상품화됨으로써 원고의 광고가치 및 이미지 가치가 철저히 이용되었고, 이때 광고는 원고를 피고잡지와 동일시한다거나 잡지를 추천 또는 선전한다는 인상을 불러일으키는 경우 그 침해가 더욱 심해진다고 밝혔다. 하지만 보도에서 상품을 위한 당사자의 명백한 추천이 보이지 않는다 하더라도 광고에서 상품과 당사자를 직접 나란히 세움으로써 한 인물에 관한 공중의 관심과 그의 인기가 상품으로 전이되는 경우에도 역시 상품의 소비자들에게 하나의 이미지

477 NJW 2013, 793.
478 NJW 2013, 793, 794.

전이에 이르게 되는 당사자와 판촉상품 사이에 관념적 결합이 만들어지기 때문에 중요한 침해상태가 발생할 수 있다고 판단했다. 그에 반해, 유명인의 사진이 광고에서 추천적 성격을 가지거나 이미지 전이에 이르게 되는 것이 아니라 단지 소비자의 주목만이 판촉상품으로만 향하게 될 경우에는 침해의 심각성이 줄어든다고 지적했다.

이러한 원칙에 따라 이 사건 보도는 원고의 사진 사용으로 부수기사와 함께 공공연히 자신의 잡지를 위해 광고하는 것으로 특징지을 수 있다고 보았다. 비록 원고가 잡지를 위한 추천인으로서 광고되지는 않았지만, 바로 원고와 잡지와의 직접적 공존을 통해 원고에 관한 공중의 관심과 그의 인기를 상품으로 전이시키고, 이에 따라 이미지 전이에 이르게 되는 관념적 결합이 이뤄졌다고 인정했다.[479]

한편, 연방대법원은 상업적 표현 역시 공표가 공중의 정보에 기여한다는 것을 배제하지 않기 때문에 형량을 위해서는 피고 측의 언론자유권이 고려되어야 한다고 밝혔다. 기본법 제5조 제1항은 상업적 의견표현에도 미치게 되고, 따라서 가치평가적이고 의견형성적인 내용을 담고 있는 순수한 상업광고와 의견표현을 전달하거나 보완하는 초상의 공표에도 역시 미치게 된다는 것이다. 이에 따라 출판물을 위한 광고 역시 출판물 그 자체와 마찬가지로 언론자유권의 보호를 향유하게 된다고 밝혔다. 하지만 이 사건에서는 원고의 상업적 독점이 보도의 중심을 이루고, 유일한 시사적 정보는 피고의 잡지를 넘기고 있는 원고의 독서에만 국한되므로, 이러한 정보는 어떠한 정보가치도 지니지 않으며 공중의 관심을 불러일으키는 이슈의 관점에서도 어떠한 방향설정 기능도 제공하지 않기에 원고의 인격권 중 특히 재산적 부분이 중요한 비중을 차지하게 된다고 판단했다.[480]

나아가 이 사건 보도에서 문제된 사진의 경우, 원고가 생트로페(St. Tropez)항에 있는 요트 위에서 책을 읽고 있는 모습을 보여주는 대형사진을 통해 첨부된 기사와 함께 그의 사생활 및 초상권을 침해하게 되었다고 덧붙였다. 왜냐하면 사진과 기사내용은 명백히 원고가 공중으로부터 관찰되지 않을 것으로 기대할 수 있는 자신의 사적 상황이 공중에 공개되었기 때문이다. 따라서 원고가 일

479 NJW 2013, 793, 795.
480 NJW 2013, 793, 795.

요일에 책을 읽는다는 독서습관이나 생활습관을 보여주는 보도는 여론형성을 위해서는 적합하지 않은 낮은 수준의 정보가치에 불과하다고 밝혔다. 왜냐하면 원고가 피고의 잡지를 읽는다는 사정과 그로부터 형성될 수 있는 피고 잡지의 긍정적 평가와 판촉을 넘어서는 어떠한 정보가치도 맥락상 도출될 수 없기 때문이다.[481]

결국 연방대법원은 보도가 여론형성에의 어떠한 기여도 인식될 수 없는, 단지 유명인의 사진을 싣기 위한 계기로만 삼는 것으로 국한된다면 보도뿐만 아니라 출판물 자신의 광고의 경우에도 원고의 일반적 인격권이 제한된 것이며, 이러한 사건에서는 언론자유권 보호에 포함된 언론의 자기광고의 보호권이 생겨나지 않는다고 결론지었다.[482]

7. 위법하게 획득한 사진의 공표문제

인격권이나 초상권 침해를 이유로 촬영이 허용되지 않는 과정에서 작성된 사진이나 영상의 경우는 전파 역시 허용되지 않는다는 공식이 성립될까? 특히 몰래카메라의 상황에서 작성된 사진이 문제될 수 있는데, 결론부터 말하자면 항상 그렇지는 않다. 독일 법원에서는 이러한 문제 역시 '법익형량의 원칙'에 따라 해결한다.

2008년 1월 3일 한 TV 방송사는 "독일에서의 노예제도"라는 제목 아래 한 제빵회사 대표와 질병기간 중 임금지불문제에 관해 인터뷰를 행했다. 그때 대표는 "직원들을 위한 임금은 6주간 지불된다."고 답변했다. 이에 방송사를 이러한 내용이 사실인지 추적 조사하는 과정에서 한 아르바이트생을 고용해 제빵회사의 한 지사에 지원하도록 하여 몇 시간 근무하게 했다. 이어서 아르바이트생은 지역점장과 질병상의 임금지불을 문의하였고, 이때 몰래카메라를 이용해 지점의 외부모습과 내부 판매 공간 및 대화 도중 판매 공간에 인접한 공개되지 않는 사무실 공간을 촬영하였고 직원의 얼굴은 모자이크 처리하였다. 대화의 목소리 역시 대역음성을 사용하였는데, 발췌된 대화내용 가운데에는 질병 중 임금지불을 요구하는 아르바이트생의 요구에 안 된다는 답변이 흘러나왔다. 그리고 그 시급지불정보를 보여주는 서류가 건네지는 모습도 방송되었다. 이에 제빵회사

---

481 NJW 2013, 793, 797.
482 NJW 2013, 793, 797.

는 그의 매장 내에서의 몰래카메라 촬영 및 방송은 위법하다며 방송금지 가처분 소송을 제기했다.[483]

함부르크 지방법원은 2008년 4월 8일 판결에서 문제된 TV 방송은 신청인이 법인으로서 가지는 인격권을 침해하지 않는다고 판결했다.

재판부는 적어도 자유롭게 접근할 수 없는 제빵회사의 지점 내 영역에 허락받지 않고 촬영사진이 획득되었다는 사정으로 사진의 공표 역시 허용되지 않는다는 결론이 도출되지는 않는다고 판단했다. 이 사건에서 문제된 몰래카메라 동영상의 경우처럼 허용되지 않는 방식으로 획득된 정보가 공표되어도 되는지는 그것의 정보가치가 획득과정에서 행해진 권리침해보다 더 중한지 여부에 달려있다고 밝혔다. 따라서 상충하는 법익들 사이에 개별적인 형량이 필수적인데, 이때 허용되지 않는 방식으로 획득된 정보의 공표는 특히 위법한 상태나 행동방식이 드러날 때 고려되며, 이 경우 보도의 자유는 이기적인 목적의 추구과정에서 사익을 주장하는 발언이 아니라 공공성을 건드리는 문제에서 정신적 의견투쟁에 기여하는 표현일수록 더욱더 커다란 중요성을 획득하게 된다고 밝혔다.

이러한 점에서 방송보도가 다룬 내용은 저임금영역에서의 노동조건을 다루는 보도였으며, 구체적으로 한 기업이 그들의 종업원에게 질병 중 임금지불을 이행하고 있는지에 관한 문제였기에, 몰래 촬영된 영상의 공표가 위법한지는 분리해서 판단되어서는 안 되고 단지 방송내용과의 맥락에서 판단될 수 있다고 보았다. 그리고 문제된 촬영영상은 회사 측이 말단 종업원에게 어떠한 질병임금도 지불하지 않고 있다는 보도내용의 진정성과 신빙성을 위해 매우 중요한 정보라는 점에서 공표가 허용되므로 신청인의 가처분신청은 인정되지 않는다고 판단했다. 또한 판단에는 보도대상이 된 매장이나 사무실 공간 등은 '사적 영역'이 아닌, 경제적 생활에 관계된 '사회적 영역'이 문제된 것이라는 점도 함께 고려되었다.[484]

독일 슐레츠비히-홀슈타인 주지사이며 기독교민주당 주 의장이었던 유명 정치인 우베 바르쉘(Uwe Barschel) 사건도 이러한 결과와 일치한다.

당시 우베 바르쉘은 제네바에 위치한 보리바지(Beau-Rivage) 호텔 욕조에서 사망한 채로 발견되었는데, 그의 죽음이 자살인지 타살인지 여부를 둘러싸고

---

[483] BeckRS 2009, 10169.
[484] BeckRS 2009, 10169.

매우 큰 관심을 불러일으켰다.

　사건을 살펴보면, 우베 바르쉘이 여론과 자신의 당으로부터 압력을 받고 1987년 늦여름 그의 직에서 물러난 뒤, 의회의 조사를 위한 소환을 앞두고 있었다. 이때 이를 취재하던 "Stern"지는 그가 제네바 보리바지 호텔에 투숙할 예정이라는 정보를 입수하고 사진기자를 포함한 취재기자를 파견하였다. 이후 취재기자는 인터뷰를 위해 우베 바르쉘과의 접촉을 시도했는데, 연락을 받지 않자 그의 방을 직접 방문하였다. 그의 방에는 '방해하지 마세요'라는 안내문이 붙어 있었지만 문이 잠겨있지는 않았다. 취재기자는 우선 그 방으로 무단 침입하여 방 내부를 둘러본 뒤 각종 서류를 밖에서 몰래 카피한 뒤 다시 방으로 돌아왔다. 그리고 욕조에서 사망한 채로 물에 잠겨 누워있는 우베 바르쉘을 발견하고 사진촬영을 한 뒤 이를 신문사 편집부에 보고하는 한편 호텔지배인에게도 알렸다. 이때 촬영된 우베 바르쉘의 시체사진은 "Stern"지를 비롯한 여러 언론사들을 통해 공표되었다. 이로 인해 1990년 11월 26일 취재기자는 스위스법에 따른 가택침입 및 사망자의 평온유지방해로 3개월의 금고 및 5년의 집행유예 처벌을 받게 되었다.[485]

　이에 취재기자는 스위스 대법원 파훼부에 이러한 판결의 파기 등을 구하는 소송을 제기하였다. 스위스 대법원은 시체사진에 관해 작성된 사진들이 우베 바르쉘의 지명도로 인해 정당화될 수 있는지의 문제에 관해서는 이러한 죽음이 결코 공중에 접근할 수 있는 장소에서 발생되지도 않았고 사진은 단지 위법한 호텔객실 내로의 침입을 통해서 촬영된 만큼 사망자의 '사적 영역'뿐만 아니라 협소한 '비밀영역'을 궁극적으로 침해하는 것이라고 보았다. 이러한 영역에서는 그 어떠한 '사적 영역'의 침해도 위법한 것이므로 희생자의 지명도와는 상관이 없다고 판단했다.[486]

　하지만 언론의 사진공표에 관해서는 통상 언론인의 취재 범위 내에서 행해지는 범죄행위는 혼자서 행해지는 것은 드문 일이고, 그가 지시나 돈을 지급받고 그러한 행위를 했는지, 단독책임으로 그러한 행위를 했는지와는 별개로, 문제된 잠입취재가 일어나게 된 방식과 종류의 위법성에도 불구하고 그 사진은 공표가 허용되는 결과에 이르게 된다고 인정했다.[487]

---

485 NJW 1994, 504.
486 NJW 1994, 504, 505.

Ⅲ. 예술저작권법 제23조 제1항 제2호 및 제3호, 제4호의 판단기준

1. 부수적 인물의 초상(예술저작권법 제23조 제1항 제2호)

(1) 구성요건

예술저작권법 제23조 제1항 제2호에 따르면 '인물들이 풍경이나 기타 장소 옆에 부수적으로 보이는 초상들'을 당사자 동의 원칙의 예외로서 인정하고 있다. 해당 규정에서는 풍경 혹은 기타 장소 옆에서 보이는 사진이 전제조건이므로 다른 사람의 인물사진 옆에 부수적으로 보이는 인물의 경우에는 해당되지 않고 아울러 풍경이나 기타 장소가 아닌 사물의 사진 옆에 나타난 인물사진의 경우에도 마찬가지이다. 예컨대, 요트가 촬영되었다면 이때 함께 촬영된 승무원의 경우는 부수적 인물이 아니다. 요트항구라는 장소가 사진의 대상일 경우에는 한 승무원이 '부수적 인물'로서 촬영될 수 있을 것이다.[488]

한편, 예술저작권법 제23조 제1항 제2호의 '부수적 인물' 규정은 사진상으로 나타난 인물이 식별가능할 것을 조건으로 한다. 만약 해당 인물이 식별될 수 없다면 바로 예술저작권법이 보호하는 초상에 해당되지 않기 때문이다. 따라서 촬영된 인물의 식별가능성 여부는 촬영된 인물이 '부수적 인물'인지의 판단문제에 있어서는 아무런 의미가 없고, 그 대신 우선적으로 사진상의 표현에서 말하려고 하는 내용과 나타난 인물의 관계, 즉 사진의 전체적인 인상에서 차지하는 인물의 비중에 달려있게 된다. 이에 예술저작권법 제23조 제1항 제2호는 풍경이나 기타 장소의 묘사가 사진의 내용을 특징짓고 그 자체가 부수적이 아니며 객관적 인상에 따라 인물묘사는 풍경이나 기타 장소에 종속됨에 따라 인물이 제거되더라도 사진의 특징이나 대상이 변하지 않을 것을 요구한다.[489]

연방대법원 역시 1979년 6월 26일자 판결에서 당시 프로축구 리그 소속팀 골키퍼였던 원고의 뒷모습을 골대 그물망을 통해 보여주는 사진이 광고 목적으로 사용된 것에 대해 이의를 제기한 사건에서 마찬가지로 판단했다. 연방대법원은 '부수적 인물' 여부를 판단함에 있어서는 무엇보다도 사진의 내용과 촬영대상자와의 관계, 사진의 전체적 인상에서 차지하는 해당 인물의 비중이 결정적이

---

487 NJW 1994, 504, 506.
488 Wenzel, Kap.8, Rz.70.
489 Wenzel, Kap.8, Rz.71.

며, 식별가능성 여부는 중요하지 않다고 보았다. 따라서 해당 인물이 사진 전체를 채우고 있는 경우에는 이 규정이 적용될 수 없다고 판결했다.[490]

아울러 '부수적 인물' 규정은 사진의 공개나 전파를 통해 부수적으로 촬영된 인물의 '정당한 이익'을 침해하는 경우에는 적용되지 않는다. 따라서 부수적으로 나타난 인물의 '정당한 이익'은 공표의 경우에 상응하는 조치를 통해 익명화를 유지되어야 한다. 예컨대, 한 인물이 부수적으로 표현되었을지라도 그의 '내밀영역' 혹은 '사적 영역'을 침해하거나 상업적 목적으로 이용되어서는 안된다.[491]

연방대법원 역시 2015년 4월 21일자 판결에서 예술저작권법 제23조 제1항 제2호의 적용을 위해서는 규정의 목적과 의미에 따르면, 풍경이나 기타 장소의 묘사가 사진을 특징짓고 그 자체가 부수적인 것이 아닐 경우에만 부수적 인물의 개념을 적용할 수 있다고 보았다.

해당 사건은 한 여성이 비키니를 입은 상태로 유명인의 옆에서 우연히 촬영된 마요르카(Mallorca) 해변의 한 의자에 누워있는 모습이 보이는 사진이 문제되었다. "Bild"지는 2012년 5월 10일자에서 "태양, 해변, 노상강도. 어제 우리는 매력적인 여성을 동반한 채 발러만(Ballermann) 지역에서 스타 A(25)의 모습을 보았다. 그는 지금 범죄희생자가 되었다"라는 제목으로 마요르카(Mallorca) 해변에서 유명 프로축구 선수가 마요르카(Mallorca) 해변 발러만(Ballermann) 지역에서 약탈강도를 당했다는 내용을 보도하였다. 이 과정에서 한 사진이 첨부되었는데 사진 전면에는 유명 프로축구선구가 한 대형 쓰레기를 버리는 모습이 포착되었고, 사진 오른쪽 부분에 원고가 비키니를 입고 스타 A 뒤에서 의자에 누워있는 모습이 보였는데, 원고는 얼굴을 반쯤 돌리고 비치의자에 있는 상황을 보여주고 있었다. 이에 그 여성은 "Bild"지를 상대로 사진공표를 금지할 것을 요구하였고 "Bild"지 인터넷판에서도 해당 사진을 삭제하도록 소송을 제기하였다.[492]

연방대법원은 우선 해낭 사진은 어떠한 '시사적 사건'과의 관계도 없는 외부에서 알 수 있는 사적 상황에서 원고를 보여주고 있다고 판단했다. 즉, 유명

---

490 NJW 1979, 2205, 2206.
491 Wenzel, Kap.8, Rz.73.
492 NJW 2015, 2500.

한 축구스타 A가 발만지역에서 약탈을 당했다는 보도내용과 해당 사진은 어떠한 관계도 없다고 보았다. 이어서 휴가를 보내고 있는 원고와 시사적 사건으로 규정될 수 있는 스타 A의 약탈사건 사이에는 우연히 현장에 같이 있었다는 점 외에 어떠한 연결점도 존재하지 않는다고 인정했다.

나아가 예술저작권법 제23조 제1항 제2호의 '부수적 인물' 조항도 적용될 수 없다고 보았다. 왜냐하면 해당 규정은 풍경이나 기타 장소의 묘사가 사진을 특징지으며 그 자체가 부수적이 아니고, 인물만이 풍경이나 기타 장소에 부수적으로 나타날 경우에만 적용됨에도, 이 사건에서는 무엇보다 풍경이나 기타 장소가 아닌 유명스타 A라는 인물과 관련된 사진이었기 때문에 해당 규정의 적용이 고려되지 않는다고 판단했다. 즉, 예술저작권법 제23조 제1항 제2호의 적용범위는 풍경 혹은 기타 장소의 사진에 관한 이익을 보호하고자 하기 때문이다. 따라서 연방대법원은 해당 사진은 본조의 적용을 위한 대상에서 벗어나는 것이라고 판단했다.[493]

(2) 당사자의 '정당한 이익'(예술저작권법 제23조 제2항)

한편, 연방대법원은 앞선 판결에서 설사 해당 사안이 예술저작권법 제23조 제1항 제2호의 '부수적 인물' 규정에 따라 고려될지라도 당사자의 '정당한 이익'을 침해하게 되는 경우에는 해당되지 않는다고 판단했다. 따라서 비키니를 입고 해변에 누워 있는 여인이 설사 '부수적 인물'에 해당한다 할지라도, 이러한 사진은 우연하게 유명스타의 근처에 있었을 뿐인 원고가 외부에서도 알 수 있듯이 사적 상황에 처해 있는 모습의 사진이었고, 기사내용 역시 '유명인의 매혹적인 동반 여인'이라고 묘사한 이상 예술저작권법 제23조 제2항의 '정당한 이익'에 반하는 것이라고 밝혔다. 이에 연방대법원은 피고가 원고를 알아 볼 수 없도록 모자이크 처리하거나 눈의 가림처리를 하는 것이 가능하고 기대될 수 있다고 판단했다.[494]

---

493 NJW 2015, 2500, 2501.
494 NJW 2015, 2500, 2501.

2. 집회, 행렬 그리고 유사한 행사에 참가한 인물의 초상(예술저작권법 제23조 제1항 제3호)

(1) 구성요건

예술저작권법 제23조 제1항 제3호 역시 제22조에 따라 요구되는 당사자의 동의 없이 "집회, 행렬 그리고 유사한 행사들에 참여한 사람들의 초상"을 전파하거나 공개할 수 있도록 규정하고 있다. 이 규정은 예컨대 시위, 스포츠 행사, TV 쇼, 콘서트, 축제행렬, 집회, 댄스행사, 환영회, 개막전시회, 전당대회, 결혼식, 장례식 등 다양한 형태의 군중에 관한 사진보도에 관한 규정이라고 할 수 있다. 이 규정의 전제조건 역시 사진이 개별 인물을 보여주는 것이 아니라 행사를 보여준다는 점에서 예술저작권법 제23조 제1항 제2호의 '부수적 인물' 규정의 취지와 일치한다. 따라서 사진의 대상과 목적은 행사에 참여했던 인물의 표현이 아니라 행사 등 사건의 묘사라는 점이 중요하다. 그렇다고 모든 사람의 행사에의 접근가능성이 전제되는 것은 아니다. 예컨대 초대된 결혼파티가 공중의 관심하에 개최되었을 경우에도 이 규정은 적용될 수 있다. 결국 이 규정의 적용대상은 공개된 집회나 행렬, 그리고 유사한 행사뿐만 아니라 공개 혹은 사적인 집회인지 공중에서 혹은 막힌 공간이나 사인의 토지에서 진행되었는지, 그리고 누구나 행사에 접근이 가능한지 혹은 폐쇄적 모임인지 여부와는 상관없이 행사가 처음부터 군중이나 사람들의 군집에 관한 것인지 여부가 결정적이다. 따라서 공중 속에서 기획된 결혼식이나 회사를 대표할 목적으로 제작된 종업원 사진들 또한 이러한 규정에 포함될 수 있다.

(2) 집회나 행렬 혹은 유사한 행사의 개념

집회나 행렬이라는 개념은 많은 수의 사람들이라는 점에서 개별적 인물이 더 이상 사진에서 두드러지지 않는다는 것을 의미한다. 그리고 그러한 최소한의 인물의 수 역시 확정될 수 없다. 즉, 사진의 계기나 대상이 된 인물의 수의 규모가 얼마인지가 중요한 것이 아니라 참가자 개인 자체는 촬영된 다수 인물들 뒤로 사진의 전체적 맥락에서 물러나면 되는 것이다. 예컨대, 시위 현장 그 자체를 포착하는 사진의 경우에는 대상이 시위대이건 경찰 작전부대이건 원칙적으로 허용된다. 하지만 그러한 사진이 현장 자체가 아니라 참가한 개인의 인물 묘사, 혹은 시위대나 경찰관의 초상에 집중하거나 이러한 인물 개인을 부각시킨다면 이는 허용되지 않는다.[495] 다만, 큰 관심을 불러일으키는 경찰의 시위진압작전에서 개별 경찰관이 사진에서 식별될 수 있더라도 이 경찰관은 사건을 대표하고 어떠한 경찰관 개인의 '정당한 이익'을 침해하지 않는 한, 허용될 수 있다. 아울러 작전을 시행하던 중 경찰관이 불법폭력행위를 행한 경우에도 해당 경찰관은 '상대적 시사적 인물'로 인정될 수 있으며 '시사적 사건'과의 맥락에서 공표가 허용될 것이다.[496]

집회나 시위 외에 대중적인 행사의 경우에서도 마찬가지이다. 가령 축구경기장에 꽉 들어찬 관중석의 전체모습을 촬영하는 것은 별문제가 없지만, 반면에 관객 대중 가운데 한 인물을 분리해서 망원렌즈로 부각시킨다면 이 역시 허용되지 않는다.[497]

(3) 참가의사 및 인물의 비중

촬영된 인물들은 집회 등에 참가해야 한다. 단지 도로를 건너기 위해 길가에서 기다리는 통행인의 경우는 이러한 집회의 참가자가 아니다. 다만, 한 인물이 행사에 계획적으로 모이고자 했는지 여부는 중요하지 않기에 우연한 사람들의 군집 역시 이 규정에 적용된다. 물론 '집회에의 참가'라는 구성요건표지로 인해 집회에 참여한 다수의 인물들이 함께 무언가를 하고자 하는 집단적 의사를 가져야 한다. 만약 서로 알지 못하는 몇몇 사람들이 독립해서, 하지만 동시에 나체로 개방된 공원에서 일광욕을 했다면 혹은 대중교통 수단을 이용한 승객들의 경우에는 이러한 의사를 인정하기 어렵다.

이와 관련해서 뮌헨 상급법원의 판결을 살펴보자. "X-Zeitung"지 뮌헨판은 1984년 8월 7일 "공원에서 나체로-100 마르크"라는 제목으로 원고가 7명의 또 다른 사람들과 함께 나체로 영국공원에서 일광욕을 하고 있는 모습의 사진을 표지에 게재했다. 이와 함께 부수기사에서는 경찰은 88명의 나체족들에게 100 마르크의 벌금을 부과했다고 보도했다. 이에 한 방송의 주조종실 기술직 부서장으로 근무하고 있던 원고는 손해배상청구소송 등을 제기했다.[498]

---

495 Soehring·Hoene, §19 Rn.13a.
496 Wenzel, Kap.8, Rz.79.
497 Soehring·Hoene, §19 Rn.13b.
498 NJW 1988, 915.

이에 뮌헨 상급법원은 1987년 11월 13일자 판결에서 일단 원고를 보여주는 사진이 예술저작권법 제23조 제1항 제2호의 풍경이나 기타 장소 옆에 '부수적 인물'로 보이는 사진인지를 판단함에 있어서 사진의 전체적 인상에 따르면 인물이 차지하는 사진상 위치는 풍경의 위치에 비해 현저하게 비중이 낮아야 한다는 규정목적에 비추어 볼 때 해당 사진의 주제는 풍경이 아니라 영국공원의 풍경 옆에 머무르고 있는 인물로 인식될 수 있는 만큼 해당 규정의 적용은 어렵다고 보았다.

이어서 문제의 사진이 예술저작권법 제23조 제1항 제3호의 '유사한 행사'로 볼 수 있는지에 관해서도 이를 부인했다. 왜냐하면 '유사한 행사'란 해당 규정이 집회, 행렬과 나란히 규정하고 있는 만큼 적어도 집회나 행렬과 동일시할 정도의 기본속성을 지녀야 하는데, 집회나 행렬에 해당하기 위해서는 무엇인가를 함께 한다는 집단적 의사를 공통으로 한다고 보았다. 따라서 비록 사람들이 이러한 과정에 계획적으로 모였다는 정도의 의사를 필요로 하지는 않더라도 어쨌든 행사에 참가하는 다수의 인물과 그들에 의한 공통된 의사는 지녀야 한다고 판단했다. 왜냐하면 이러한 요청을 도외시한다면 그 어떤 공중 속에서 일어나는 과정들도 이러한 규정에 따라 초상 공표가 허용되는 불합리함이 생겨날 수 있기 때문이다. 예컨대, 대중 교통수단에 있는 개인들의 사진 역시 여행이라는 공통된 과정에 구속됨에 따라 동의 없이 사진공표가 가능하게 될 것이라고 보았다.

따라서 문제된 사진에서 보이는 일광욕을 즐기고 있는 8명의 인물 중 원고의 경우는 이러한 '유사한 행사'에 해당한다고 보기 어렵다고 판단했다. 또한 보도사진은 원래 촬영된 사진의 10배 정도 확대해서 원고가 포함된 일부분을 보여주고 있는데, 이는 전체행사나 모임의 대표적 인상을 전달하는 것이 아니라 오히려 한 부분의 선택을 통해 사진이 이목을 끌 수 있도록 전체 사진 중에서 몇몇 인물들을 부각시킨 것이라고 보았다.[499]

또한 첼레 상급법원 역시 2010년 8월 25일자 판결에서 이에 관해 유사한 판결을 내렸다. 해당 사건은 프리랜서 예술가인 피고가 인터넷을 통해 예술작품을 판매하는 과정에서 예술작품 위조혐의로 자신의 집을 압수수색 당하게 되었

---

[499] NJW 1988, 915, 916.

다. 바로 4명의 경찰관과 검사에 의해 행해진 한 공간의 압수수색과정에서 해당 인물을 경찰관 및 검사의 수색과정을 촬영한 뒤 화가 나서 이를 구글 사이트에 올린 사건이다. 이러한 영상물을 통해 자신들의 초상이 공표된 경찰관들과 검사는 이 인물을 고소하였다.[500]

재판부는 경찰관들과 검사의 초상 공표가 예술저작권법 제23조 제1항 제3호의 '유사한 행사'에 해당하는지 여부를 판단하면서 4명의 경찰관과 검사에 의해 행해진 공간의 수색과정은 공중에 의해 인지되지 않는 공간에서 일어난 것이고, 특히 수색에 참가한 인물의 수가 집회나 행렬과는 달리 몇몇 공무원들이 군중들 속에서 부각되지 않는 것을 인정할 만큼 크지 않기 때문에 이 규정의 구성요건에 해당하지 않는다고 판단했다.[501]

한편, 시위나 집회, 전당대회 등은 이러한 행사 참가에의 집단적 의사를 인정하기 쉬울지 모르지만, 예술저작권법 제23조 제1항 제3호의 마지막에 위치하고 있는 많은 '유사한 행사'는 그러한 의사를 인정하기 어려운 것이 사실이다. 왜냐하면 이러한 행사에는 동시에 있기는 하지만 집단적 의사로 참가하는 것이 아니라 독립해서 각자 행사에 참가하기를 원하기 때문이다. 예컨대, 스포츠 행사, 무도회, 전시회의 방문, 카니발 행렬 등의 경우에도 통상 집단적 참가의사를 인정하기 어려울 것이다. 마찬가지로 사람들로 붐비는 시장거리, 크리스마스 시즌 때 백화점으로의 사람들의 쇄도에 관한 TV 보도, 옥토버페스트 축제에 관한 보도에서 사용된 사진들은 단지 많은 수의 사람들을 보여주기는 하지만 동시에 행사의 참가에 관한 집단적 의사가 인정되기는 쉽지 않다. 하지만 이러한 사진에서 집단적 의사를 인정하기 곤란하다는 이유로 대상 인물들을 알아볼 수 없게 처리해야 한다면 이는 납득할 수 없는 불합리한 결과에 이르게 될 것이다.[502]

이러한 점에서 예술저작권법 제23조 제1항 제3호의 '유사한 행사' 규정의 적용을 위해서는 문제된 사진의 목적과 대상이 공개된 행사의 묘사에 집중하는 것이고 참가했던 인물의 표현에 집중하는 것이 아니었다는 기준이 중요할 것이다. 이에 따라 뮌헨 상급법원은 1995년 3월 31일자 판결에서 유명한 바이올리니스트 어머니의 무릎 위에서 세례를 받는 모습의 사진게재로 인한 소송사건에

---

[500] ZUM 2011, 341.
[501] ZUM 2011, 341, 344.
[502] Wenzel, Kap.8, Rz.77.

서 해당 사진은 예술저작권법 제23조 제1항 제2호의 우연히 사진 속의 인물이 사진의 고유한 대상을 이루는 주변 환경 속에 있는 것이 아니라 사진의 중심을 이루고 있는 공개적 세례식 장면의 경우에는 '부수적 인물'로 인정될 수 없을 뿐만 아니라 예술저작권법 제23조 제1항 제3호의 집회나 '유사한 행사'의 사진도 아니라고 보았다. 왜냐하면 사진에서는 세례받고 있는 원고, 즉 개별인물에 집중하고 있기 때문이다.[503]

함부르크 지방법원 역시 동일한 취지로 판결하였다. 해당 사건은 유명 TV 진행자가 포츠담에 있는 유명한 벨베데레(Belvedere) 궁전에서 결혼식을 진행하면서 제한된 축하객만 초대하고 결혼식 내부 모습은 공개하지 않았는데, 한 잡지사는 이 결혼식에 관해 보도하면서 표지에서 "순결한 결혼"이라는 사진제목과 함께 유명 진행자의 신부가 흰 드레스를 입은 모습의 사진을 게재하여 문제되었다. 이 사진은 망원렌즈의 줌인기능을 이용해 몰래 촬영한 것이었다.[504]

이에 함부르크 지방법원은 2008년 1월 11일자 판결에서 예술저작권법 제23조 제1항 제3호의 적용 여부를 판단하면서, 이 규정의 구성요건은 처음부터 한 집회, 행렬 혹은 유사한 행사의 개별 참가자가 참가자 군중으로부터 분리된 사안, 가령 이 사안처럼 망원렌즈를 통한 줌인을 통해 부각된 인물에 대해서는 적용될 수 없고, 오히려 사진에서 군집 그 자체의 대표성이 전면에 서야 한다고 판단했다. 즉, 문제된 사진에서처럼 신부가 사진상에 홀로 나타나 있는 경우는 해당 규정의 적용이 고려되지 않는다고 보았다.[505]

반면에 장례식 진행 중의 장례행렬의 한 부분으로서 인물이 촬영된 경우에는 예술저작권법 제23조 제1항 제3호의 적용이 가능하다. 이 사건은 장례식 과정에서 촬영된 장례행렬의 사진이 문제되었다. 신청인의 어머니는 자살로 사망하였고, 1993년 3월 23일자에 장례식이 거행되었으며, 이때 먼 거리에서 장례식 행렬이 촬영되었다. 방송사 X는 "인생공간으로서 도시"라는 제목 아래 수업용 TV프로그램을 위한 다큐멘터리 영상을 1993년 9월 방송하면서 장례식 행렬 장면을 함께 내보냈다. 이에 신청인은 이러한 장례식 행사는 가장 친밀하고 내밀한 인간의 삶의 개인적 영역에 속하므로 해당 장면을 방송해서는 안 된다며 쾰

---

[503] NJW-RR 1996, 93, 95.
[504] ZUM 2008, 801.
[505] ZUM 2008, 801, 802.

른 지방법원에 상영금지 가처분을 포함한 소송을 제기했다.[506]

　　쾰른 지방법원은 1994년 6월 29일자 판결에서 문제된 영상장면은 예술저작권법 제23조 제1항 제3호의 적용범위에 해당한다고 판단했다. 재판부는 우선 장례식의 사진 역시 일반적인 견해에 따르면 이 규정의 '유사한 행사'에 속한다고 전제했다. 이어서 해당 규정의 전제조건으로는 개별적 인물이 보이는 것이 아니라 공중에서 일어났고 이러한 점이 인식될 수 있는 그러한 행사에 관한 사진일 경우를 들 수 있는데, 문제된 사진의 검사 결과 사진은 한 그룹의 개인구성원에 초점을 맞춘 것이 아니라 장례행렬 그 자체가 대상이었으며 사진은 단지 오늘날 우리 사회에서 죽음의 슬픔을 어떻게 나타내는지의 방식과 장례유형의 사례만을 보여주는 것이었다고 판단했다.

　　또한 장례행렬에 참가한 특정 인물이 확대되거나 전면에 부각된 것도 아니고 '장례행렬'이라는 장례행사에 관한 것이었다고 보았다. 특히 예술저작권법 제23조 제1항 제3호의 적용을 위해서는 사진의 본래의 대상이 전체적인 인상에 따르면 인간군집 그 자체인지 아니면 특정한 인물인지 여부에 맞춰져야 한다고 판단하면서, 이 과정에서 사진상의 인물이 식별될 수 있는지 여부는 중요하지 않다고 보았다. 그럼에도 불구하고 해당 사진은 먼 거리에서 촬영됨으로써 개인의 얼굴이나 장례식 참가자의 인물상의 특징을 인식하기도 어렵다고 덧붙였다.[507]

(4) 스포츠행사 등의 특수성

　　스포츠 종목 경기를 보여주는 사진에서 불가피하게 여기에 참가한 청중 등을 함께 보여주는 영상이나 방송의 경우에 과연 예술저작권법 제23조 제1항 제3호를 적용할 수 있는지의 문제와 관련해 연방대법원은 이에 관한 판단을 내놓지 않고 있고, 다수의 학설은 개별적 인물사진의 공개는 불가능하다는 입장을 취하고 있다. 하지만 이러한 입장은 너무 엄격하다는 비판이 존재한다.[508]

　　이에 앞서 살펴본 쾰른 지방법원의 입장은 많은 점을 시사한다. 재판부는 만약 촬영된 인물의 식별가능성을 100% 배제하지 않는 한, 항상 해당 인물의

---

506 NJW-RR 1995, 1175.
507 NJW-RR 1995, 1175, 1176.
508 Wenzel, Kap.8, Rz.77.

'정당한 이익'을 침해하게 되는 것이라고 보게 된다면, 이는 예술저작권법 제23조 제1항 제3호의 구성요건을 적용할 여지가 실무상 거의 없게 될 것이라고 보았다. 그와 함께 많은 수의 사람들이 참가한 집회, 행렬 혹은 유사한 행사에 관한 보도는 결과적으로 불가능하게 될 것이라고 판단했다. 따라서 입법자의 의도 역시 그러한 것은 아닐 것이며 결국 단지 제한된 범위 내에서의 식별가능성만으로 촬영된 인물의 정당한 이익을 침해한 결과에 이르러서는 안 되고 특별한 사정이 추가되어야 할 것이라고 보았다.[509]

아울러 예컨대 스포츠 경기의 TV 중계나 쇼 프로그램의 방송에 있어서 카메라가 일부 관객이나 청중을 부각시키거나 일부 흥분한 청중들을 포착할 경우에도 문제될 수 있다. 이 경우에는 종종 촬영대상자의 '묵시적 동의'가 인정될 수 있다. 즉, 행사에의 참가자가 통상 그러한 행사에서 촬영이 진행 중이라는 사실을 알고 있을 경우 그러하다. 다만 행사에 참가한 경우 사진이 바로 앞에서 뚫어지게 쳐다보는 형식으로 촬영된 경우에는 예술저작권법 제23조 제2항의 당사자의 '정당한 이익', 명예나 명성 등을 침해하는 경우가 생길 수도 있다는 점이 고려되어야 한다.[510]

(5) 당사자의 '정당한 이익'(예술저작권법 제23조 제2항)

예술저작권법 제23조 제1항 제3호 역시 다른 규정들과 마찬가지로 '차등화된 보호원칙'이 적용된다. 따라서 이에 따라 군중의 구체적 사진들이 '사적 영역'을 침해하거나 동의 없이 상업적 목적으로 이용되었다면 이는 예술저작권법 제23조 제2항의 당사자의 '정당한 이익'을 침해하는 것이 된다.[511]

예컨대, 결혼식, 세례식이나 장례식 행사에서 공중에 공개되지 않은 상태에서 참가자의 사진이 촬영되어 공표된 경우 이는 당사자의 '사적 영역'을 침해하는 것으로서 예술저작권법 제23조 제2항이 고려될 수 있다. 특히나 장례식의 경우는 물론 제한된 모임형식으로 진행되었다 할지라도 예술저작권법 제23조 제1항 제3호의 '유사한 행사'에 해당되기는 하지만, 장례식이라는 특수성을 고려할 때 참가자의 '정당한 이익'이 고려될 수 있다.

---

[509] NJW-RR 1995, 1175, 1176.
[510] Wenzel, Kap.8, Rz.78.
[511] Wenzel, Kap.8, Rz.75.

이에 관해서는 앞서 언급한 쾰른 지방법원의 1991년 6월 5일자 판결을 살펴보자. 해당 사건은 "X"라는 잡지가 20세의 한 남성에 의해 살해된 7살에 불과한 원고의 아들의 살인사건과 관련해 1990년 7월 5일자 보도에서 아들의 장례식에 참가해서 아들의 무덤 앞에서 비통한 표정을 짓고 있는 원고 등 가족의 모습을 공표한 사진이 문제되었다. 이 보도에서는 더욱이 원고의 실명이 함께 게재되었다.[512]

쾰른 지방법원은 해당 사안이 일반적으로 고인의 무덤 앞에서 행해지는 장례식이 예술저작권법 제23조 제1항 제3호의 '유사한 행사'에 해당하는지 여부가 문제될 수 있다고 보았다. 하지만 그럼에도 고인의 가족이나 특히 범죄희생자의 가족의 모습이 드러나는 장례식은 그의 슬픔이나 비통이 존중받아야 하고, 공개보도의 대상으로 되어서는 안 된다는 의미에서 '사적 영역'에 속하는 행사로 인정될 수 있다고 보았다. 설사 문제된 살인사건이 전적으로 공감할 수 있는 공적이익을 가질지라도, 이것이 어떠한 추가적 정보도 제공하지 않는 가족 및 친지의 장례식에 관한 사진이라는 점에서 정당화될 수 없다고 보았다. 더군다나 이 사건에서 원고는 사진기자에게 사진촬영을 원하지 않는다는 의사를 전달했음에도 촬영되었다는 점에서 해당 사진의 공표는 더더욱 허용되지 않는다고 보았다.[513]

한편, 반대편에서 작성된 시위 중의 사진 역시 당사자의 '정당한 이익'을 심각하게 침해할 수 있다. 왜냐하면 해당 사진의 공표로 인해 시위가담자의 위해나 폭로 혹은 비난이 행해질 수 있기 때문이고, 특히 사진이 인터넷상으로 협박이나 조롱의 목적으로 부정적인 경향을 지닌 반대 시위자들에 의해 전파될 구체적 위험이 존재할 경우에는 더욱 그러하다.[514]

3. '보다 높은 예술적 이익에 기여하는' 초상(예술저작권법 제23조 제1항 제3호)

예술저작권법 제23조 제1항 제4호는 마지막으로 '전파 혹은 진열을 통해 높은 예술적 이익에 기여하는, 주문으로 제작되지 않은 초상'의 경우에는 당사자 동의 없이도 사진의 공표나 전파를 허용한다. 다만, 이 규정은 '시사적 인물'

---

512 NJW 1992, 443.
513 NJW 1992, 443f.
514 Wenzel, Kap.8, Rz.82.

의 예술적 초상은 대개 예술저작권법 동조 제1호에 따라 '시사적 영역에서의 초상'에 해당하게 되므로 보통 '시사적 인물'로 여겨지지 않는 인물 등에 적용가능한데, 적용례가 그리 많지는 않다. 이에 해당 부분은 간단히 하나의 사례를 살펴보는 것으로 마무리한다.

　프리랜서로 활동하는 예술가는 자신의 수입을 인터넷을 통한 예술품 판매에 의존하고 있었다. 그런데 2008년 4월 5일 그 예술가는 예술품 위조혐의로 인해 경찰관 4명과 검사 L의 가택 압수수색을 받게 되었다. 이러한 압수수색 방식에 화가 난 예술가는 압수수색 조치를 행하는 경찰관들의 모습을 촬영한 30분가량의 영상물을 인터넷 구글 사이트에 공개하는 한편, 검사 L의 모습을 비디오 촬영장면에 근거해서 그려진 80×60cm 크기의 초상그림을 그림 판매를 위해 이용하는 자신의 인터넷 주소 아래 게시했고, 이어서 자신의 그림들의 압수에 대해 예술적 수단과 함께 항의하기 위하여 그의 샵에 아주 비싼 가격으로 비치하였다. 그림에서는 검사가 서류를 가슴에 안고 있는 옆모습을 담고 있었는데, 그림이 조악한 수준의 화법으로 작성되긴 했지만, 모델이 된 인물을 왜곡하지는 않았다. 이에 해당 검사 L은 그림의 공표를 문제 삼아 예술가를 고소하였다.[515]

　이에 첼레 상급법원은 2010년 8월 25일자 판결에서 문제의 그림은 예술저작권법 제23조 제1항 제4호에 근거해서 당사자 동의 없이도 공개나 전시될 수 있다고 판단했다. 재판부는 이러한 판단을 위해서 일단, 한 인물의 초상이 그려진 그림이 보다 높은 가치의 품격을 지녀야 하는지는 중요하지 않다고 보았다. 왜냐하면 하나의 수준통제, 즉 더 높은 아니면 더 낮은 수준의 차별화는 헌법상 금지된 통제에 이르게 되기 때문이다. 따라서 이 규정의 적용을 위해서는 오히려 문제된 그림의 공표가 헌법상 '예술개념'에 일반적으로 포함될 수 있는지 여부, 그리고 이러한 예술적 작업이 그림의 대상이 된 인물의 법익보다 더 우월한 가치를 지닌 법익을 의미하는지 여부에 달려있다고 보았다. 그러한 점에서 이 규정은 예술자유와 한 인물의 사회적 가치나 개인의 존중청구권에 관한 인격권 보호의 혼합 상태 해결에 관한, 예술저작권법 제23조 제2항(당사자의 정당한 이익)의 조화의 문제라고 판단했다.[516]

　이어서 재판부는 검사 L의 그림상의 초상 공표는 연방헌법재판소의 형식적

---

[515] ZUM 2011, 341.
[516] ZUM 2011, 341, 345.

유형기준에 따르면 예술작품을 의미한다고 인정했다. 왜냐하면 문제된 그림은 특정한, 예컨대 그림, 조각, 문학작품과 같은 작품타입의 장르별 요청을 충족하기 때문이다. 그리고 피고의 예술자유권과 검사 L의 일반적 인격권 보장 사이의 형량은 예술자유에 우위가 인정된다고 판단했다. 비록 공개된 초상이 전파됨으로써 공적 논쟁의 중점에 서게 되지 않을 검사 L의 이익 역시 공감할 수 있지만, 다른 기본권과는 달리 국가적 통제에서 벗어난 민주적 사회에서의 한 시민의 자유권을 대표하는 예술자유의 우월한 법익이 당사자의 인간존엄을 건드리거나 사소하지 않은 방식으로 일반적 인격권을 침해하지 않는 이상, 후퇴되어서는 안 된다고 보았다. 즉, '비밀영역', '내밀영역' 혹은 '사적 영역'을 침해하거나 명예를 훼손하거나 모욕적인 그림 혹은 진실성에 반하는 그림이 아닌 이상 그러한데, 이 사건에서 검사 L의 모습을 담은 초상화는 명예훼손적이지도 왜곡된 종류나 방식도 아니라고 보았다. 오히려 실제상에 근거해서 검사의 모습을 표현한 것이고 어떠한 모욕적이거나 비방적인 표현이 따라오는 것이 아니라고 인정했다. 또한 예술가인 피고가 판매목적으로 공표했다는 사실 역시 예술자유의 행사와 결부된 불가피한 행동이라고 보았다.

이러한 점에서 재판부는 기본법 제5조 제3항 예술의 자유의 효력하에서 순수한 예술영역의 자유 제한이 더 이상 고집되어서는 안 되는 것이라고 판단했다. 예술작품을 창조할 수 있기 위하여 예술가는 결정적으로 그의 작품의 판매에 의존하기 때문이다. 아울러 그의 가택의 압수수색에 화가 나서 피고가 그 그림을 작성했을지라도 이러한 사정은 본질적인 상황이 아니라고 보았다. 왜냐하면 예로부터 예술은 무엇보다 부정부패를 주목하게 만들고 항의하는 데 이용되었으며, 바로 이러한 동기가 이 사건 피고에게 존재했기 때문이라고 밝혔다. 나아가 피고의 행위가 복수 욕구에 의해 동기화되었고 예술의 자유는 단순한 핑계나 구실에 불과하므로, 예술의 자유가 검사 L의 인격권에 후퇴해야 할 것이라는 사실은 쉽게 인정될 수 없다고 판단했다.[517]

---

517 ZUM 2011, 341, 346f.

판례색인

사항색인

저자 약력

연세대학교 법과대학 졸업
서강대학교 대학원 법학과 석사 · 박사(헌법 전공)
現 언론중재위원회 교육본부장
現 경희대학교 언론정보대학원 출강

주요 논문

신문기업의 헌법상 지위에 관한 연구, 「법과기업연구」 제1권 제2호
정정보도청구권의 법적 성격에 관한 연구, 「언론중재」 2011 겨울호
ADR의 사회통합적 기능 — 헌법상 재판청구권과의 관계를 중심으로, 「저스티스」 통권 제134-3호
공적 사안에 관한 대법원 판단기준의 법적 의미, 「미디어와 인격권」 2015 창간호
기사삭제권의 법제화 필요성에 관한 고찰, 「저스티스」 통권 제157호
일반적 인격권으로서 음성권에 관한 비교법적 연구, 「언론과 법」 제15권 제3호
언론보도와 개인정보보호의 법적 문제에 관한 연구, 「헌법학연구」 제2권 제4호

독일 초상권 이론과 사례

초판발행	2020년 1월 10일
지은이	이수종
펴낸이	안종만 · 안상준
편 집	이승현
기획/마케팅	손준호
표지디자인	박현정
제 작	우인도 · 고철민
펴낸곳	(주) **박영사**
	서울특별시 종로구 새문안로3길 36, 1601
	등록 1959. 3. 11. 제300-1959-1호(倫)
전 화	02)733-6771
f a x	02)736-4818
e-mail	pys@pybook.co.kr
homepage	www.pybook.co.kr
ISBN	979-11-303-3512-4 93360

정 가   18,000원